Coleção
FILOSOFIA
ATUAL

Impresso no Brasil, julho de 2012

Título original: *Cinco Lecciones de Filosofía*
Copyright © Fundación Xavier Zubiri – www.zubiri.net
Copyright © Alianza Editorial, S. A., Madrid, 2009

Todos os direitos reservados.

Os direitos desta edição pertencem a
É Realizações Editora, Livraria e Distribuidora Ltda.
Caixa Postal: 45321 · 04010 970 · São Paulo SP
Telefax: (11) 5572 5363
e@erealizacoes.com.br · www.erealizacoes.com.br

Editor
Edson Manoel de Oliveira Filho
Gerente editorial
Gabriela Trevisan
Revisão técnica
Carlos Nougué
Preparação de texto
Renata Siqueira Campos
Revisão
Tássia Gomes Santana e Liliana Cruz
Capa, projeto gráfico e diagramação
Mauricio Nisi Gonçalves e André Cavalcante Gimenez / Estúdio É
Pré-impressão e impressão
Geográfica Editora Ltda.

Reservados todos os direitos desta obra.
Proibida toda e qualquer reprodução desta edição
por qualquer meio ou forma, seja ela eletrônica ou mecânica,
fotocópia, gravação ou qualquer outro meio de reprodução,
sem permissão expressa do editor.

Coleção
FILOSOFIA ATUAL

CINCO LIÇÕES DE FILOSOFIA

COM UM NOVO CURSO INÉDITO

XAVIER ZUBIRI

PREFÁCIO À EDIÇÃO BRASILEIRA
JOSÉ FERNÁNDEZ TEJADA E
ANTONIO TADEU CHERIFF DOS SANTOS

TRADUÇÃO
ANTONIO FERNANDO BORGES

FUNDACIÓN XAVIER ZUBIRI

Sumário

Prefácio à edição brasileira
  por José Fernández Tejada e
    Antonio Tadeu Cheriff dos Santos 7

Apresentação
  por Antonio Pintor-Ramos 25

CINCO LIÇÕES DE FILOSOFIA

Prólogo à terceira edição 45

Advertência preliminar à primeira edição................. 49

Lição I – Aristóteles 51
  I. A filosofia como forma de saber 56
  II. A filosofia como função intelectual 72
  III. A filosofia como modo de atividade. 79

Lição II – Kant.. 91
  I. A formulação do problema filosófico 95
  II. A ideia de um novo método em filosofia. 101
  III. O saber filosófico como ciência 108
  IV. A filosofia como saber do transcendente 120
  V. A unidade do saber filosófico 127

Lição III – Comte...................................... 135
  I. A filosofia como problema 137
  II. A filosofia como um modo de saber positivo 150
  III. A filosofia como sabedoria universal. 164

Lição IV – Bergson 169
  I. A origem da filosofia 172
  II. O saber filosófico. 175
  III. O âmbito do saber filosófico 200

Lição V – Husserl 207
    Husserl *210*
    Dilthey... *238*
    Heidegger *249*

Conclusão... 259

O SISTEMA DO REAL NA FILOSOFIA MODERNA

Introdução 263

Primeira parte 267
    I. O espaço *269*
    II. O tempo *276*
    III. O ser *281*
    IV. A consciência *285*

Segunda parte 289
    Primeira seção................................. *289*
    Segunda seção *293*

Conclusão... 311

Índice analítico 313

PREFÁCIO À EDIÇÃO BRASILEIRA

*por José Fernández Tejada e
Antonio Tadeu Cheriff dos Santos*[1]

Cinco Lições de Filosofia (1963) é o único curso oral que Zubiri fez questão de publicar. Ministrado, revisado e editado intencionalmente no ano seguinte ao lançamento de Sobre a Essência, o curso trouxe, com sua temática, o método de abordagem e a maneira como Zubiri dialoga com o seu leitor, interrogações e controvérsias que, ainda hoje, suscitam dúvidas quanto à importância deste livro no conjunto da obra do autor.

Situado no meio das duas obras propositalmente escritas e mais densas do autor, Sobre a Essência[2] (1962) e Trilogia Senciente[3] (1980), o curso encerra algo mais que uma exposição

---

[1] Doutores em Filosofia pela Universidade Gama Filho com as respectivas teses: *Razão e Realidade - Estrutura Humana de Convivência - A Ética da Razão em Xavier Zubiri* (2000) e *A Ética do Cuidado em Xavier Zubiri: O Horizonte de uma Bioética de Realidades* (2005). Atualmente colaboram com a Editora É na divulgação do pensamento zubiriano no Brasil.

[2] *Sobre a Essência,* junto com *Sobre a Realidade* e *Estrutura Dinâmica da Realidade*, forma parte da *Trilogia da Realidade*, traduzida por Carlos Nougué, a ser publicada pela Editora É no final de 2012.

[3] A *Trilogia Senciente*, traduzida por Carlos Nougué, foi publicada pela Editora É em julho de 2011. É composta por três volumes: *Inteligência e Realidade*, *Inteligência e Logos* e *Inteligência e Razão*.

brilhante de aulas sobre a história da filosofia. Essa posição, adiantamos, não é acidental, revestindo-se de suma importância para que possamos compreender a atitude filosófica que anima o conjunto da obra de Zubiri. Eis aqui nosso desafio ao redigir o prefácio para esta tradução, a partir da nova edição que vem acrescida de um curso inédito ("O Sistema do Real na Filosofia Moderna").

Esta obra, apesar das interrogações e dúvidas quanto a sua importância, igualmente se faz referência necessária para todos aqueles, principiantes e mestres, que desejam se aventurar rigorosamente ao afazer filosófico. Nela, Zubiri mostra, além do seu domínio sobre a história, ideias e conceitos de cada um dos filósofos escolhidos, o que cada um deles está buscando em meio ao seu próprio horizonte histórico-filosófico. O texto, por meio dos filósofos abordados, é um exemplo da força do pensamento humano na busca de um saber radical acerca da realidade em cada momento histórico.

Dessa forma, ao ler *Cinco Lições de Filosofia*, veremos que filosofar é mais rico, complexo e dinâmico do que uma mera e simplificada abordagem histórica dos conceitos e ideias dos filósofos. Seremos conduzidos, na esteira do filosofar de Zubiri, ao próprio âmago do modo de ser e viver a filosofia.

1. O problema da aceitação e a incógnita de Cinco Lições de Filosofia

Para os estudiosos de Zubiri, sempre surpreendeu o fato de que o filósofo publicasse ainda em vida, dos seus muitos e extensos cursos[4] extrauniversitários, apenas o pequeno *Cinco Lições de Filosofia*.

---

[4] Zubiri deu 32 cursos, alguns deles têm até 35 lições. É verdade que o autor, instigado por seus amigos, iniciou essa forma docente até para sobreviver, pois pediu demissão da universidade pública em 1942. Entretanto, esses cursos permitiram a abertura intelectual de sua nova docência e ainda uma verdadeira oficina de seu preciso e coerente pensamento. Neles Zubiri foi elaborando os conceitos-chave de sua etapa metafísica, diferencial de seu pensamento maduro.

Sua publicação causou e ainda causa estranheza, tanto pela temática do livro quanto pelo método de exposição empregado pelo autor. Até então, os leitores estavam acostumados com as características da reflexão crítica empregada por Zubiri em *Natureza, História, Deus* (1944),[5] nos cursos extrauniversitários e, também, de uma forma mais rigorosa e sistemática, em *Sobre a Essência* e na *Trilogia Senciente*, mesmo esta tendo sido escrita quase vinte anos depois. Zubiri sempre partia de um assunto do seu interesse filosófico e ia aprofundando sua investigação em um diálogo profundo e analítico com toda a tradição filosófica. Igualmente, ele, apesar de ter sido professor titular da cadeira, não tinha ainda se ocupado em fazer uma história da filosofia em termos meramente expositivos. Dessa forma, *Cinco Lições de Filosofia* surpreende porque não segue o estilo de uma história da filosofia tradicional nem a forma de trabalhar em seus outros cursos a partir de um tema de seu interesse filosófico. Mais parece uma ponte aberta entre o modo de fazer e viver a filosofia e a elaboração formal de sua obra.

Configurado nesse contexto, *Cinco Lições de Filosofia* logo cativou, além do público em geral, os jovens estudantes de filosofia de toda a Espanha. Sua leveza, sua precisão e sua metodologia rigorosa e oportunas interrogações, a exemplo da calorosa e típica oralidade dos cursos, deixaram satisfeitos e inquietos aqueles que queriam saber sobre os filósofos e suas ideias.

Cinco Lições de Filosofia teve sucessivas edições, inclusive em formato de livro de bolso,[6] com seis reimpressões, bem como traduções para francês e italiano. Em 2007, o livro recebeu o acréscimo de mais um curso inédito do autor ("O Sistema do Real na Filosofia Moderna", de 1970), além de um índice analítico e uma primorosa apresentação de Antonio Pintor-Ramos. É desta edição que foi feita esta tradução que o leitor tem em mãos.

---

[5] *Natureza, História, Deus*, traduzido por Carlos Nougué, estreou a coleção da obra de Zubiri na Editora É em 2010.

[6] *Cinco Lições de Filosofia* ocupa, há quase quarenta anos, o número 783 da famosa coleção popular "El Libro de Bolsillo" da Alianza Editorital. Foi incluído, nesse formato prático e mais barato, altamente difundido na Espanha, entre os livros que as editoras consideram importantes pelos seus conteúdos visando à fácil divulgação.

Antonio Pintor-Ramos, um dos maiores estudiosos de Zubiri, ressalta o valor desse curso perdido no meio da insistência e incógnita de seu propósito expositivo:

> Isso levou essa obra a ser esquecida e pouco percebida por seus estudiosos – embora eu vá tentar demonstrar que, sem desdouro dessas virtudes expositivas como instrumento de iniciação, é importante ressaltar o valor de seu caráter estritamente "filosófico" – e para isso existem indícios no próprio Zubiri.[7]

Onde estariam os elementos estritamente filosóficos existentes nesse texto aparentemente expositivo? Quais são as chaves filosóficas que podemos encontrar nele? Qual será o valor filosófico de *Cinco Lições de Filosofia*?

Corominas comenta o curso: "As aulas gravitam sobre o problema e o objeto da filosofia, mas Zubiri dá a impressão de esconder nelas seu próprio pensamento e suas próprias ideias".[8] Portanto, é do envolvimento do próprio pensamento de Zubiri na análise e no diálogo com os filósofos que nos parecem surgir os elementos vitais e de fôlego presentes em seus diálogos e críticas filosóficas. Dessa forma, as incógnitas levantadas em *Cinco Lições de Filosofia* nos levaram a um estudo mais minucioso e criterioso para poder, pelo menos, descobrir e puxar um pouquinho o recôndito fio condutor do próprio autor. O texto nos intrigou desde a primeira leitura. Seu ponto de incógnita se explicita em sua "breve conclusão"; um ponto-chave de nossa reiterada reflexão. É a partir dela que continuamos a ver, neste livro, uma pequena e rara joia de exposição que nos leva a mergulhar no saber filosófico; um saber de onde Zubiri nunca saiu.

Em 1980, na terceira edição, Zubiri nos falou sobre o livro em um novo prólogo, considerando que, na primeira edição,

---

[7] Ver, neste livro, a "Apresentação" de Antonio Pintor-Ramos, p. 26.
[8] Joan Corominas, *Xavier Zubiri. La Soledad Sonora*. Madri, Taurus, 2006, p. 622. É importante perceber essa segunda informação de Corominas no sentido de como Zubiri esconde o difícil afazer de seus próprios pensamentos. Carmem Castro já o tinha indicado quando ele escreveu o texto sobre Sócrates.

só tinha feito uma "advertência preliminar". O conteúdo desse prólogo, principalmente o conceito de *horizonte de intelecção*, reforça nossa reflexão de que não podemos entender *Cinco Lições de Filosofia* apenas no seu caráter expositivo.

Por isso, achamos oportuno fazer e esmiuçar algumas questões dentro do que Zubiri escreveu sobre o afazer filosófico até aquela época, para assim situar a sua leitura na atualidade.

2. Circunstâncias histórico-filosóficas de Cinco Lições de Filosofia

A pretensão deste curso e sua publicação parecem corriqueiras e afins ao ambiente acadêmico daquele tempo, seja na forma, "meu objetivo era publicar estas lições de forma simplesmente datilografada",[9] seja na sua metodologia. Vejamos essa intenção de Zubiri expressa na "Lição I":

> Nas lições deste ano, quero dizer aos senhores o que alguns grandes filósofos pensaram a respeito da filosofia. Não se trata de fazer uma exposição resumida de suas filosofias, mas tão somente de dizer o que eles entenderam por filosofia, e que ideia forjavam para si mesmos daquilo a que se dedicaram: o saber filosófico, do qual são egrégios representantes.[10]

É estranho escutar falar, assim, ao filósofo nestas alturas de sua maturidade. Ele nunca, antes, fez resumos isolados, nem de conceitos nem das ideias dos filósofos, sem uma intenção ou compromisso crítico e criativo. Nunca se preocupou apenas com uma mera abordagem histórica da filosofia. Parecia sempre trabalhar com uma preocupação central e, nas leituras dos filósofos,

---

[9] Ver, neste livro, p. 49. Estudava eu (J. F. Tejada) em Madri naquela época. A efervescência intelectual, em todas as áreas, oriunda da efervescência intelectual europeia, era a de transcrever as aulas dos mestres e, após a sua correção por eles, datilografá-las e distribuí-las para todos os colegas de turma. O próprio Zubiri viveu essa experiência de aluno de pedir emprestadas, e até comprar, as anotações de Husserl e Heidegger, entre outros.

[10] Ver, neste livro, p. 51.

encontrava – ou não – pistas do tratamento adequado para encaminhar o trato com as coisas que desejava refletir. Era seu diálogo estrita e criticamente filosófico.

No final de *Cinco Lições de Filosofia*, Zubiri resume assim sua intenção didática, para orientar os participantes do curso:

> Nestas cinco lições, vimos passar umas quantas ideias da filosofia caracterizadas, antes de tudo, por seu objeto. Primeiro, para Aristóteles, o saber filosófico é o saber que recai sobre *o ente*. Segundo, para Kant, recai sobre algo mais circunscrito: o *objeto*. Terceiro, em Auguste Comte, a filosofia recai sobre algo mais circunscrito ainda: os *fatos científicos*. Quarto, em Bergson, trata-se de fatos, mas dos *fatos imediatos* de uma consciência. Quinto, para Dilthey o objeto do saber filosófico é a *vida*. Sexto, para Husserl, o objeto da filosofia é a vida inteira e seus objetos reduzidos à *essência fenomênica*. Sétimo, finalmente, Heidegger pensa que o objeto da filosofia é o *ser puro*.[11]

A seguir, Zubiri esclarece, na dita advertência, que este curso tem "um caráter elementar, meramente expositivo e docente" e, portanto, "acredita que pode prestar algum serviço informativo e orientador" e ainda afirma "se abster de toda discussão e reflexão crítica".

Parece clara e humilde sua proposta. Podemos até pensar que isso talvez tenha sido feito para balancear o cansaço da construção do seu "modesto e pesado livro *Sobre a Essência*".[12] Mas como entender e aceitar essas simples advertências do filósofo quando ele já vinha trilhando, há muito tempo, na etapa da metafísica da realidade? Zubiri realmente se envolveu neste curso para se aliviar ou distrair da sobrecarga humana e filosófica de escrever *Sobre a Essência*? Será possível o afazer filosófico de Zubiri sem diálogo, discussão ou reflexão crítica? Acreditamos que não. Não era esse seu caráter intelectual e filosófico.

---

[11] Ver, neste livro, p. 259.
[12] Xavier Zubiri, *Estrutura Dinâmica da Realidade*. São Paulo, Editora É, no prelo.

O filósofo não estava brincando com este curso, aparentemente fruto da erudição de um grande professor de História da Filosofia. Teve, sim, uma especial preocupação em fazê-lo e publicá-lo. Assim o confessou a Ellacurría, em outubro do mesmo ano (1963), quando se desculpa a respeito de voltar a fumar: "Deixei o cigarro durante sete anos, mas voltei a cair no vício com as fadigas de *Sobre a Essência*. Penso deixá-lo quando tenha publicado *Cinco Lições de Filosofia*".[13] O autor não deixou de filosofar e veremos como ele nos leva ao centro de gravitação da sua proposta filosófica.

3. A proposta de Zubiri: "A filosofia não é sua história; mas a história da filosofia é filosofia"

Em *Cinco Lições de Filosofia* Zubiri parece ter a intenção não somente de reforçar suas principais ideias e propostas, mas também de apresentá-las *de uma forma diferente*. Estamos, no livro, também diante de uma dimensão rigorosa e irreversível do seu afazer filosófico. Uma coisa são conceitos, temas, ideias e conteúdos, e outra coisa é a estrutura da filosofia, na qual se dinamiza a busca do saber acerca das coisas.

O que chama a atenção, inicialmente, é que o autor parece mudar seu método e sua maneira de exposição neste curso. Diz que se limita a estudar e expor somente o problema filosófico e o objeto dos autores escolhidos de seu saber filosófico, afastando qualquer reflexão.

Sendo assim, parece acompanhar e ajudar o leitor interessado, lado a lado, na tarefa filosófica realizada pelos grandes homens do pensamento. Sem dúvida alguma, esse curso tem um valor didático e docente no sentido de auxiliar a conhecer a problemática de cada filósofo, seus caminhos e várias respostas dadas ao longo da história ocidental. Zubiri faz questão de ser um bom pedagogo, fazendo-nos seguir passo a passo o rigor e a abertura do caminho filosófico. Por isso, este livro é ímpar e especial. Mas qual é o intuito subjacente de Zubiri? Diremos que é nos lembrar que

---

[13] Joan Corominas, op. cit., p. 627.

a unidade constitutiva do filosofar depende de uma inseparável "atitude mental" e de "sua imersão nas coisas".

Para Zubiri, o filosofar não é só "um sistema de problemas e de conceitos", mas "a continuação de uma atitude e de uma preocupação".[14] Uma experiência filosófica, tal como foi a de Platão e de Aristóteles, cujo centro se encontra na reflexão socrática. Zubiri não entende o filosofar de outra forma. O diálogo filosófico, qualquer que seja, deve escutar o outro no que ele diz para perseguir com ele a busca do saber último das coisas.

No texto sobre "Sócrates e a Sabedoria Grega", encerra com uma preciosa explicação daquilo que queremos expor: "A história da filosofia não é cultura, nem erudição filosófica. É encontrar-se com os demais filósofos nas coisas sobre as quais se filosofa".[15] Dessa forma, qual seria o entendimento de Zubiri acerca da filosofia e de sua história no processo desse encontro com os demais filósofos e suas respectivas problemáticas e respostas? Vejamos o que o autor nos diz na lição de despedida enquanto professor de filosofia da Universidade Pública em 1942:

> O difícil da questão é que a filosofia não é algo acabado, que esteja aí e de que baste lançarmos mão para nos servirmos ao nosso bel-prazer. Em todo homem, a filosofia é coisa que deve ser fabricada por um esforço pessoal. Não se trata de que cada um deva começar do zero ou inventar um sistema próprio. Muito pelo contrário. Precisamente, por tratar-se de um saber radical e último, a filosofia se acha fundada, mais do que qualquer outro saber, sobre uma tradição. Trata-se de que, ainda admitindo filosofias já acabadas, tal adscrição seja resultado de um *esforço pessoal, de uma autêntica vida intelectual*. Tudo o mais é brilhante "aprendizado" de livros ou esplêndida elaboração de lições "magistrais". Podem-se, com efeito, escrever toneladas de papel e não ter roçado, nem sequer de longe, o mais leve vestígio de vida filosófica. Reciprocamente,

---

[14] Xavier Zubiri, *Natureza, História, Deus*. São Paulo, Editora É, 2010, p. 184.
[15] Ibidem, p. 256.

pode-se carecer absolutamente de "originalidade" e possuir, no mais recôndito de si mesmo, *o interno e calado movimento do filosofar*. [grifos nossos]
A filosofia, pois, deve ser feita, e isso não é questão de aprendizado abstrato. Como todo fazer verdadeiro, é uma operação concreta, executada em dada situação.[16]

Mas em que consiste o interno e calado movimento do filosofar?

Em 1940, Zubiri aceitou escrever o prefácio para *A História da Filosofia* de seu discípulo Julián Marías.[17] Nessa época, Zubiri mostrou para ele a firmeza de seu pensamento:

> A filosofia não é sua história; mas a história da filosofia é filosofia, porque a entrada da inteligência em si mesma, na situação concreta e radical na qual se encontra instalada, é a origem da filosofia e o pô-la em marcha. O problema da filosofia não é senão o problema da inteligência.[18]

O problema para Zubiri não é estudar filosofia e o que os filósofos foram falando para entender filosofia. A história da filosofia é um saber especial para nos ajudar a começar a andar pelo caminho da filosofia, um caminho que não é linear. Acertadamente refaz o famoso pensamento kantiano da seguinte forma: "Por isso, ainda que não seja exato o que Kant dizia: 'Não se aprende filosofia; só se aprende a filosofar', é absolutamente verdadeiro que só se aprende a filosofar pondo-se a filosofar".[19]

A filosofia, tal como foi consagrada por Aristóteles, é "um saber que se busca" sobre as coisas: quer dizer, sobre o ser e sobre a realidade. O buscar e o discordar são essenciais ao conhecimento filosófico. Essa atitude é diametralmente oposta à postura de dogmatismo filosófico, passado e ensinado em muitos textos e escolas.

---

[16] Ibidem, p. 63-64.

[17] Julián Marías, *História da Filosofia*. São Paulo, Martins Fontes, 2004, p. XVII-XXXIV. A parte não pessoal do prefácio Zubiri o publicou em *Natureza, História, Deus*, p. 142-52. Na íntegra está publicado em *Sobre el Problema de la Filosofía y Otros Escritos (1932-1944)*. Madri, Alianza Editorial, 2002, p. 301-14.

[18] Xavier Zubiri, *Natureza, História, Deus*, p. 145.

[19] Ibidem, p. 152.

O prólogo à terceira edição feito pelo autor confirma o teor dessa nossa leitura. Zubiri reconhece que o livro pode ser visto como uma introdução à filosofia. No entanto, uma introdução que expõe a marcha da ideia mesma da filosofia. Por isso, afirma:

> Ocupar-se da história da filosofia não é, pois, uma simples curiosidade: é o movimento mesmo a que se vê submetida a inteligência quando empreende a ingente tarefa de pôr em marcha a si mesma partindo de sua última raiz.[20]

Não podemos confundir a filosofia com o que cada filósofo entende e formula, mas pelo que cada um empreendeu enquanto busca acerca do ser e da realidade, quer dizer, se trata de um saber acerca das coisas entre as quais se encontra. E isto é o que Zubiri quer fazer seus leitores experimentarem; uma busca a partir do seu próprio momento histórico-filosófico e de enfrentamento com a realidade. Este era o entendimento que o filósofo tinha do filosofar.

E aqui surge o problema da filosofia, do seu objeto e das suas discordâncias. A filosofia é problemática uma vez que ela é fruto das definições que cada filósofo elabora em uma dada situação concreta a respeito do saber último das coisas. Ela se situa dentro de estruturas e horizontes diversos, os quais podem ser entendidos enquanto forma de vida, doutrina da vida e conhecimento. Em *Cinco Lições de Filosofia*, no entanto, Zubiri quer "esclarecer a estrutura da filosofia posta em marcha" como conhecimento.

Para o autor, é o problema do conhecimento que nos leva ao do objeto da filosofia em cada filósofo estudado. Ele sempre será problemático, porque "é o que radicalmente separa a filosofia de todas as demais ciências".[21]

As ciências já recebem seu objeto definido. A filosofia, não. Seu objeto "não é real, nem fictício, nem ideal: é outra coisa, tão

---

[20] Ibidem, p. 145.
[21] Ibidem, p. 149.

outra, que não é coisa. Compreende-se que esse peculiar objeto não se acha separado de nenhum objeto real, fictício ou ideal, mas sim incluído em todos eles, sem identificar-se com nenhum".[22]

Definir, portanto, o objeto da filosofia é o grande desafio dela mesma. Ele é problemático porque é "constitutivamente latente" sob todo e qualquer objeto – o problema do real. Eis a diferença entre ciência e filosofia. O objeto do filosofar é "essencialmente fugidio". Esse é, precisamente, o "escândalo da ciência", que não é pura objeção a resolver, "mas é uma dimensão positiva que a filosofia deve conservar":[23]

> O ato com que se torna patente o objeto da filosofia não é apreensão, nem uma intuição, mas uma *reflexão*. Uma reflexão que não descobre, portanto, um novo objeto entre os demais, mas uma nova dimensão de todo objeto, qualquer que seja.[24] (...) Enquanto a ciência é um conhecimento que estuda um objeto que *está aí*, a filosofia, por tratar de um objeto que por sua própria índole *foge*, que é *evanescente*, será um conhecimento que necessita *perseguir* seu objeto e *retê-lo* diante do olhar humano, *conquistá-lo*. A filosofia não consiste senão na constituição ativa de seu próprio objeto, no pôr em marcha a reflexão.[25]

Portanto, para Zubiri delinear o objeto do conhecimento de cada filósofo, este não pode ser uma peça à parte da construção filosófica, mas ele mesmo é o movimento da filosofia em marcha em uma via que poderá ser viva ou morta, dependendo do caminho empreendido quanto ao tratamento da realidade. Chegamos, assim, ao âmago ou à chave mestra desse texto, a qual nos abre a porta para o mergulho pretendido por Zubiri para todos os seus ouvintes, leitores e estudiosos. Essa chave a encontramos na pequena conclusão feita ao final do curso. Igualmente a encontramos, já desenhada, no início da lição de Aristóteles. Vejamos na seção seguinte.

---

[22] Ibidem, p. 150.
[23] Ibidem, p. 152.
[24] Ibidem, p. 150.
[25] Ibidem, p. 151.

4. O desafio do estudo da filosofia: fazer filosofia. "A filosofia consiste no processo mesmo de sua maturidade"

As explicações feitas até aqui nos autorizam a afirmar que Zubiri não escolheu o caminho das explicações e definições para dizer-nos o que é a filosofia como elaboração teórica. Ele tinha em mente nos expor o coração latente da filosofia. Sua intenção pedagógica: "expor a marcha da ideia mesma de filosofia" ou "esclarecer a estrutura mesma da filosofia posta em marcha". Nesse caminhar haverá espantos, choques, discordâncias e entendimentos, mas a filosofia continuará a ser uma tarefa a elaborar.

No início da lição sobre Aristóteles, essa proposta surge da seguinte forma:

> Gostaria apenas que, ao fim destas cinco lições, todos nós tivéssemos – e eu mais do que todos – a impressão suscitada pelo *choque dessas concepções tão diversas sobre a filosofia*. Uma impressão que nos deixe perguntando a nós mesmos: *Será possível que a coisas tão diferentes se chame assim, pura e simplesmente, "filosofia"?*[26] [grifos nossos]

O ser humano se vê envolto numa situação de eventualidades e tem a experiência de sua constitutiva imersão nas coisas, necessitando, assim, aprender a aproximar-se delas. Mas qual é a constitutiva e primária unidade entre o pensar e as coisas? Não é de posse ou de domínio, mas sim de choque, espanto e de interrogação. E aqui não adianta mudar de filósofo, época, ou faculdade, haja vista que envolve uma mudança de atitude mental.

O primário da inteligência humana não é ter ideias e conceber conceitos, mas *apreender a realidade*, que é "simples atualização do real na inteligência senciente". Essa é a lição exposta de forma inicial e irreversível em *Sobre a Essência* e, de forma sistemática, na obra *Inteligência Senciente*.

O caminho da filosofia, que se abre com a marcha da filosofia, é a expressão do próprio dinamismo humano de ser um sentir

---

[26] Ver, neste livro, p. 51.

intelectivo; um estar na realidade entre coisas reais. Um sentir que Zubiri tinha descrito como passo definitivo, em *Sobre a Essência*. O pensamento humano não é passivo nem produtivo, é atividade pensante, acionalidade do real; atualidade do real na inteligência senciente.

Eis aqui a intenção verdadeira de Zubiri em *Cinco Lições de Filosofia*. Não a de expor concisa e eruditamente os conceitos do problema do conhecimento filosófico e delimitar o objeto formal próprio de cada filósofo escolhido. O que interessa ao autor é o leitor "descobrir uma coisa, à primeira vista, extremamente desconcertante. (...) Porque, embora não digam a mesma coisa, esses filósofos falam, no entanto, da mesma coisa".[27]

O livro *Cinco Lições de Filosofia* é inegavelmente mais que uma mera exposição de vários filósofos. Reafirma Antonio Pintor-Ramos: "O livro contém uma breve 'conclusão' (...) A ideia central dessa conclusão se concentra em uma frase lapidar: 'Os filósofos são homens que não estão de acordo, mas que no fundo se entendem entre si'".[28]

Em que "fundo" eles se entendem?

Eles se entendem no choque, no desconcertante e essencial conflito do filosofar relacionado e situado na origem e na marcha problemática da filosofia: *o problema da inteligência*. Este é o início e o final da filosofia. Os filósofos escolhidos não estão de acordo no que dizem, mas partem da reflexão filosófica para tentar desvendar esse saber que é se enfrentar com a realidade.

Zubiri há muito tempo discorda de muitas coisas desses filósofos, mas foi através deles que descobriu a antiga morbidade concipiente da inteligência construída pela *Metafísica da Inteligência* e a *Teoria do Conhecimento*. E na sua análise crítica e criativa desses mesmos filósofos, delineou e elaborou uma nova e instigante proposta sobre o viver e o modo de ser humano: *a inteligência senciente*. Por isso ele deseja mergulhar seus leitores nessa "unidade

---

[27] Ver, neste livro, p. 48.
[28] Ver, neste livro, p. 36.

estranha entre entender-se e não estar de acordo em nada". É o que, positivamente, constitui o âmago e conflito do próprio filosofar. A tarefa filosófica é algo desconcertante e conflitante, porque:

> Enquanto a ciência é imatura e imperfeita, a filosofia consiste no processo mesmo de sua maturidade. Tudo o mais é filosofia escolar e acadêmica; é filosofia morta. Daí que, diferentemente do que acontece na ciência, a filosofia tenha de amadurecer em cada filósofo. (...) Já não é o filósofo quem porta o conceito da filosofia, como acontecia no começo; é a filosofia e seu conceito que portam o filósofo. (...) A filosofia não é obra do filósofo; o filósofo é que é obra da filosofia.[29]

Será que a filosofia faz com que o filósofo se deixe possuir pela verdade e pela realidade? Ou a filosofia nos tornaria donos da verdade e do real? Aqui estão o choque e o dinamismo do filosofar. Eis aqui uma alusão à corrupção de Sócrates aos jovens atenienses, pretendida agora por Zubiri.

O filósofo deve e pode partir de "sua experiência pessoal",[30] de um "certo propósito intelectual subjetivo"[31] no qual:

> Urge eliminar pela raiz o conceito de experiência entendida como conjunto de supostos dados de consciência. Provavelmente, os dados da consciência, enquanto tais, não pertencem a esta experiência radical. Trata-se antes, como eu dizia, da experiência que o homem adquire no trato com coisas reais e efetivas.[32]

Essa é a "experiência básica que permitisse o salto intelectual da filosofia".[33]

Entretanto, as coisas e o homem, também, estão situados dentro de um momento histórico; estão limitados a um horizonte determinado. Nele, o homem se depara com possibilidades

---

[29] Xavier Zubiri, *Natureza, História, Deus*, p. 155.
[30] Ibidem, p. 186.
[31] Ibidem, p. 154-55.
[32] Ibidem, p. 186.
[33] Ibidem, p. 186.

que deverá escolher para transformar a sua vida; "o possível em real". Adverte: "Em cada instante de sua vida intelectual, cada indivíduo e cada época se acham colocados sobre o constitutivo risco de avançar por uma via morta".[34] E é devido a isso que o estudo da filosofia, como estrutura e como objeto do conhecimento, indica os acertos ou os erros dos filósofos.

O que fica dessa aventura é desafio de o homem viver, ou melhor, pensar vivendo e sabendo estar na realidade. E esse pensar não se resolve na forma de conceitos ou dialéticas, senão por meio de uma preocupação e atitude mental estritamente filosófica. Zubiri deixou assim formulado o desafio radicalmente filosófico:

> E esta unidade estranha entre entender-se e não estar de acordo em nada é o que, positivamente, constitui um conflito. Eu quis desenhar diante das mentes dos senhores esse conflito em que estamos submersos – *um conflito do qual não se pode sair por combinações dialéticas, mas pondo em marcha, cada um dentro de si mesmo, o penoso, o penosíssimo esforço do labor filosófico*.[35] [grifos nossos]

O convite de Zubiri é fazer-nos mergulhar no contexto mental e filosófico que se fez no início na filosofia: o espanto. Para ele, o caminho da filosofia é sempre o problema limitante e interminável a ser percorrido. Talvez esse tenha sido o motivo de sua aceitação entre os jovens. Certamente os jovens estudantes de filosofia, ainda não contaminados pelas velhas ideias filosóficas, buscaram a clareza, a paciência, o rigor metodológico e, sobretudo, buscaram sentir a liberdade de mergulhar no afazer filosófico. Zubiri os ajudou e continua a ajudar todos os que se iniciam no filosofar para que não caiam ou se deixem levar por diversas tendências: a de buscar uma filosofia da vida, ou mesmo a de "perder-se no ceticismo ou a de decidir aderir polemicamente a uma fórmula em detrimento de outra, tentando até forjar uma nova".[36] O autor também sempre

---

[34] Ibidem, p. 192.
[35] Ver, neste livro, p. 259-60.
[36] Xavier Zubiri, *Natureza, História, Deus*, p. 145.

lembra a todos que se dedicam à filosofia sobre o perigo de se tornarem, pelo seu estudo e uso, donos da verdade e do real.

Quem participou do curso presencialmente, como todos os que o leram e continuam a ler, não pode ter dúvidas de que Zubiri é mestre da filosofia, porque nos acompanha a entrar sem condições no afazer filosófico. Os jovens atenienses se contagiaram ao ouvir Sócrates a filosofar. Com Zubiri aconteceu o mesmo. Estudar filosofia não é assistir a aulas magistrais, nem decorar todos os meandros da história da filosofia, mas aprender a andar no caminho da filosofia. É o que pretendemos no esforço de pensar filosofia no Brasil a partir da experiência de Zubiri.

5. Comentários sobre o curso inédito – "O Sistema do Real na Filosofia Moderna"

O "pequeno livro" *Cinco Lições de Filosofia*, com o acréscimo do curso inédito, atinge a maioridade dentro da produção escrita de Zubiri.

O curso "Sistema do Real na Filosofia Moderna" (1970), como o apresenta Pintor-Ramos, expõe o pensar mais maduro de Zubiri. A ideia da Fundação Xavier Zubiri de anexá-lo à obra reforça a coerência da reflexão acerca da unidade radical do próprio movimento da filosofia exposta anteriormente. Ele tem as mesmas qualidades didáticas e rigorosas da abordagem zubiriana. Livre do estilo denso de *Sobre a Essência*, esse curso mostra a facilidade com que Zubiri transita no meio da ciência, da religião e da filosofia para indicar e fazer o caminho do filosofar.

O curso envolve, principalmente, a maneira de fazer filosofia: o diálogo com os pares, seu conhecimento e respeito, mas também destaca a crítica do autor configurada na sua proposta da via da inteligência senciente. Ele versa sobre um tema que sempre foi posto em destaque pelo autor: a bancarrota da modernidade através da crise da razão. Zubiri centraliza o problema na maneira como a modernidade substancializou a representação do real e como se dá a busca do saber último das coisas nos dias atuais.

O curso inédito, oriundo de um Zubiri maduro, põe em relevo a noção do giro metafísico, alinhavado e elaborado por Zubiri em *Sobre a Essência*. Essa é a forma como devemos estudá-lo, até porque a etapa madura do autor, embora estivesse sempre em evolução, se formalizou durante um período de quarenta anos (1944-1983).

Pintor-Ramos resume assim *Cinco Lições de Filosofia* acrescido pelo novo curso inédito: "o primeiro texto pretende ser meramente expositivo, ao passo que a parte expositiva do segundo está a serviço de uma notável ambição sistemática, centrada no conceito básico de inteligência senciente".[37] Dessa maneira, o texto refaz caminhos, reorganiza seus passos e preenche lacunas, esclarecendo e configurando conceitos-chaves que formam parte das grandes obras do autor.

Zubiri formula o seguinte problema acerca do real concretamente existente: "Qual é a forma sistemática como a filosofia moderna concebe e conceitua a realidade?". Essa questão foi um dos problemas identificados por Zubiri na filosofia, que assim o resumiu em 1980:[38]

> Porque a filosofia moderna, dentro de todas as suas diferenças, esteve fundada sobre quatro conceitos que ao meu modo de ver são quatro falsas substantivações: o espaço, o tempo, a consciência e o ser. (...) Diante dessas quatro substantivações, do espaço, do tempo, da consciência e do ser, tentei uma ideia do real anterior àquelas. Foi o tema do meu livro *Sobre a Essência*.

Para explicar melhor esse problema, ele cria a metáfora de um bordado dentro de uma tela de cânhamo. Primeiro, procura quais

---

[37] Ver, neste livro, p. 25.

[38] Xavier Zubiri, *Natureza, História, Deus*, p. 28-29. Zubiri fez um prólogo especial para a tradução inglesa de T. Fowler. Ele mesmo faz uma síntese de seu amadurecimento filosófico. Desse prólogo, feito dez anos após o texto que comentamos, recolhemos essa citação que mostra que esse era um dos grandes problemas a enfrentar pela filosofia contemporânea.

são as peças e os fios que compõem esta suposta tela de cânhamo. Em seguida, busca ver como esses fios se encontram entrelaçados de uma forma sistemática para responder à pergunta formulada. Esses fios são: o espaço, o tempo, o ser e a consciência.

No seu entendimento, o fio do ser é escolhido por todos os filósofos como matriz de algo inexoravelmente consistente por si mesmo, como uma espécie de imenso oceano, que a partir de si cria tanto o âmbito espacial (espaço) do ser corpóreo quanto o âmbito linear (tempo) do real. Mas o fio do ser é substantivado a tal ponto que ele se torna consciência – um *dar-se conta de*. O que aconteceu na filosofia moderna é que, mesmo por caminhos diferentes, os filósofos chegaram a uma resposta unívoca: *a consciência é a representação do ser*. A filosofia moderna é uma teoria da representação que tem como unidade intrínseca a consciência e o ser. Espaço, tempo, consciência e ser se transformaram em substantivações; fios que configuraram na sua trama a teoria da representação da modernidade. Zubiri diz, dessa forma, que a filosofia moderna entificou o real. Frente a tais substantividades, ou melhor, frente à substantivação do ser, Zubiri fez sua proposta de que o real não pode ser representado radicalmente pela inteligência, mas atualizado na inteligência. A resposta zubiriana é a sua teoria presentacional da realidade frente à teoria representacional da realidade elaborada pela filosofia moderna.

Os leitores e os estudiosos de *Cinco Lições de Filosofia* acrescido do curso inédito têm em suas mãos um livro raro e precioso: uma resposta aos anseios humanos de pensar nas coisas que dão o que pensar. Ele nos livra do que aprisiona o filosofar: a realidade como substância e o julgar como ato primordial da inteligência.

O exercício necessário para filosofar é saber estar na realidade. Zubiri nos abre radicalmente, pela ponte do seu filosofar, o movimento do pensar. Sentimos nesse processo – a marcha da filosofia – o palpitar acelerado de seu pensamento. Ele nos aponta, com as suas elaborações filosóficas, o caminho para buscarmos uma via viva para a humanidade.

APRESENTAÇÃO

por Antonio Pintor-Ramos

Razões de ordem editorial permitem que, em uma coleção de obras de Zubiri, o presente volume reúna dois textos que, mesmo mantendo algum parentesco no conteúdo, mostram diferenças gritantes. Em primeiro lugar, embora se trate do texto de dois cursos de Zubiri, um deles foi publicado pelo autor, ao passo que o outro permanecia inédito. Em segundo lugar, sete anos transcorreram entre os dois cursos, e não se deve descartar que nesse período a postura do autor possa ter variado em algum ponto. Em terceiro lugar, o primeiro texto pretende ser de vulgarização e é muito mais amplo, ao passo que o segundo é mais curto, mais denso e pressupõe conhecimentos filosóficos prévios. Por último: o primeiro texto pretende ser meramente expositivo, ao passo que a parte expositiva do segundo está a serviço de uma notável ambição sistemática, centrada no conceito básico de inteligência senciente. Estas diferenças tornam obrigatória uma apresentação separada dos dois textos; o leitor e o pesquisador de Zubiri devem ser informados separadamente sobre cada um deles, para poder tomar as decisões que sejam pertinentes em cada caso.

I

Cinco Lições de Filosofia tem características que o tornam único entre os livros publicados por Zubiri: "único" pela maneira como foi redigido; "único" também pelo amplo espectro de público a que se dirige; e é, por fim, tão "único" que Zubiri começa afirmando que não se trata de "um livro" em sentido próprio, e avisa ao leitor que só consentiu em publicá-lo em forma impressa porque qualquer outro tipo de circulação dos textos destas lições apresentava "dificuldades técnicas", embora ele não nos explique que dificuldades poderiam ser essas, nem a que tipo de circulação está se referindo. Trata-se do livro mais didático entre os poucos que Zubiri publicou, como o prova sua posterior incorporação ao conjunto da famosa coleção *El Libro de Bolsillo* [O Livro de Bolso] da Alianza Editorial e o fato de continuar editorialmente vivo mais de quarenta anos depois de sua publicação; isso se deve em grande parte a seu caráter expositivo, pois Zubiri afirma reiteradamente que quer se abster de qualquer julgamento a respeito das filosofias expostas – o que acaba cumprindo, com exceções pontuais e significativas; mas também se deve ao fato, insólito nos cursos de Zubiri, de abordar um tema de interesse geral acessível a um público amplo, sem uma formação filosófica especial, embora não faltem páginas de notável densidade teórica, a ponto de nem mesmo estar ausente uma alusão à dedução transcendental das categorias em Kant. Mas, de modo geral, Zubiri deseja transmitir o teor básico de cada uma das filosofias expostas, contornando com habilidade os pontos obscuros ou muito polêmicos. Isso levou essa obra a ser esquecida e pouco percebida por seus estudiosos – embora eu vá tentar demonstrar que, sem desdouro dessas virtudes expositivas como instrumento de iniciação, é importante ressaltar o valor de seu caráter estritamente "filosófico" – e para isso existem indícios no próprio Zubiri.

A história imediata do texto é bastante curta e não apresenta zonas obscuras. A Sociedad de Estudios y Publicaciones anunciou o curso público de Zubiri, *Cinco Lições de Filosofia*, que seria ministrado em cinco semanas a partir de 7 de março de 1963. Reconsiderando-se por um momento, é difícil imaginar um título mais anódino: explicita-se apenas o número de conferências, mas disso era impossível entrever alguma coisa de seu tema concreto, já que se fazia apenas uma menção genérica à "filosofia" – o que, tratando-se de Zubiri, era uma simples obviedade. No entanto, o curso marca uma virada na trajetória dos cursos extrauniversitários de Zubiri, iniciados em 1945, mas com uma aparição errática a partir de 1954, em razão das exigências variáveis para redigir uma grande obra filosófica, e que agora pareciam voltar à periodicidade anual sobre bases novas e também com uma importante renovação no público habitual. Zubiri, que tinha nessa época 64 anos, já não retornaria aos extenuantes cursos iniciais de mais de trinta lições – embora, em data tão avançada quanto 1971-1972, tenha reunido forças para dedicar 26 lições à estrutura completa do problema teologal.

Apesar das imprecisões do título, a plateia do curso acabou sendo tão grande e ultrapassou de tal forma as expectativas, que, a partir dessa data, os frequentadores passaram a esperar muitas horas para poder garantir um lugar no limitado auditório da sala de conferências. Agora, os cursos de Zubiri começam a fazer parte da paisagem intelectual de Madri: são frequentados por interessados vindos de fora expressamente para a ocasião, mas também começa a identificar-se um grupo que os transforma em um ato social em que se deve estar para ser visto, por mais que não se tenha nenhum preparo ou interesse no assunto. Zubiri parece se mostrar indiferente a um ambiente que ele não procurou (e que também não rechaçou) e foi resultado direto do fato de que a publicação de *Sobre la Esencia* [Sobre a Essência], em dezembro de 1962, o transformara em uma celebridade, tratando-se do maior filósofo espanhol vivo.

Depois dos altos e baixos e até de angústias que teve de superar para escrever aquela grande obra, subjetivamente Zubiri está se sentindo em paz consigo mesmo pela satisfação do dever cumprido, e, pelo menos durante algum tempo, um dever cumprido de maneira satisfatória. *Sobre a Essência* se transforma inesperadamente em um sucesso de vendas, o presente de Natal de 1962 entre pessoas cultas, embora sua compreensão e assimilação sejam coisas muito diferentes. É como se, na alvorada da primavera do ano seguinte, Zubiri convocasse seus seguidores com um tema "leve", também com o objetivo de lhes dar tempo para assimilar a grande obra metafísica sem interferir demais nesse estudo. Que aos "ouvintes" interessados se juntasse um número significativo de "espectadores" não desejados talvez fosse o preço a ser pago por alguma coisa tão ambígua quanto a fama filosófica. O outro lado da moeda – que sem dúvida não passou despercebido a Zubiri – foi que a publicação daquele livro que tinha lhe custado tantos esforços acabou lhe propiciando o abandono de um número significativo de seguidores fiéis da etapa anterior. Qualquer que seja o instrumento histórico que afinal de contas se mostre mais útil para explicar o desenvolvimento de Zubiri, é indiscutível que aquela publicação significa uma mudança na recepção pública de sua figura e talvez também em sua consciência subjetiva como filósofo.

Parece ainda mais insólito que Zubiri tenha preparado o curso para publicação em um período tão breve, de modo que, no final daquele mesmo ano, ele aparece em forma de livro. É verdade que, vendo-se em uma perspectiva histórica, havia uma grande demanda de livros filosóficos, e os autores escolhidos por Zubiri não contavam com muitas exposições acessíveis de suas obras – assim como é verdade que essas considerações dificilmente influenciariam uma personalidade como a de Zubiri. Seja como for, a atitude podia parecer auspiciosa com relação a uma mudança radical nas pouquíssimas publicações de Zubiri. Bem se poderia pensar que, tomando *Sobre a Essência* como uma referência de maturidade filosófica, o que viesse a seguir poderia chegar ao público filosófico com relativa rapidez. De fato, entre o final de 1962 e 1964, Zubiri publicou dois livros e quatro artigos, algo extraordinário e sem precedentes em sua vida. Mas essa esperança vai ser imediatamente frustrada porque, à exceção de algum artigo parcial, Zubiri nunca mais repetirá a publicação de nenhum de seus cursos. Entre os mais próximos a Zubiri, as coisas provavelmente eram vistas de outra maneira: não foi nada fácil conseguir que Zubiri concordasse com a publicação, e, ao que parece, coube a Paulino Garagorri empregar todos os seus dotes persuasivos sob o argumento ambíguo de que o assunto tratado tinha pouca transcendência teórica e, em compensação, se mostrava útil como exposição, graças a seu enfoque original. O fato é que este é o único curso que Zubiri publicou, e todos os outros cursos posteriores de maior envergadura teórica – apesar de terem sido objeto de reestruturações minuciosas e formatações – afinal de contas permaneceram inéditos. E, ainda que no desejo testamentário de Zubiri conste que vários deles têm um grau de maturidade suficiente para ser publicados, o fato é que ele não quis, em vida, empreender essa tarefa. Todos os outros livros publicados por Zubiri – com a única exceção de *Natureza, História, Deus* – não têm origem na docência nem em cursos: foram escritos diretamente para publicação ou, quando muito, inicialmente "ditados" para tal finalidade. Os incontáveis seguidores de Dostoiévski, que admiram entre suas obras *O Jogador*, sabem que existe uma diferença sutil entre um livro diretamente "escrito" e um livro inicialmente "ditado", ainda que depois seja submetido ao processo de correções que se julgar necessário.

Será que isso poderia sugerir algum tipo de descontinuidade entre os textos escritos e as exposições orais do pensamento de Zubiri? Até onde sei, o tema nunca foi posto – e não se pode descartar que possa ter alguma importância, ao menos na hora de avaliar mudanças de opinião do autor em assuntos nem sempre secundários. Aqui vale a pena ressaltar a enorme amplitude da *oralidade* no pensamento de Zubiri. Não é nada incomum que uma parte ampla do *corpus* de um filósofo acabe sendo formada por materiais procedentes de conferências ou de cursos orais, como acontece em graus notáveis (só para citar os mestres de filosofia de Zubiri) com Ortega y Gasset, Husserl ou Heidegger.

Mas, mesmo se tratando muitas vezes de textos pensados para ser ouvidos, originariamente costumam ser conferências ou lições escritas ou, quando muito, desenvolvidas a partir de um esquema escrito bem elaborado. Mas a "oralidade" a que me refiro em Zubiri é um caso insólito: como se sabe, seus cursos – com toda a sua densidade conceitual e estrutural – não se apoiam em nenhum texto prévio rudimentar ou elaborado, mas são o desenvolvimento adaptado às circunstâncias de lugar e de tempo de um esquema rigoroso para o qual ele só dispunha de algumas já famosas fichas (ainda indecifráveis), às vezes acompanhadas de algum texto clássico que ele iria comentar. Dessa forma, a primeira versão escrita dos cursos é a transcrição digitada das versões taquigráficas (primeiro) e das fitas magnéticas (depois) que registravam cada conferência. Essas transcrições eram o texto original sobre o qual Zubiri trabalhava. Mas, como já se disse, e contando com algum artigo não desprezível, este é o único caso em que partindo-se de um curso se acabou produzindo um livro.

A restauração digital das fitas magnéticas originais, de propriedade da Fundação Xavier Zubiri, permite, neste caso, que se calcule o trajeto percorrido pelo tema desde sua primeira formulação oral até sua impressão em forma de livro. Mas, neste caso, é preciso ressaltar desde já que o assunto não tem maior importância e não vai muito além da mera curiosidade. *Cinco Lições de Filosofia* é um livro publicado por Zubiri, reimpresso várias vezes ainda em vida do autor, que escreveu inclusive um "prólogo" para uma das novas edições, e, portanto, do ponto de vista da crítica, não caberia fazer nenhuma correção do texto impresso apoiada nas lições orais. Também não cabe pensar que este exame ofereça algum tipo de pauta normativa para os demais cursos de Zubiri – não apenas porque a opção do autor "no calor da hora" e em determinado momento não desfruta de nenhum privilégio absoluto, mas também porque o tipo de temas e o estágio de redação em que os diversos cursos da última fase do pensamento de Zubiri chegaram até nós são bastante diferentes e, portanto, as opções dos editores também terão de ser plurais.

Isso é pertinente, antes de tudo, porque a passagem do texto oral ao escrito não é uma questão meramente estilística, da mesma maneira como um leitor não mantém com um tema a mesma atitude que um ouvinte, por mais atento que possamos imaginar este último.

Este "livro" peculiar seria, portanto, a transcrição do curso, mantendo o título e a divisão básica inalterados. Na "advertência preliminar" (originalmente, o livro não tinha "prólogo" nem "introdução", ainda que se possa ler assim a primeira página), Zubiri chamava a atenção do leitor para dois tipos de "pequenas modificações". A primeira parece óbvia: "a inevitável adaptação do estilo oral ao estilo escrito"; isso se percebe, além de nos detalhes conhecidos por todos, em uma sistematicidade maior e na explicitação de algumas citações literais – de "algumas" apenas, porque Zubiri segue seu velho costume de não explicitar todas as citações. No entanto, continuam mantendo-se características (aparentemente desnecessárias) de sua origem oral, como a de se dirigir ao leitor conservando a segunda pessoa do plural em tratamentos de cortesia ("os senhores"); mas, como o discurso oral de Zubiri é excepcionalmente denso e compacto, a distância entre este discurso e o texto impresso não é muita – como se Zubiri quisesse acentuar que, do ponto de vista de sua filosofia, o presente livro é circunstancial e menor. Já a segunda "pequena modificação", ele a explica assim: "Para não exceder o tempo, tive de suprimir alguns detalhes em minha exposição; achei oportuno incorporá-los ao texto atual". Será que a escuta atenta das lições confirma esse processo, que sem dúvida foi rápido, para a composição do livro?

Nada de especial seria preciso esclarecer no que se refere às Lições III e IV (Comte e Bergson), em que efetivamente se trata de "alguns detalhes"; e até se poderia estender isso à Lição I (Aristóteles), se tomarmos em sentido amplo tais "incorporações". Já o caso da Lição II, dedicada a Kant, é mais complexo; é verdade que, também aqui, seria o caso de falar de "incorporações" quantitativamente maiores para a publicação, mas já não é tão fácil pensar que se trata apenas de "pequenos detalhes", e sim de algo qualitativamente mais importante, porque, mesmo mantendo o fio básico da constituição da objetividade, ele introduz novos temas e, principalmente, modifica a estrutura básica da lição, que parecia configurada em quatro pontos sucessivos, ao passo que no livro esses pontos passam a ser cinco, enquanto os dois últimos são submetidos ao que se pode considerar uma redação completamente nova. Isso modifica o equilíbrio interno dos problemas, dá entidade ao tema da razão prática, evitando assim a aparência de complemento acessório que tinha na conferência. O resultado é um texto escrito mais preciso e organizado, mas principalmente mais completo, o que explica por que este capítulo, no primeiro momento da publicação do livro, fosse dos mais utilizados, já que havia na época uma carência de material acessível sobre o grande filósofo que hoje, por sorte, já é mais difícil de imaginar.

A Lição V, a última, apresenta um problema de outra ordem. Em uma primeira abordagem – e se nos atemos ao ponto de vista meramente quantitativo –, as "incorporações" são consideráveis, mas também não podem ser classificadas como desmedidas. No entanto, na prática essas incorporações significam uma reestruturação da lição oral original, que chega ao ponto de mudar a perspectiva para confrontar sua interpretação. Na lição oral, o filósofo estudado é Husserl, e a exposição seguiu um esquema ternário, que é o usual nas lições anteriores, com exceção exatamente da lição sobre Kant; no final, pediu licença ao auditório para completar o tema (uns dez minutos de tempo acrescentado) explicitando a crítica de Husserl a Dilthey e, complementarmente, oferecendo um esboço da crítica de Heidegger ao ponto básico da redução transcendental; formava-se assim o que Zubiri chamou de um "tríptico", em que o painel central (Husserl) ficava demarcado por dois complementos laterais (Dilthey e Heidegger) com evidentes relações transversais que dão unidade ao tríptico. No texto editado, a estrutura varia qualitativamente: o grosso da exposição de Husserl é mantido, mas foram acrescentadas as respectivas exposições (mais curtas, mas também baseadas em esquemas ternários) sobre as ideias de filosofia de Dilthey e Heidegger, ficando em plano muito secundário sua relação crítica com Husserl. E o próprio Zubiri parece estar consciente desta modificação, pelo menos em um detalhe revelador: na lição oral, ele recomendou aos ouvintes, como leitura preparatória prévia, o famoso artigo de Husserl "La Filosofía como Ciencia Estricta" [A Filosofia como Ciência Estrita], ao passo que no texto publicado (isso foi transferido sabiamente para a "advertência preliminar") Zubiri recomenda, além do texto mencionado de Husserl, um livro de Dilthey e outro texto de Heidegger – que certamente ele segue bem pouco em sua breve exposição. Desta forma, os autores expostos passam de cinco a efetivamente sete – com todas as peculiaridades de cada um deles. Isso gera problemas de interpretação que continuam sem resposta, pelo fato de ele incluir dois autores tão diferentes como Dilthey e Heidegger à sombra de Husserl: será que Zubiri estava pensando que Heidegger é apenas uma modificação, talvez importante, dentro da ideia de filosofia que Husserl personificava? Ou está querendo dizer, ao contrário, que a radicalidade da crítica de Heidegger torna inútil a ideia de filosofia que Husserl transmite? Colocar Dilthey dentro do mesmo "tríptico" seria um reflexo das influências da época ou porventura ele teria querido personificar em Dilthey as numerosas "filosofias da vida" na virada do século, mesmo levando em conta que a lição anterior tinha sido dedicada a Bergson?

Cabe responder que este tipo de pergunta não é pertinente em um texto que mais de uma vez ultrapassa seu caráter "expositivo", e, além do mais, é preciso reconhecer que de modo geral ele é efetivamente assim, de forma que é bem provável que essa seja a chave de sua vasta difusão editorial. E também é notório, nesse sentido, o fato de que as "exposições" de Zubiri são extraordinariamente quentes no sentido de que ele refaz o pensamento exposto a partir dele mesmo, acentuando sua problemática e transmitindo assim o entusiasmo ardoroso de todo ato filosófico, por mais afastado que o autor exposto esteja com relação ao modo de pensar do próprio Zubiri. Mas, além disso, insiste-se no fato de que a seleção dos autores que serão expostos é "absolutamente arbitrária": O que é que isto quer dizer? No sentido vulgar da expressão, é possível que não exista nada "absolutamente arbitrário" em filosofia, pois, como se sabe, a simples presença de um nome e a omissão de outro já têm consequências – motivo pelo qual se deve pensar que, com essa expressão, excessivamente rotunda, Zubiri esteja querendo dizer outra coisa. Na realidade, trata-se de um critério mais propriamente negativo: a presença dos filósofos escolhidos é justificada porque são, em todos os casos, filósofos importantes, mas a ausência de outros não significa que não sejam *igualmente* importantes. A verdade é que no "prólogo" que Zubiri escreveu em 1980 ele parece insistir nesta linha: "De fato, em outro curso meu tentei acrescentar aos cinco autores a que este livro se refere mais quatro: Santo Tomás de Aquino, Descartes, Leibniz e Hegel. Talvez um dia eu resolva publicar estes escritos". Sem dúvida, Zubiri estava se referindo ao curso de 1969-1970, *Los Problemas Fundamentales de la Metafísica Occidental* [Os Problemas Fundamentais da Metafísica Ocidental], publicado postumamente pela primeira vez em 1994. Todavia, não só não existe nenhum indício de que Zubiri tenha dado algum passo na direção da possibilidade efetiva de publicação daquele texto, mas também não é totalmente correto que ali ele "acrescente" aos cinco autores (reparem que Zubiri volta a falar em cinco e não em sete) outros quatro, porque nem se trata do mesmo tema nos dois cursos, nem eles se movem na mesma estatura filosófica. Teria sido muito mais exato dizer que o livro de 1963 e o curso de 1969-1970 oferecem dois tratamentos complementares de Aristóteles e de Kant, e mesmo nestes casos é duvidoso que ocorra uma continuidade sem saltos entre os dois tipos de tratamento. Cabe conjecturar, portanto, que, se alguém se aproximasse do presente livro com a pretensão de encontrar aqui a parte "expositiva" daquilo que em *Sobre la Esencia* aparecia com o rótulo de uma forte confrontação crítica, não estaria bem orientado. Não apenas porque aqui a exposição é sobre autores que em *Sobre la Esencia* não têm nenhum destaque (como é o caso de Dilthey, Comte ou até do próprio Bergson), mas também porque os filósofos que aparecem nos dois livros são objeto de enfoques muito diferentes e não parece que se possa falar de uma continuidade estrita entre os dois casos. Para se convencer disso, basta comparar o que é dito no presente livro com as referências a Aristóteles e Husserl na "Segunda Parte" de *Sobre la Esencia* – "Algunas Ideas Clásicas acerca de la Esencia" [Algumas Ideias Clássicas acerca da Essência] – ou então fazer uma comparação semelhante com o referido curso sobre *Los Problemas Fundamentales de la Metafísica Occidental*, desta vez nos casos de Aristóteles (novamente) e também de Kant.

Seria o caso de pensar, então, que a "arbitrariedade" de que Zubiri fala com relação aos filósofos aqui escolhidos é relativa, que chamá-la de "absoluta" é uma hipérbole, e alguém até poderia elucubrar se uma "arbitrariedade absoluta" é apenas uma figura de retórica. Em primeiro lugar, o objetivo final do curso é "filosófico", pois Zubiri quer mostrar de forma nua e crua que a unidade histórica da filosofia aparece partida em uma pluralidade de filosofias incompatíveis; a raiz dessa incompatibilidade não se resume a um simples desacordo em determinadas respostas, mas a formas de entender a própria filosofia, que no período posterior a Hegel é o *problema* filosófico por antonomásia, tal como o próprio Zubiri havia exposto amplamente nas páginas de *Natureza, História, Deus*. Em segundo lugar, Zubiri escolhe para isso filósofos relevantes, cujas concepções da filosofia são bastante discordantes. Nestas escolhas, talvez o filósofo mais inesperado seja Comte, mas Zubiri parece pretender certa reivindicação do "filósofo" Comte como personificação da "atitude" de uma época e talvez também, indiretamente, apontar uma crítica para o caráter grosseiro de certas formas de cientificismo contemporâneo; por outro lado, é claro que isso funciona para ele como contraste máximo com os outros filósofos que o acompanham neste livro. Em terceiro lugar, quem conhecer um pouco da trajetória de Zubiri não se surpreenderá, em contrapartida, com a atenção dispensada a Bergson, pois se trata do primeiro filósofo de renome internacional que ele conheceu pessoalmente, quando era ainda pouco mais que um adolescente (naquela época, Ortega y Gasset ainda estava longe do reconhecimento internacional), e durante o restante de sua vida demonstrou por ele uma viva admiração, que não é incompatível com sérias discrepâncias filosóficas. Zubiri cita Bergson com certa frequência, quase sempre em razão de um pequeno número de temas, mas esta é a única exposição de conjunto que ele lhe dedicou quando os ecos dos atos comemorativos do centenário de nascimento do filósofo francês ainda não tinham se apagado e ainda mantinham vivo seu renome, que – justamente a partir daquele momento – pareceu recolher-se a passos largos no panteão dos mortos ilustres.

Há outro ponto, mais profundo e aqui apenas insinuado. O livro contém uma breve "conclusão" – o que, se repararmos bem, não deixa de ser insólito em um livro que se proclama meramente expositivo sobre filósofos escolhidos arbitrariamente. A ideia central dessa conclusão se concentra em uma frase lapidar: "Os filósofos são homens que não estão de acordo, mas que no fundo se entendem entre si". O que significa este "no fundo"? Haveria uma resposta que seria válida para as lições, mas já não é válida para o livro, pelas razões explicadas acima: quando ele introduz Dilthey e Heidegger, já não se pode dizer que todos os filósofos incluídos tinham tentado "no fundo" fazer da filosofia um *saber científico*, aqui entendido de diversas maneiras. Agora parece que é preciso dizer algo diferente: "no fundo" todas as ideias de filosofia – e aqui a inclusão de Comte seria muito relevante – se apoiam no fato de que a realidade das coisas não se esgota em sua aparência primeira, em seu caráter óbvio, mas sempre existe nelas algo que transcende essa obviedade. Ou seja, "o fundo" da diversidade inesgotável das filosofias é a descoberta de uma *dimensão transcendental* nas coisas que se procura transformar em tema do saber – o que essa transcendentalidade significa e como ela deve se articular são assuntos que fogem ao enfoque do presente livro.

É dentro desta linha que se pode compreender o breve "prólogo" que Zubiri escreveu no verão de 1980 para a edição que incluía o livro em uma coleção popular. Provavelmente, em sua origem, trata-se de um gesto de cortesia para com o novo editor – que se tornará, a partir daquele momento, o editor habitual de Zubiri – para fazer constar que se trata de um livro que, apesar de publicado dezessete anos antes, ele continuava considerando vivo e filosoficamente válido. Seja por esta razão, ou por alguma outra que desconheço, o fato é que em dois parágrafos curtos e concisos Zubiri injetou no livro dois temas teóricos que, embora sirvam para lhe dar um valor filosófico maior, até aquele momento pareciam totalmente alheios ao presente volume.

A doutrina dos horizontes da filosofia ocidental aparece pela primeira vez em um escrito inacabado de Zubiri, publicado parcialmente em 1933. Depois, reaparece sem grandes modificações ao longo de sua vida. Na época do prólogo mencionado, era quase totalmente desconhecida, pois o velho escrito de 1933 nunca havia sido reimpresso e nem sequer se conheciam as vicissitudes de redação que havia sofrido, mas Diego Gracia havia oferecido uma análise do antigo texto em um estudo então recém-publicado na *Realitas* [Realidade]. O citado curso de 1969-1970, que está articulado sobre a base dessa doutrina e apresenta sua exposição mais ampla existente na obra de Zubiri, permanecia inédito, e também não existiam notícias fidedignas de seu valor e de seu conteúdo. A referência concisa de Zubiri neste "prólogo" não parece diretamente ligada ao tom expositivo do livro que o acompanha, mas deveria ser pensada em um possível prolongamento com alcance teórico e crítico, para o qual seriam necessárias outras chaves.

Em contrapartida, o que agora Zubiri chama de *estrutura* de toda filosofia parece ter a função de destacar um componente unificador entre filosofias tão diferentes. Trata-se, além do mais, de um assunto que não é estranho à filosofia do próprio Zubiri; de fato, não parece muito arriscado pensar que se procura uma ideia de filosofia que – caracterizada por um componente intelectivo que será preciso esclarecer – se transforma por isso mesmo em uma sabedoria iluminadora da vida e que, a partir daí, fosse possível e ficasse justificada uma forma de vida. Mas isso é muito arriscado e problemático em uma época de desconfiança geral nos poderes da racionalidade, e a tarefa, portanto, não é simples. Quando se presta atenção a este ponto, percebe-se que não é "arbitrário" que o livro comece com uma exposição sobre Aristóteles, uma vez que, além de sua inegável importância, talvez haja nele certa exemplaridade, pelo menos do ponto de vista formal: a intenção de buscar uma filosofia que seja ciência apodíctica – e que por isso se transforma na forma suprema da sabedoria e, a partir daí, gera uma vida teorética que é tão elevada, que está próxima da própria vida divina. Tudo isso talvez já não possa renascer com os mesmos conteúdos aristotélicos, mas talvez possa sobreviver como ideal de busca. Aqui se tangencia, além disso, a neutralidade crítica a que Zubiri se propõe e que ele relembra repetidas vezes ao longo de todo o livro.

Estamos, em resumo, diante de um livro publicado por Zubiri em um dos momentos de maior fecundidade literária de sua vida. As peculiaridades mencionadas não afetam esse dado básico. Portanto, o tipo de complemento ou de correções de que possa precisar na hora de ser revisado deve ser apenas formal, conforme os usos editoriais em que aparece como edição atual de referência – um "texto limpo" (*clear text*), segundo a terminologia anglo-saxã habitual – para as publicações de Zubiri: colocar as citações em notas de rodapé, refletir no "sumário" as divisões internas do texto, acrescentar ao final o "índice analítico" correspondente. Vou me ater a isso, basicamente.

Em primeiro lugar, serão corrigidas algumas erratas – em conjunto, não muitas – que escaparam na primeira edição e se reproduziram em todas as seguintes, o que nos permite supor que Zubiri corrigiu apenas as provas nessa primeira edição. Quando se trata de erratas evidentes – isso ocorre principalmente com espíritos e acentos em palavras em grego, coisa também explicável pelos recursos de composição tipográfica da época – limito-me a fazer a substituição oportuna. Quando existe alguma sombra de dúvida, então se fará constar em uma nota, levando-se em conta que, como regra geral, a escuta atenta das conferências originais não acrescenta nada neste ponto.

Em segundo lugar, sabe-se que Zubiri cita muito poucas vezes que os dados trazidos nessas poucas citações nem sempre são suficientes e que o critério neste ponto acaba sendo um tanto anárquico. Por outro lado, é fácil reconhecer que em muitos trechos Zubiri está glosando textos conhecidos dos autores que expõe, principalmente aqueles que havia recomendado como leitura prévia. O critério que adotei foi tentar explicitar as citações quando se trata de trechos literais postos entre aspas e deixar o restante como aparece, pois, para os principiantes que começarem a entrar na filosofia com este livro, não me parece útil a explicitação típica de uma edição crítica rigorosa, enquanto, em contrapartida, para o conhecedor de filosofia estes textos serão suficientemente familiares. Há muitas diferenças entre os textos literais utilizados nas lições e os que aparecem depois no livro – mas apenas em um caso completei uma citação utilizando-me da lição, pois no texto publicado a citação aparece truncada, sem que eu veja razão alguma para isso. Em cada um desses casos, o leitor terá uma informação clara de tudo o que pertence ao editor.

Existe também uma confusão na numeração das sucessivas edições. A edição original foi publicada em Madri, em 1963, pela Sociedade de Estudos e Publicações, sem que apareça em lugar nenhuma referência à "Editorial Moneda y Crédito". Esta última, que só aparece na segunda edição, é a que figura no *Panorama Bibliográfico de Xavier Zubiri*, a obra de M. Lazcano da qual praticamente todas as bibliografias posteriores dependem neste ponto. Esta segunda edição apareceu em 1970, com as mesmas características e respeitando a paginação. A partir de 1980, o livro entra no catálogo da Alianza Editorial (Madri) e é inicialmente o nº 783 da popular coleção O Livro de Bolso, embora a assinatura da edição conserve a dupla referência Sociedade de Estudos e Publicações/ Alianza Editorial, que será a habitual nos livros de Zubiri (a partir de 1989, a "Fundação Xavier Zubiri" substitui a antiga "Sociedade de Estudos e Publicações"). De acordo com o que disse anteriormente, deveria ser a terceira edição do livro – que aparecia com uma nova paginação e vinha encabeçada pelo citado "Prólogo à Terceira Edição". Mas já no cabeçalho o título é "Prólogo à Presente Edição". Este novo "prólogo" aparecia paginado com algarismos romanos e vinha colocado no começo do livro, antes da "Advertência Preliminar"; ao mesmo tempo, a editora começa a numerar de novo suas edições a partir da publicação nesse formato, e com isso se dá a circunstância de que existem duas "primeiras edições" (em 1960 e 1980) e duas "segundas edições" (em 1970 e 1982). Como parecem ter sido comerciais os critérios que em momentos diferentes determinaram que uma nova tiragem fosse numerada como nova "edição", ou se optasse por chamá-la de "reimpressão", sem que o texto tivesse variado em nada desde 1980, com alto grau de convencionalismo nos aventuramos a dizer que a presente edição é a sexta na Alianza Editorial. Algumas das edições tiveram várias reimpressões, mas o texto não foi alterado, como já dissemos, ainda que sim apenas a paginação.

II

O Sistema do Real na Filosofia Moderna é o longo título para o breve curso de duas lições, ministradas no espaço da Sociedad de Estudios y Publicaciones (Madri) nos dias 9 e 16 de dezembro de 1970; seu autor tinha acabado de completar 72 anos. Na primavera anterior (9 e 16 de abril), tinha dedicado outras duas lições ao tema do tempo, cujo conteúdo já foi publicado no volume de suas Obras intitulado *Espacio. Tiempo. Materia* [Espaço. Tempo. Matéria]. Em 1973, Zubiri ainda dedicará quatro lições ao tema do espaço, cujo conteúdo também apareceu na publicação citada. Mas o leitor deve ter em mente que um ano antes (entre dezembro de 1969 e janeiro de 1970) Zubiri desenvolvera o curso, já publicado, *Los Problemas Fundamentales de la Metafísica Occidental* (1994).

De fato, o tema das quatro substantivações na filosofia e na ciência modernas, a que o presente curso se refere, aparece várias vezes na obra publicada de Zubiri, mas tinha toda a aparência de ser um tema secundário. É neste curso que o tema aparece pela primeira vez relacionado *constitutivamente* com o "horizonte de niilidade", que se impôs na filosofia ocidental como resultado da presença do conceito cristão de criação do nada. Dentro deste vastíssimo horizonte – que, segundo Zubiri, permanece de Santo Agostinho até Hegel – aparece agora uma subdivisão, que distinguiria o específico da "filosofia moderna" (diante da "filosofia medieval", em sentido muito amplo). O que caracterizaria a filosofia moderna seria a substantivação das quatro noções que são o espaço, o tempo, o ser e a consciência. Mas não se trata de um mero catálogo de noções justapostas – Zubiri também falou em determinadas ocasiões sobre a substantivação da liberdade – e sim de que o decisivo seria a estruturação sistemática dessas quatro substantivações, o que configura a retícula com que a filosofia moderna enfrenta o problema do conjunto do real. Na última seção, Zubiri esboçou uma crítica demolidora desse sistema de substantivações através de um resumo de sua própria filosofia, centrada na noção de inteligência senciente.

Parece, portanto, que o leitor deve enfrentar este texto a partir da estatura teórica do curso *Los Problemas de la Filosofía Occidental*, claramente relacionado, do ponto de vista do conteúdo, com o texto *Sobre el Problema de la Filosofía*. O que ressaltamos aqui são duas contribuições. Em primeiro lugar, o alcance *sistemático* dessas substantivações como um desafio a ser superado pela própria filosofia de Zubiri. Em segundo lugar, Zubiri ensaia uma exposição de seu conceito peculiar de "filosofia moderna", agregando assim um enfoque mais próximo para o sugestivo e complexo conceito de "horizonte" da "niilidade". Em contraposição, o que talvez permaneça em aberto para uma futura investigação é o que Zubiri entende como "substantivação". Embora aqui não seja o lugar para resumir e sequer para orientar uma possível resposta, talvez não seja demais recomendar que se evite qualquer precipitação em uma resposta que possa parecer muito fácil. Também permanece em aberto para futuras investigações a possível origem da ideia segundo a qual estas quatro substantivações configurariam o específico da "filosofia moderna" – e permanece em aberto em dois sentidos: será preciso examinar se esta especificação é correta e, no caso de valer a pena, qual pode ter sido a inspiração que levou Zubiri a uma posição que não concorda com nenhuma das mais habituais, quando se trata de buscar um tema unificador do tapete complexo dessa filosofia moderna.

O texto que serviu de ponto de partida é a transcrição literal das lições citadas. Nelas, Zubiri introduziu de próprio punho uma divisão interna simples, que é a que seguimos aqui. De resto, ele apenas se limitou a corrigir alguns erros de transcrição e acrescentou umas poucas anotações manuscritas à margem, das quais o leitor ficará ciente no momento oportuno. Se se deixam de lado as peculiaridades óbvias da dicção oral, o texto segue muito de perto a literalidade das lições, quase sem modificações de relevo. Apenas foram restituídas as citações integrais do texto e eliminada uma curta repetição que parece inútil em um texto escrito. Neste caso, todas as notas de rodapé são do editor e não terão nenhum outro tipo de indicação.

**

Quero expressar meu agradecimento à Fundação Xavier Zubiri (Madri) por me haver confiado este trabalho, para mim especialmente gratificante por se tratar de um tema muito próximo ao de minha atividade habitual. Meu agradecimento se dirige de maneira particular a Diego Gracia – não apenas por seu novo testemunho de uma amizade fraterna que já vem durando a maior parte de nossas vidas, mas também por sua compreensão com relação a alguns problemas meus relativos a prazo, por causa de compromissos já assumidos. Tanto Antonio González quanto Elisa Romeu responderam solicitamente a todas as minhas consultas e me facilitaram acesso a todos os documentos e materiais que lhes fui requerendo.

CINCO LIÇÕES
DE FILOSOFIA

Prólogo à Terceira Edição

Estas páginas constituem um fragmento do que poderia ser uma introdução à filosofia. Entre as muitas maneiras de entender a introdução à filosofia, existe efetivamente uma: expor a marcha da própria ideia de filosofia. Não se trata de reunir as diferentes definições de filosofia, mas da tentativa de esclarecer a própria estrutura da filosofia posta em marcha. Para isso, escolhi cinco autores. Como digo no início do livro, esta seleção é absolutamente arbitrária e, além disso, muito incompleta. Arbitrária porque não segue um fio condutor oculto no fundo dos autores citados. É uma seleção tão arbitrária, que eu poderia perfeitamente ter escolhido outros filósofos. E, neste sentido, além de arbitrária, esta seleção é, naturalmente, incompleta. Uma exposição adequada deveria abarcar muitíssimos outros pensadores. De fato, em outro curso meu tentei acrescentar aos cinco autores a que este livro se refere mais quatro: Santo Tomás de Aquino, Descartes, Leibniz e Hegel. Talvez um dia eu resolva publicar esses estudos.

Trata-se, portanto, de cinco lições de filosofia não no sentido de cinco temas de filosofia, mas de cinco lições sobre a própria ideia de filosofia. Uma coisa são os conceitos e temas que constituem o conteúdo de uma filosofia; outra, muito diferente, é a ideia estrutural da própria filosofia. São tão diferentes, que alguns mesmos conceitos e até alguns mesmos juízos e raciocínios podem ser perfeitamente comuns a filosofias de estruturas muito diferentes. A mesma coisa acontece em outros domínios do saber – como, por exemplo, na física. Desde os tempos do helenismo até Descartes, Leibniz e Newton, há conceitos que reaparecem constantemente, como, por exemplo, a força, o ímpeto, etc. No entanto, isso não impede que tenha havido uma mudança essencial na física. Para toda a física anterior a Galileu, a natureza é um sistema de formas substanciais como princípios de operação. Em contrapartida, para Galileu, como ele mesmo nos diz literalmente, o grande livro da natureza está escrito em caracteres geométricos. Com isso, Galileu teve a ideia clara de que, apesar do elenco usual dos conceitos físicos, ele iniciou uma *Nuova Scienza*, uma ciência nova: é a nossa física. Pois bem: a mesma coisa acontece na filosofia. Por exemplo, a ideia de substância e acidente é comum a Aristóteles e a Kant; no entanto, a ideia estrutural da filosofia é radicalmente diferente nos dois. A mesma ideia de ato foi comum a Aristóteles e a Hegel, apesar de suas filosofias serem de certa maneira opostas.

Pois bem, aqui estou tratando em primeiro lugar da ideia de filosofia. A filosofia tem, antes de tudo, um horizonte de intelecção. De fato, na filosofia europeia, estes horizontes foram dois. Um foi o horizonte da filosofia grega: o movimento, a mudança. Toda a filosofia grega é concebida sobre o fato, à primeira vista assombroso, de que as coisas que verdadeiramente são mudam, e reciprocamente de que toda mudança é determinada pelo que efetivamente é. Diferentemente deste horizonte, a partir do cristianismo se constitui um horizonte da filosofia completamente distinto. O assombroso não é que as coisas sejam e mudem, mas que existam coisas: é o horizonte da niilidade. As coisas são um desafio ao nada. É um horizonte determinado pela ideia de criação. Toda a história da filosofia europeia pós-helênica, desde Santo Agostinho até Hegel, é uma metafísica na[1] niilidade. Move-se, portanto, no horizonte da criação. Neste sentido, é uma filosofia que não é pura filosofia – deixemos isso registrado

---

[1] Provavelmente é uma errata; talvez devesse dizer "da". (N. E. esp.)

muito taxativamente. Mobilidade e niilidade: aí está, portanto, os dois horizontes da filosofia europeia.

Mas, além de um horizonte, a filosofia tem uma *estrutura*. Dentro de um mesmo horizonte, a filosofia pode adotar e adotou de fato estruturas muito diferentes. Há, em primeiro lugar, a filosofia entendida como *forma de vida*. É este, por exemplo, o caso dos cínicos e cirenaicos, e em muitos aspectos o caso do próprio estoicismo. Viver filosoficamente é o que ainda ressoa muitas vezes em nosso idioma – por exemplo, quando dizemos que alguém encara a vida com muita filosofia. Como forma de vida, a filosofia tem evidentemente uma estrutura própria. Há, em segundo lugar, a filosofia entendida não como forma de vida, mas como *doutrina da vida*. Problemas como o do sentido da vida pertencem a este conceito de filosofia. Esta doutrina é também uma estrutura própria dela. É aquilo a que no final do século passado e no início do nosso se chamou filosofia da vida (*Lebensphilosophie*). Dilthey não é completamente alheio a este conceito. Finalmente, existe a filosofia como *um conhecimento* (no sentido mais lato do termo) das coisas, compreendendo nelas o próprio homem e sua vida. É a filosofia como conhecimento o que este livro estuda. Como conhecimento, as diversas filosofias aqui estudadas têm, cada uma, sua estrutura própria: a estrutura da filosofia como conhecimento não é a mesma nos cinco filósofos estudados aqui.

Como conhecimento, a filosofia envolve a determinação de seu objetivo formal próprio, e "junto" com isso a determinação do próprio modo de conhecer. Para Aristóteles, o objeto da filosofia é o ente; para Kant, é o objeto fenomênico; para Comte, o objeto da filosofia é o fato científico; para Bergson, o objeto da filosofia é o dado imediato da consciência, a *durée*; para Dilthey, o objeto da filosofia é a vida; para Husserl, o objeto da filosofia é a essência pura da consciência, a essência fenomênica; para Heidegger, o objeto da filosofia é o que é desvelado em minha existência temporal: para ele, isso é o ser. Evidentemente, o modo de conhecimento do ente não tem a mesma estrutura que o modo de conhecimento do fenômeno ou da *durée*, etc., etc.

Não é minha intenção – e o digo no livro – discutir essas diversas concepções estruturais da filosofia. Meu interesse foi meramente expositivo. Nesta exposição, pode-se descobrir uma coisa, à primeira vista, extremamente desconcertante. Parece, e efetivamente é assim, que essas filosofias não dizem a mesma coisa. É o que quero expressar quando digo que o conceito de filosofia não é unívoco. Trata-se, então, de um conceito mais ou menos equívoco? Evidentemente, não. Porque, embora não digam a mesma coisa, esses filósofos falam, no entanto, da mesma coisa. De quê? Não de um *conceito* de filosofia, mas de um *saber real em marcha*, de um saber que constitutivamente está procurando a si mesmo, tanto em razão de seu objeto quanto em razão da índole de seu conhecimento. É um saber intelectivamente sentido como imprescindível, mas impossível de ser definido de antemão. "Conhecimento que se procura" (*zetouméne epistéme*) foi de fato a fórmula primária com que Aristóteles classificou a filosofia. Seis ou sete séculos depois, Santo Agostinho escrevia: procuremos como procuram aqueles que ainda não encontraram, e encontremos como encontram aqueles que ainda vão procurar.

Fuenterrabía, agosto de 1980.

Advertência preliminar
À primeira edição

Estas páginas são o texto das lições expostas durante a última primavera, nos dias 7, 14, 21, 28 de março e 4 de abril, organizadas pela Sociedade de Estudos e Publicações. Têm um caráter elementar, meramente expositivo e docente: nelas, abstive-me de qualquer discussão ou reflexão crítica. Portanto, não constituem um livro. Mas muitas pessoas manifestaram o desejo de dispor do texto, por achar que pode lhes prestar algum apoio informativo e orientador. É o motivo que me levou a publicá-lo – e é, portanto, exclusivamente destinado a esta função. Em conformidade com ela, meu objetivo era publicar estas lições de forma simplesmente datilografada – mas dificuldades técnicas aconselharam os editores a utilizar a forma impressa. No entanto, isso não altera em nada o caráter e a destinação desta publicação.

O texto é o mesmo das lições expostas. Introduzi somente duas pequenas modificações. Uma é a inevitável adaptação do estilo oral ao escrito, em alguns trechos. Em outros casos, para não exceder o tempo, tive de suprimir alguns detalhes em minha exposição – mas achei oportuno incorporá-los ao texto atual. Com isso, a redação acabou ficando um pouco irregular, mas, devido ao caráter da publicação, imagino que isso não chegue a constituir nenhum inconveniente especial.

Para orientar os ouvintes, recomendei a leitura de alguns trechos breves dos filósofos que iriam ser tratados nas lições:

Lição 1: Aristóteles – os dois primeiros capítulos do livro I da *Metafísica*.

Lição 2: Kant – o prólogo à segunda edição da *Crítica da Razão Pura*.

Lição 3: Comte – as duas primeiras lições do primeiro volume do *Curso de Filosofia Positiva*.

Lição 4: Bergson – "Introdução à Metafísica", reunido com outros trabalhos seus no livro intitulado *O Pensamento e o Movente*.

Lição 5: Husserl – *A Filosofia como Ciência Estrita*.
Dilthey – *A Essência da Filosofia*.
Heidegger – *O Que é Metafísica?*

Há tradução espanhola de todos esses textos – salvo, talvez, do de Comte.[1]

Madri, 1963.

---

[1] Provavelmente isso era verdade. Mas em 1973 apareceram justamente as duas lições que Zubiri recomendava, em um livro com o título geral de *Curso de Filosofia Positiva*. Trad. J. M. Revuelta (Buenos Aires, Aguilar). Não se pode descartar a hipótese de que tenha sido a recomendação de Zubiri o que suscitou essa publicação. (N. E. esp.)

Lição I
Aristóteles

Nas lições deste ano, quero dizer aos senhores o que alguns grandes filósofos pensaram a respeito da filosofia. Não se trata de fazer uma exposição resumida de suas filosofias, mas tão somente de dizer o que eles entenderam por filosofia, e que ideia forjavam para si mesmos daquilo a que se dedicaram: o saber filosófico, do qual são egrégios representantes. Minha pretensão não é opinar sobre nenhum deles. Muito pelo contrário. Quero omitir completamente qualquer reflexão pessoal sobre o que cada um dos filósofos em questão tenha concebido, e limitar-me a expor seu pensamento de forma meramente docente. Gostaria apenas que, ao fim destas cinco lições, todos nós tivéssemos – e eu mais do que todos – a impressão suscitada pelo choque dessas concepções tão diversas sobre a filosofia. Uma impressão que nos deixe perguntando a nós mesmos: Será possível que a coisas tão diferentes se chame assim, pura e simplesmente, "filosofia"? Este é o único resultado que quero obter: que ao fim da quinta lição os senhores tenham na cabeça o mesmo problema que tenho na minha.

A escolha dos pensadores não tem nenhuma finalidade latente: é absolutamente arbitrária. Não me é possível falar de todos aqui, mas apenas de alguns – escolhidos, portanto, sem nenhum motivo além do de serem – entre outros – importantes o bastante para que eu me refira a eles.

Hoje, nesta primeira lição, vamos falar de Aristóteles, e estabelecer, como tema de nossa meditação, o que Aristóteles entendia por filosofia. O que Aristóteles achava que estava fazendo quando fazia filosofia?

No início de sua *Metafísica*, Aristóteles dedica os dois primeiros capítulos a nos dizer o que ele entende por filosofia. Como já é bastante conhecido, a palavra *metafísica* não aparece nos escritos de Aristóteles: é um título puramente editorial que Andrônico de Rodes pôs em uma coletânea de escritos sem título, que vinham depois dos tratados de Física. Por isto os rotulou assim: "o que vem depois da Física" – *tà metá tà physiká*. Aristóteles emprega uma expressão mais adequada, da qual nos ocuparemos depois: filosofia primeira.

Filosofia significa o gosto, o amor pela sabedoria (σοφία) e pelo conhecimento, principalmente por esse conhecimento que se adquire mediante o exame ou a inspeção das coisas – um exame que os gregos chamaram de *theoría* (θεορία). Estes três conceitos (filosofia, sofia, teoria) estiveram sempre intimamente associados na mente grega. Assim, Heródoto atribui a Creso estas palavras com que saúda Sólon: "Chegaram até nós muitas notícias tuas, tanto de tua sabedoria (σοφίη) quanto de tuas viagens, e de que, movido pelo gosto do saber (ὡς φιλοσοφέων), percorreste muitos países para examiná-los (θεωρίης εἵνεκεν)".[1]

Como adjetivo, *sophós* é uma palavra muito difundida no mundo grego. Não significa sempre – nem principalmente – nada sublime e inacessível. *Sophós* é, mais ou menos, o "entendido em algum assunto". Um bom sapateiro é *sophós* em sapataria, porque sabe fazer sapatos muito bem. E, por saber fazê-los bem, é capaz de ensinar os outros a fazê-los. Por isto, o *sophós* é alguém que se distingue dos demais por um saber superior de

---

[1] *Histórias*, I, 30. (N. E. esp.)

qualquer tipo. Nesta linha, *sophós* acabou, no curso dos séculos, designando aquele que, por seu saber superior, é capaz de ensinar aos outros o concernente à educação, à formação política, etc.: foi o *sophistés* (sofista).

Como particípio, como se pode ver no texto citado, já existia nos tempos de Heródoto a ideia de filosofar. No entanto, foi provavelmente apenas no círculo socrático que se criou o substantivo filosofia (φιλοσοφία). Pelo menos foi nesse círculo que ele adquiriu um sentido novo e preciso, em contraposição à própria *sophia*. Isto porque na Grécia as palavras *sophós* e *sophia* também tiveram uma linha de tradição diferente da que acabamos de apontar. Ao fim e ao cabo, o *sophós* a que até agora nos referimos é, no fundo, apenas um "entendido" em sua matéria e alguém capaz de comunicar seu saber através do ensino. Mas, desde a mais remota tradição, *sophia* significa também um tipo de saber especial: um saber a respeito do universo, da vida privada e pública – um saber eminente que confere a quem o possui não exatamente capacidade de ensinar, mas autoridade para dirigir e governar: a Sabedoria. Assim foram os Sophoí, os "Sete Sábios", entre os quais encontramos justamente Sólon. Eles gravitaram de forma decisiva sobre todo o pensamento e o mundo gregos. O sábio, neste sentido, existiu também no Oriente. Os gregos sabiam disso, e disso nos dão testemunho os poucos fragmentos conservados de uma obra juvenil de Aristóteles: *Sobre a Filosofia*. Mas só na Grécia se adscreveu a Sabedoria ao exame e à teoria. E essa unidade interna de *sophia* e teoria foi a grande criação do espírito grego. É por isto que os grandes filósofos – como Heráclito, Parmênides, Anaxágoras, Empédocles e Demócrito – foram "grandes sábios".

Pois bem: diante desses grandes sábios, que pretendem possuir a sabedoria, Sócrates e seus discípulos têm uma atitude diferente, aparentemente mais modesta, mas na verdade talvez um pouco altiva, que consiste em professar que "não sei nada", e que o saber-se ignorante é o único saber que de fato se possui: a única sabedoria é a ignorância. Consequentemente, a *sophia* não é um saber que já se possui, mas que "se procura" por pura complacência: a própria *sophia* é apenas "filo-sofia". É uma forma de saber diferente, por exemplo, da "filo-calia" (φιλοκαλία), o gosto das coisas belas. Mas uma forma de saber em que o decisivo está justamente em ser procurado. Portanto, mais que uma doutrina, trata-se de uma atitude – uma nova atitude. A partir dela, Sócrates vai se enfrentar com o que até agora se julgava *sophós*. Antes de tudo, enfrenta-se com os grandes filósofos. Reprova neles, segundo Xenofonte, o fato de que, com toda a sua *theoría*, e prescindido de que se contradizem entre si, são incapazes de saber a respeito da Natureza o que é mais necessário para a vida: saber como o homem vai poder prever e manejar os acontecimentos. Mas Sócrates se enfrenta também com aqueles que, mais atentos à vida imediata, acham que são *sophoí* no sentido de "entendidos" em algo. Em primeiro lugar, com os "entendidos" na vida pública, os sofistas, que pretendem ensinar a virtude política, tomando como questão central se a virtude (*areté*) é algo que se possa aprender e ensinar. Mas, em segundo lugar, se aceitarmos o testemunho de Aristóteles e a imagem do Sócrates platônico – não vamos entrar aqui neste problema histórico – Sócrates se enfrenta também com qualquer "entendido" em algo, seja no que se refere às qualidades pessoais, seja nos ofícios da vida cotidiana, pressionando-o com perguntas intermináveis para fazê-lo compreender que, no fundo, não sabe aquilo que acredita saber melhor: se é justo, valente, feliz, virtuoso, governante, etc., perguntando-lhe o que é a virtude, o que é a justiça, o que é o governo, o que é a felicidade, etc. E as perguntas constituíam não apenas um meio de demonstrar a ignorância, mas também uma pressão para conduzir a uma autorreflexão ("conhece-te a ti mesmo"), dirigida a encontrar dentro de si mesmo o "conceito" daquilo que se procura até o deixar plasmado em uma "definição" do que se ignorava. A ignorância não era apenas um estado, mas um método: foi a maiêutica socrática. Nesta autorreflexão, Sócrates encontrava um novo tipo de vida. Uma vida feliz, uma *eudaimonía* alcançada por um saber que sai da própria pessoa e confere, por isso, plena suficiência ao homem: um ideal de vida cuja decadência pode ser vista nas pequenas escolas socráticas (cínicos, cirenaicos, etc.). Por outro lado, foi a primeira tentativa de se formar um novo tipo de cidadão, respeitador das leis, mas crítico inflexível delas.

Platão levou essas diretivas de Sócrates a seu último extremo filosófico. O termo da definição socrática já não será a coisa, sempre variável, mas aquilo que as coisas sempre "são". E este ser foi aquilo que Platão chamou de Ideia, algo que se apreende somente nessa visão mental que foi chamada de *Noûs*. Esta visão não só é diferente, quer dizer, não só permite discernir com estrito rigor o ser de uma coisa do ser de outra, mas também é o que nos permite apreender na Ideia a articulação interna de suas notas e de suas relações com as outras – quer dizer, a definição. A maiêutica se transforma em dialética das Ideias. Era isto o que Platão entendia como filosofia.

É neste círculo socrático-platônico que Aristóteles constrói sua concepção da filosofia, uma ideia rigorosamente nova. Para isso, ele teve de enfrentar toda uma série de aspectos da questão do *sophós*, da *sophía* e da *philosophía*, que vamos reduzir a três:

1º *A filosofia como forma de saber.* O que é que o filósofo sabe quando filosofa, ou melhor, o que é que Aristóteles quer que ele saiba, não por um capricho seu, mas pelo que constituía, segundo ele, o tema permanente do filosofar? A resposta a esta pergunta foi a grande criação aristotélica.

2º *A filosofia como função intelectual.* Que função o saber filosófico desempenha no restante da vida?

3º *A filosofia como um tipo de atividade*, como modo de ser do filósofo.

Aí estão os três pontos de vista em que sucessivamente teremos de ir nos posicionando, para ver com toda a rapidez o que é que Aristóteles pensava da filosofia.

I. A filosofia como forma de saber

Saber, εἰδέναι, é possuir intelectivamente a verdade das coisas. E, na primeira linha de sua *Metafísica*, Aristóteles nos diz: "Por natureza, todos os homens têm desejo de saber".[2] Trata-se, portanto, de um impulso (ὄρεξις), de um desejo que o homem tem em sua própria natureza. Certamente, Aristóteles lembrava-se da frase do *Fedro* platônico: "Pois por natureza, amigo, há ínsita certa filosofia no entendimento do homem".[3] Mas Aristóteles não se dirige tanto ao entendimento (διάνοια), mas a uma coisa mais modesta: o desejo, o impulso (ὄρεξις). O saber a que, por natureza, somos impulsionados não é um saber qualquer, mas uma εἰδέναι, um saber em que estamos firmes na verdade das coisas. E um sinal (ςημεῖον) de que temos esse desejo por natureza é a deleitação, o deleite que temos no exercício da função de sentir (ἡ τῶν αἰσθήσεων ἀγάπησις). Veremos que esta frase, aparentemente inócua, encerra para Aristóteles um sentido profundo, do qual falaremos no terceiro ponto desta lição.

Este desejo de saber, diz-nos ele, o homem o compartilha de certo modo com o animal, porque um primeiro esboço deste saber está incorporado no próprio sentir, na *aísthesis*. Pois, em primeiro lugar, o mero fato de sentir é efetivamente ter a mostração de algo. Mas, além disso, em segundo lugar, alguns animais (Aristóteles exclui as abelhas) têm a faculdade de manter, de reter o que sentiram. E então o mero sentir, que seria em si mesmo uma série de impressões fugitivas, como um exército em debandada, vai se reorganizando graças a esta "retentiva" (μνήμε): uma percepção fica firme; a ela se agrega a segunda; e assim por diante. Assim, sucessivamente, vai-se organizando uma ordem. Esta ordem, organizada pela retentiva ou memória sobre o sentir, é o que Aristóteles chama de *empeiría* (ἐμπειρία). Por isto, dos animais dizemos, de certo modo, que são mais inteligentes quanto mais experiência eles tiverem.

---

[2] Πάντες ἄνθρωποι τοῦ εἰδέναι ὀρέγονται φύσει: *Metafísica,* A, 980 a 21.
[3] Φύσει γάρ, ὦ φίλε, ἔνεστι τίς φιλοσοφία τῇ τοῦ ἀνδρός διανοία: *Fedro,* 279 a.

O homem, no entanto, tem outras formas de saber, exclusivamente suas. Outras formas de saber que são de índole diferente, mas que são, todas, apoiadas na experiência, na *empeiría* organizada pela memória: *tékhne* (τέχνη), *phrónesis* (φρόνησις), *epistéme* (ἐπιστήμη), *noûs* (νοῦς), *sophía* (σοφία). Em primeiro lugar, *tékhne*: os latinos traduziram o termo por *ars*, arte, a capacidade de produzir algo. Não vamos discutir a tradução – vamos conservá-la alternando com o próprio vocábulo grego em transcrição: *tékhne*. Em segundo, *phrónesis*, a prudência. Em terceiro, *epistéme* – ciência em sentido estrito. Em quarto, *Noûs*, "inteligência" propriamente. Em quinto, *sophía*, sabedoria. Estas cinco formas de saber, diz Aristóteles, são formas de ἀληθεύειν, um verbo denominativo de ἀλήθεια (verdade). O verbo costumava ser traduzido brilhantemente como "patentizar"; mas prefiro traduzi-lo, de forma mais literal, por "estar na verdade". Aqueles cinco modos de saber são cinco modos de estar na verdade de algo.

a) A *tékhne*. O homem "faz" coisas, dando ao verbo fazer o sentido exato de produzir, fabricar, etc. É o que o grego chama de *poíesis* (ποίησις). No fazer, aquilo pelo qual o homem faz a coisa se encontra não nas próprias coisas, mas na mente do artífice, diferentemente do que acontece com a natureza (φύσις), que traz em si mesma o princípio gerador das coisas. Por isso a *tékhne* não é natureza. No entanto, seria um erro pensar que a *tékhne* consiste na própria produção. Não se trata disso. Para um grego, a *tékhne* não consiste em fazer as coisas, mas em *saber fazer* as coisas. O que constitui a *tékhne* é o momento de saber. É por isso que Aristóteles diz que é um modo, o modo primário e elementar, de saber, de estar na verdade das coisas. Assim, por exemplo, saber que determinado fármaco curou Fulano, Sicrano ou Beltrano, etc. é um saber por experiência, empírico. Mas saber que esse fármaco cura os biliosos já não é experiência, e sim *tékhne* – neste caso, é a *tékhne* médica (τέχνη ἰατρική). É difícil, à primeira vista, perceber a diferença entre experiência e *tékhne*, porque quem tem experiência muitas vezes consegue a cura com mais sucesso do que o médico. Isto é verdade, mas concerne apenas à produção daquilo que se pretende produzir. Como todo doente é individual, e a experiência recai sobre o individual, é óbvio que em muitos casos o empírico acerta mais do que o médico. Mas é que tudo isso concerne à ordem de *produzir* os efeitos tentados, não ao modo de *saber produzi-los*. Como saber, diz-nos Aristóteles, o saber da *tékhne* é muito superior ao da experiência, ao da *empeiría*. E essa superioridade tem três aspectos. Em primeiro lugar, aquele que tem *tékhne*, o τεχνίτης, *sabe melhor* as coisas que aquele que tem apenas experiência. O empírico sabe *que* Fulano está doente e *que* (ότι) ministrando-lhe determinado fármaco, ele se curará. Em contrapartida, aquele que tem *tékhne* sabe *por que* (διότι) ele se cura. Os dois sabem talvez o mesmo, mas o médico o sabe melhor. Saber o porquê é o próprio da *tékhne*. Não se trata de uma simples habilidade, mas de um obrar "com conhecimento de causa". Por isso, diz-nos Aristóteles, a qualidade do chefe de Estado não é a habilidade no manejo dos cidadãos, mas o conhecimento de causa dos assuntos públicos, a *tékhne* política (τέχνη πολιτική). Isso porque as coisas, segundo Aristóteles, não "são" (ὄντα) simplesmente, senão que nisso que chamamos de seu "ser", seu εἶναι, está inscrito, como um momento intrínseco dele, algo que, sem compromisso com a expressão (pouco aristotélica), chamamos de "razão de ser": as coisas "são" nessa forma de "ser" que é "ser com razão" – ou, se se preferir, "ser-razão". Daí que aquele que tem *tékhne*, ao conhecer uma coisa, não só conhece "outra" – sua causa – mas também conhece o próprio ser da primeira, mas melhor, porque conhece seu "ser-razão".

Em segundo lugar, a *tékhne* não só conhece melhor do que a experiência, como conhece mais do que ela – *sabe mais* coisas. Pois, por experiência, sabemos de vários, de *muitos* doentes. Mas pela *tékhne* sabemos, por exemplo, de *todos* os biliosos. O saber da experiência, da *empeiría*, é particular – mas o saber da *tékhne* é universal.

Finalmente, por isso mesmo, aquele que tem a *tékhne* sabe comunicar e ensinar aos outros seu saber. O que se sabe na *tékhne* é "ensinável" (μάθημα).

Nesta tripla superioridade (saber melhor, saber mais e saber ensinar) consiste a superioridade do modo de saber da *tékhne*. E este modo de saber como hábito (ἕξις) é o que faz do homem que o possui, do *tekhnítes*, um *sophós*. É este *sophós* que tem "um hábito de fazer as coisas com razão verdadeira".[4] O termo deste saber é uma *poíesis*, o fazer uma obra (ἔργον). Quando a obra, o *érgon*, está completa e terminada, termina também a operação que a produz.

b) Mas, junto a este saber da *tékhne*, o homem também tem um saber fundado na razão de ser e no universal – mas que concerne não às *operações*, à *poiésis* que o homem executa sobre as coisas ou sobre si mesmo como coisa, e sim um saber que concerne às *ações* de sua própria vida. É o saber da *phrónesis*, que os latinos chamaram de *prudência*. Dizemos também que aquele que sobressai na *phrónesis* é um *sophós*. A prudência é um saber fazer coisas. Enquanto a *poiésis*, o fazer, produz uma obra, o *érgon*, o homem vive realizando ações – não produz obras, mas está em atividade. Se se quiser falar de obra, será preciso dizer que é uma obra que consiste apenas no próprio obrar, não em uma operação produtora de algo diferente do obrar. Aristóteles chamou este tipo de obra, cujo objetivo consiste apenas na própria atividade, de "*enérgeia*" (ἐν-έργεια), estar em ato, em atividade. Um dos saberes que dizem respeito a esta atividade, a esta "*enérgeia*", é a *phrónesis* (φρόνησις), a prudência. Por isso seu objetivo não é uma *poiésis*, mas uma *práxis* (πρᾶξις). A *práxis* é a atividade em ato, mera *enérgeia*. Para Aristóteles, a *práxis* – o prático, neste sentido grego – não se opõe ao teorético. Muito pelo contrário: a *theoría* é, como veremos depois, a forma suprema da *práxis*, da atividade que se basta a si mesma porque não faz nada fora de si mesma.

O saber da prudência de que Aristóteles nos fala não é tão somente saber o que se faria em determinadas circunstâncias particulares. É um saber universal, porque se refere à totalidade

---

[4] Ἕξις τις μετὰ λόγου ἀληθοῦς ποιητική: *Ética Nicomaqueia*, VI, 1.140 a 22-21.

da vida e do bem do homem: saber a maneira de agir na vida em seu conjunto total. Este saber não existiria se não tivesse um objeto preciso. E este objeto preciso é: o bem e o mal (ἀγαθόν καί κακόν). Saber a maneira de agir na vida segundo o bem e o mal do homem, isto é, a *phrónesis*, a prudência, para Aristóteles. É um "hábito de práxis com razão verdadeira acerca do bom e do mau para o homem".[5]

Por mais diferentes que sejam a *tékhne* e a prudência, elas têm um duplo caráter comum. Primeiro, são um saber com razão e universalidade. Segundo, tanto o *érgon*, objeto do "fazer", da *poiésis*, quanto a *enérgeia* da *práxis* vital "são" de certa maneira; graças a isso, podemos saber suas causas com universalidade. Mas "poderiam ser de outra maneira". Daí que estes dois modos de saber tenham a fragilidade inerente a seu objeto: algo que é de uma maneira, mas poderia ser de outra. Inclusive, ainda que de fato fosse sempre da mesma maneira, este objeto não "é" necessariamente assim.

Em face desses dois modos de saber, há outros, de tipo superior. Modos de saber que certamente também são *práxis* e, portanto, *enérgeia* – mas que recaem sobre aquilo que não pode ser de outra maneira, sobre algo que necessariamente "é": "o que sempre é", ἀεὶ ὄν, como os gregos o chamavam, subentendendo-se que esse "sempre" significa "necessariamente". Aqui, não só o "ser", o próprio εἶναὶ, envolve uma "razão de ser", senão que esta razão de ser é absolutamente necessária. Este "ser-necessário" é o termo de três modos de saber.

c) Um primeiro modo de saber absolutamente necessário é aquele que não apenas nos mostra (δεῖξις) a causa de algo, mas também nos faz saber com verdade a articulação interna da necessidade constitutiva daquele algo. O saber desta articulação já não é mostração, mas de-mo(n)stração (ἀπόδειξις).

---

[5] Ἕξις ἀληθής μετὰ λόγον πρακτική περὶ τὰ ἀνθρώπῳ ἀγαθά καί κακά: *Ética Nicomaqueia*, VI, 1.140 b 4-5. [Zubiri troca o regime gramatical original (acusativo) por uma enunciação em nominativo; o sentido não se altera. – N. E. esp.]

Reciprocamente, o modo de saber demonstrativo a respeito de algo só pode recair sobre aquilo que "é" necessariamente. A este saber Aristóteles chama em sentido estrito ἐπιστήμη, ciência. É o hábito (ἕξις) da demonstração. A ciência não é apenas um *scire* (*Wissen*, como diriam os alemães), mas *scientia* (*Wissenschaft*). Trata-se realmente do verdadeiro saber das coisas. Determinar a estrutura precisa e rigorosa deste modo estrito de saber foi uma das grandes criações de Aristóteles: a ideia do saber científico.

O objeto da *epistéme*, da ciência, não é apenas um "por quê" universal (nisto a ciência coincide com a *tékhne*), mas um "por quê" universal por necessário. Consequentemente, a ciência consiste em fazer com que o objeto, aquilo que é (τί), mostre (δεῖξις) desde si mesmo (ἀπό) esse momento de "por quê" (διότι), pelo qual lhe compete certa propriedade. Esta ἀπό-δειξις é, portanto, de-mo(n)stração, algo muito próximo da exibição (ἐπίδειξις). Pois aqui demonstração não significa, para Aristóteles, em primeira instância, um raciocínio, mas uma exibição que a coisa faz de sua estrutura interna necessária – e demonstração tem aqui o sentido em que a palavra é usada quando falamos, por exemplo, de uma demonstração de força pública.

Esta de-mo(n)stração acontece em um ato mental de estrutura extremamente precisa: o *logos*. A afirmação de que um objeto (S) tem necessariamente uma propriedade (P) é um logos. E por isso a estrutura mental que conduz a esse logos se chama Lógica. A Lógica é o caminho (μέθοδος) que conduz a esse logos do que a coisa "é" necessariamente. Como estrutura mental, tem diversos momentos. De início, tem de partir de um logos em que expressemos com verdade que o objeto (S) tem intrinsecamente, em seu próprio ser, um momento (M) que é o "por quê". Mas necessitamos, além disso, de outro logos, que expresse com verdade o caráter segundo o qual o momento M fundamenta com necessidade a propriedade P, isto é, que mostre seu caráter de "por quê". Só então fica fundado o logos "S é necessariamente P" – o qual, portanto, é conclusão dos dois *lógoi* prévios, chamados por isso de pré-missas. As premissas são aquilo "de onde" se segue a necessidade da conclusão. Todo "de onde" (ὅθεν) é princípio (ἀρχή), pois princípio consiste em algo "de onde" algo vem. Portanto, os *lógoi*, que são as premissas, são os princípios (ἀρχαί) do logos da conclusão. A esta conexão de *lógoi* é que Aristóteles chamou de silogismo (συλλογισμός): a conexão (συν) de *lógoi*. A esta conexão necessária, como método, pode-se chamar também demonstração no sentido de prova. Mas é demonstração não por essa conexão formal, e sim porque é nela que acontece a exibição, a ἀπό-δειξις, ou de-mo(n)stração da articulação interna da necessidade do ser de algo. A demonstração não é uma demonstração por ser silogismo, mas, ao contrário, o silogismo é demonstração porque a conexão dos *lógoi* na própria coisa nos faz ver nela a estrutura de seu ser necessário, porque é ἀπό-δειξις.

O saber alcançado dessa forma é o que Aristóteles chama de *epistéme*, ciência. É a intelecção demonstrativa. Consequentemente, saber não é apenas *discernir* com precisão o que uma coisa é daquilo que outra é, distinguir precisamente um τί de outro τί. Também não é apenas *definir* com exatidão a articulação interna do que seja uma coisa, de seu τί. Saber é *demonstrar* a necessidade interna daquilo que não pode ser de outra maneira – é um saber apodíctico. Foi a criação genial de Aristóteles.

d) No entanto, diz-nos Aristóteles, esta ciência é limitada, porque, embora nos mostre a necessidade, mostra-a apenas de maneira limitada. Nem tudo o que há naquilo que não pode ser de outra maneira é suscetível de demonstração. Pois toda demonstração, como já vimos, se apoia em certos princípios ou ἀρχαί. Estes princípios não são princípios tão somente – nem em primeira instância – a título de proposições de um raciocínio demonstrativo, mas a título de supostos primários que na própria coisa constituem a base de sua necessidade. Portanto, os princípios básicos não podem ser obtidos por demonstração. Primeiro, porque, embora muitos princípios do silogismo demonstrativo possam ser demonstrados, e são demonstrados, por sua vez, por outros silogismos, a certa altura haverá de parar em algo que não possa ser demonstrado – do contrário, todo o corpo de demonstrações ficaria sem base. Mas além disso – e é o mais importante – os princípios no sentido de supostos constitutivos de algo são o fundamento da necessidade de algumas propriedades; mas fundamentos, por sua vez, fundados. Eles se apoiam, portanto, em última instância, em alguns princípios que constituem a base última da necessidade que investigamos. Pois bem, a ἀπόδειξις nos mostra, desde a coisa, a articulação interna de suas propriedades, mas não nos mostra apodicticamente a necessidade mesma dos momentos principais básicos. A ciência é, portanto, limitada nesta dupla linha: lógica e real. Não nos mostra toda a necessidade da coisa.

O homem conhece os princípios básicos da necessidade de algo com outro modo de saber: a intelecção (νοῦς). Aristóteles emprega aqui "intelecção" (νοῦς) não no sentido de ato de uma faculdade, e sim no sentido de modo de saber. Muitas vezes se traduziu aqui νοῦς por Razão.

O que são estes princípios? Não são em primeira linha, como eu dizia, proposições, mas os supostos que na própria coisa constituem a base da necessidade apodíctica. A matemática conhece, por exemplo, apodicticamente, as propriedades necessárias do triângulo. Mas isso pressupõe já saber que aquilo de que se trata é o triângulo. Toda necessidade é necessidade de algo. E este algo, suposto de toda necessidade, e do qual a necessidade é necessidade, é o ser-triângulo. Pois bem: "o" triângulo não se identifica, pura e simplesmente, com a multidão de coisas mais ou menos triangulares que a percepção nos oferece, porque o triângulo é sempre um e o mesmo. O modo pelo qual sabemos deste ser que "é sempre" é uma espécie de visão superior: é o *Noûs*. Platão pensou que fosse uma visão imediata e inata. Aristóteles pensou que se trata de uma visão noética *n*as próprias coisas sensíveis. Não vamos entrar aqui neste problema. A única coisa que nos importa aqui é que o *Noûs* é esse modo especial de saber pelo qual, de forma videncial, apreendemos as coisas em seu ser incomutável. E este ser é o princípio de cada ordem de demonstração. Naturalmente, Aristóteles limita o *Noûs* a certas supremas apreensões videnciais do ser das coisas. Somente assim a intelecção apodíctica é possível. O saber apodíctico não recai diretamente sobre as coisas triangulares, mas sobre "o" triângulo. Por isso, a vidência noética da triangularidade é o princípio de toda a ciência do triângulo.

e) Pois bem: estes princípios não são objeto da ciência, mas seus supostos. A ciência não se pergunta sobre eles, mas os pressupõe. A geometria não se pergunta sobre o fato de que haja triângulos, mas sobre as propriedades do triângulo. Muitas vezes uma ciência toma seus princípios de outra. Pois bem: se houvesse um modo de saber que consistisse ao mesmo tempo na visão dos princípios e na necessidade com que uma ciência apodíctica necessariamente deriva deles, este modo de saber seria superior à ciência e ao Noûs. É justamente aquilo que Aristóteles chama de Sabedoria (σοφία). É a unidade interna de *Noûs* e de *epistéme* no saber. É o saber integral de algo, porque só então saberemos por completo o que é o ser que necessariamente é sempre. Fídias e Policleto, diz-nos Aristóteles, são um exemplo de sabedoria nas artes, porque não apenas sabem esculpir maravilhosamente suas estátuas (seria o homólogo da *epistéme*), mas também porque tiveram a visão (*Noûs*) das mais belas estátuas realizáveis. Muitas vezes, sobretudo quando se refere à filosofia, ele também chama este saber simplesmente de "epistéme"; mas é a *epistéme* que inclui o *Noûs*. Acerca desta sabedoria, ele nos diz que "é a ciência e o Noûs das coisas que por natureza são as mais nobres"[6] das coisas supremas.

Suposto isto, é aqui que começa o problema que nos preocupa: o que é a filosofia como modo de saber. Pela primeira vez na história da filosofia, Aristóteles quer fazer da filosofia uma ciência rigorosa, uma verdadeira *epistéme*, uma "ciência filosófica" – mas uma ciência filosófica que se explique acerca de seus próprios princípios, quer dizer, uma *sophía* no sentido exposto.

---

[6] Τῷ τιμιωτάτῳ τῇ φύσει: *Ética Nicomaqueia*, VI, 1.141 b 3.

A pretensão de que o que se chamou de filosofia fosse ciência já existia no círculo socrático. Mas a questão está em saber o que é ciência. Enquanto para os socráticos, e em boa medida para Platão, ciência é a definição do que as coisas são, Aristóteles quer algo mais. Quer uma *epistéme* no sentido estrito em que ele a definiu: uma ciência apodíctica, não simplesmente uma ciência que se mova em visões, em Ideias, como dizia Platão, mas uma ciência verdadeiramente demonstrativa. Este é o grande propósito aristotélico. E por isso ele chama a filosofia de "a ciência que se procura" (Ϛητουμένη ἐπιστήμη). O que Aristóteles procura, em primeira instância, não é exatamente a própria filosofia, mas a forma apodíctica, científica, da filosofia. Pois bem: esta ciência não é apenas *epistéme*, mas também – e por uma razão que veremos imediatamente – é um saber que, de fato e por forçosidade intrínseca, precisa perguntar-se sobre seus próprios princípios. Terá de ser *epistéme*, mas com *Noûs* – quer dizer, será *sophía*. Como isso é possível?

Para responder a essa pergunta, Aristóteles precisa estabelecer com rigor a índole do objeto próprio da filosofia. O propósito de fazer da filosofia uma ciência apodíctica que seja sabedoria leva-o, assim, inexoravelmente, a conceber, de modo estrito, um objeto para ela.

O objeto da ciência filosófica há de ser, antes de tudo, estritamente universal – mas universal não apenas no sentido dos conceitos: também no sentido de abarcar a totalidade das coisas, e, portanto, saber de cada uma de acordo com este momento de totalidade (καθούλου). A rigor, isso não tinha acontecido antes de Aristóteles. Todos os saberes existentes até então, em vez de tomarem o todo (ὅλον), tinham delimitado uma parte dele e feito dela seu objeto de saber. O saber antes de Aristóteles vai descobrindo *zonas de realidade* diferentes, com peculiaridade própria; vai iluminando regiões do universo cada vez mais insuspeitadas e fazendo de cada uma delas seu objeto. A princípio, o saber filosófico se ocupou preferencialmente *dos deuses*, e viu no mundo uma espécie de prolongamento genético deles (Hesíodo, os órficos, etc.). Junto com os deuses, os jônios descobrem a *Natureza* como algo próprio. Depois, Parmênides e Heráclito descobrem nela o que sempre "*é*", mas como algo à parte, e que de fato conduziu antes à descoberta do *lógos* e do *Noûs*. Os físicos sicilianos e atenienses encontram na Natureza a zona oculta de seus *elementos*. Com os pitagóricos, aparecem junto à Natureza os *objetos matemáticos*, cuja realidade é diferente da dos seres naturais. Os sofistas e Sócrates põem diante dos olhos de seus contemporâneos a realidade autônoma do *orbe vital*, tanto ético quanto político: o discurso, a virtude, o bem. Com Platão, entre os deuses e toda essa realidade física, matemática, humana e lógica, aparecem as *Ideias*, o mundo das essências ideais. Assim nasceram a física, a matemática, a lógica, a dialética, a ética, a política, a retórica, etc. Mas a totalidade das coisas não foi objeto de nenhuma ciência: a chamada filosofia era um conglomerado de saberes que cobrem o âmbito de todos os objetos, mas que não recaíam sobre a totalidade do âmbito em seu caráter mesmo de totalidade. Aristóteles pretende que a filosofia recaia sobre este todo, e que nenhuma coisa seja conhecida por si mesma como diferente das outras, mas segundo o todo (καθούλου) em que está. Até agora tinha havido filosofias, mas não filosofia.

Daí que Aristóteles se veja forçado, em uma segunda etapa, a nos dizer em que consiste esse caráter de totalidade que o objeto da filosofia deve possuir, se quiser ser um saber próprio. A resposta a essa pergunta é rigorosa e precisa em Aristóteles: a totalidade consiste na coincidência de todas as coisas em um mesmo caráter. E é em "ser" que tudo quanto existe coincide. De forma que o todo (ὅλον) é um todo de ser, e cada coisa faz parte do todo na medida em que é. Algo (seja coisa ou todo), na medida em que é o que é, se chama ente (ὄν). Portanto, a filosofia tem como objeto próprio o ente enquanto ente (ὄν ἧ ὄν). Eis, pois, a determinação precisa do objeto da filosofia: nenhuma outra ciência, como dizíamos, considera a totalidade das coisas, justamente porque nenhuma considera o ente enquanto tal, mas somente o ente de determinada índole – o ente enquanto causa (física), o ente enquanto expresso no logos (lógica), etc.

Como nenhuma outra ciência tem este objeto, sucede que o ente não é algo que a filosofia possa receber de nenhuma outra ciência. E como, além disso, a entidade é um caráter supremo para além do qual nada é possível, a própria filosofia tem de determinar o que se entende por ente. Pois bem: recordemos aqui que isso é justamente o que Aristóteles chamou de princípio de uma ciência, e que sua forma de saber isso é o *Noûs*. Daí que a filosofia comece por ser *Noûs*: a intelecção primeira de algo, aquilo que é primeiramente sabido videncialmente pelo *Noûs*, é que algo "é", quer dizer, a ideia de ente.

Portanto, a filosofia deve começar determinando o que é o ente de que irá tratar. Mas isso não é algo meramente descritivo. É, por sua vez, algo problemático e difícil. Não só a filosofia determina o que é o ente, senão que essa determinação também é algo questionável: a filosofia precisa perguntar-se sobre aquilo que chamamos de ente.

Para Aristóteles, ente pode ser dito de várias maneiras (πολλαχός). Dizemos de algo "que é" (ὄν) quando é verdade o que lhe atribuímos. Mas ente, neste sentido, pressupõe a própria entidade daquilo que é expresso como verdade. Portanto, somos remetidos a um sentido mais profundo do ente. Mas o ente, neste outro sentido, tem um caráter diferente. Dizemos do homem adulto, por exemplo, que ele já é homem, enquanto da criança dizemos que ainda não o é. Dizemos da bolota que ela ainda não é azinheira. Não é que na criança e na bolota a humanidade e a azinheira, respectivamente, não tenham nenhuma entidade, senão que têm uma entidade potencial, enquanto no adulto e na azinheira essa entidade é atual. E, como, para Aristóteles, toda potencialidade vem de uma atualidade e é ordenada a ela, sucede que o ente é, antes de tudo, o ente como algo atual (ἐνέργεια ὄν). Mas, dentro daquilo que algo é em ato, há ainda matizes muito diferentes. Sócrates é atualmente músico, mas não tem por que sê-lo. Em contrapartida, Sócrates é loquente, e tem de sê-lo necessariamente, porque é uma propriedade que lhe compete pelo que ele é por si mesmo. A atualidade do ente é, antes de tudo, a atualidade de ser o que se é por si mesmo (καθ'αὑτό). Mas este ser por si mesmo ainda é bastante impreciso, admite diferentes maneiras (Aristóteles as chama de "categorias"). Pois, por exemplo, o som é por si mesmo durativo, e nesse sentido tem entidade atual própria. Mas o som é sempre e somente o som de algo que soa – é acidente de um sujeito. O ente por si mesmo é, antes de tudo, este sujeito, o ente substante, a substância (οὐσία).[7] E como o ente, neste sentido, não é momento de nenhum outro, mas se basta a si mesmo, o ente enquanto tal (ὄν ᾗ ὄν) é a substância. Não que o restante careça de entidade. Mas já vimos que o ente, nos outros sentidos, pressupõe a substância. Quer dizer, todo o restante tem entidade na medida em que envolve de forma diferente, conforme o caso, a referência à substância. Assim, dizemos que a saúde é propriamente uma característica do indivíduo são; os alimentos, em contrapartida, são chamados sãos na medida em que mantêm a saúde; a cor é chamada sã na medida em que manifesta a saúde; a medicina é sã na medida em que restaura a saúde; etc. Manter, manifestar e restituir são outras tantas maneiras de envolver a referência à saúde como qualidade intrínseca do indivíduo. Cada uma dessas coisas é chamada sã, tem razão (λόγος) de "sã", mas de maneira diferente, por sua referência diferente (ana)[8] ao que de seu e formalmente tem razão de são. A razão (λόγος) de são é, portanto, apenas análoga; o são tem apenas uma unidade de analogia por referência a algo que fundamenta a analogia, ou seja, o indivíduo são. Pois bem, diz Aristóteles: só a substância é ente em sentido formal e estrito – todo o restante tem entidade por analogia (καθ' ἀναλογίαν) com a substância. De maneira que o ente

---

[7] A tradução de οὐσία como "substância" – em lugar das mais habituais "essência" ou mesmo "entidade" – é algo que Zubiri faz, não sem polêmica, apesar de suas explicações, desde seu livro *Sobre la Esencia*, 1962. (N. E. esp.)

[8] Embora apareça assim no texto, talvez fosse preferível escrevê-la em grego: ἀνά, aqui uma preposição cujo sentido é o indicado por Zubiri. (N. E. esp.)

enquanto tal é a substância, e o restante é ente por sua unidade analógica com ela.⁹ Eis, portanto, o objeto próprio e formal do saber filosófico: o ente enquanto tal, como substância.

Mas isso é apenas a determinação do objeto da filosofia pelo *Noûs*; é, com efeito, perguntar-se sobre o que é o "ente" – e, portanto, sobre o próprio princípio da filosofia. Mas Aristóteles quer algo mais: pede uma ciência apodíctica do ente enquanto tal. Precisa procurar, portanto, as razões e as causas (ἀρχαί καί αἰτίαι) do ente enquanto tal. Pois bem: como não existe nada além do ente, estas razões e causas são "supremas" (ἀκροτάται). Mas, por outro lado, estas causas e razões não podem ser acrescentadas ao ente enquanto tal. Daí resulta que pertencem a ele por sua intrínseca razão de entidade: são τὰ ὑπάρχοντα. Por isso Aristóteles as chama de τὰ πρῶτα, as primalidades do ente. Em virtude disso, o ente enquanto tal é "de-mo(n)strável" apodicticamente desde estas primalidades: é objeto de ciência, é ἐπιστήμη. A filosofia é, assim, uma ciência demonstrativa, um saber apodíctico do ente enquanto tal.

Definitivamente, portanto, a filosofia é um saber que é "*Noûs* e *epistéme*", isto é, uma *sophía*, uma sabedoria.

Aristóteles às vezes chama essa sabedoria de "teologia", não no sentido que a palavra tem para nós, mas sim no sentido do que seria um saber que de alguma maneira se referisse ao *Theós*. Essa duplicidade de Aristóteles ao designar o objeto da filosofia constitui, como é bem conhecido, um problema histórico. Não vamos entrar nele. Os medievais pensaram que, sendo a ciência do ente enquanto tal uma ciência que procura as causas supremas, a filosofia havia de culminar na causa primeira: Deus. Não estou muito certo de que essa tenha sido a razão de Aristóteles. Por ora, inclino-me antes

---

⁹ Como se sabe, Aristóteles não emprega neste ponto a palavra "analogia". Fala de que todos os sentidos de "são" envolvem a referência a algo "uno" (πρός ἕν). Mas, para simplificar a exposição, recorri ao termo "analogia". [Nota acrescentada pelo autor na 3ª edição, 1980. A referência no texto e na nota de rodapé é uma passagem muito conhecida de *Metafísica*, I, 1.003 a 33 ss. - N. E. esp.]

a pensar que, para Aristóteles, o *Theós* é a mais nobre e suficiente das substâncias, a substância mais perfeita, e que por essa razão a ciência do ente enquanto tal que é a substância pode se chamar também teologia, o saber da substância mais perfeita. Ainda mais porque, para Aristóteles, Deus não cria nem produz as coisas. A Natureza inclui em si o *Theós*, mas como a mais nobre das substâncias. Na natureza, as substâncias estão em constante movimento de geração e destruição – e nesse movimento tendem a se constituir como substâncias, quer dizer, a realizar sua natureza própria. Essa tendência emerge da natureza de cada uma delas; mas se põe em ato como tal tendência ou aspiração, pela ação do *Theós*, como a mais nobre das substâncias; é por isso o soberano bem. Pois bem: este *Theós* não produziu as coisas, nem o movimento que ele suscita é uma aspiração das coisas para Deus – isso não passou pela cabeça de Aristóteles. Trata-se da aspiração de cada coisa a ser justamente em ato aquilo que, por natureza, ela pode e tem de ser. E essa é a aspiração que o *Theós* suscita, sem ação nenhuma de sua parte, tal como o objeto do amor e do desejo move sem ser movido. Esta é a forma como a Natureza inclui o *Theós*. Aristóteles, como se sabe, por influência da astronomia de Calipo, Eudóxio, etc., admitiu no decorrer de sua vida uma infinidade dessas "substâncias primeiras". Para ele, são *theoi*, deuses. A partir dessa ideia, ele reassume e critica toda a teologia do passado, tanto por seu conteúdo quanto pela forma como esse conteúdo foi conhecido: é a teoria catastrófica e cíclica da sabedoria. "Uma tradição, transmitida desde a mais remota antiguidade e entregue em forma de mito às gerações seguintes, diz-nos que as substâncias primeiras são deuses e que o divino abraça a Natureza inteira. Todo o restante foi acrescentado, depois, de forma mítica, para convencer as pessoas e para servir às leis e ao interesse comum. Assim, deu-se aos deuses forma humana ou costuma-se representá-los como semelhantes a certos animais, acrescentando toda espécie de detalhes. Mas, se separamos deste mito seu fundamento inicial e o tomamos por si só, a saber, que as substâncias primeiras são deuses, então é preciso dizer que esta é uma afirmação verdadeiramente divina. Ao que parece, tanto as diversas *tékhnai* quanto a filosofia foram encontradas e desenvolvidas várias vezes, mas perdidas outras tantas. Mas aquela afirmação é um dos restos que sobreviveram ao naufrágio da sabedoria antiga."[10] É por isso, por serem os deuses as substâncias supremas entre as substâncias, que, a meu ver, Aristóteles também chama de teologia a ciência do ente enquanto tal, a ciência da substância.

É isto o que Aristóteles procura e pretende: uma ciência demonstrativa, apodíctica, do ente enquanto tal. É isso o que ele entende por filosofia. É uma "ciência que se procura" não exatamente porque até então não tivesse existido nada de filosofia (já dissemos que desde Hesíodo até Platão houve saberes que foram chamados de filosóficos), e sim porque a filosofia não tinha chegado a ser uma ciência. E isso por duas razões: primeiro, porque não era uma ciência apodíctica, demonstrativa; e segundo porque não era "um" saber, por lhe faltar um objeto formal, rigoroso e próprio. Para Aristóteles, esse objeto é o ente enquanto tal: a substância. Aristóteles tem então a convicção não só de ter atingido seu objetivo, mas também de que, com esta ideia da filosofia, realiza tudo aquilo que, de maneira turva e sem nenhuma precisão, tinha sido o motor oculto de todo o passado filosófico, especialmente de Heráclito, Parmênides e Platão. "E, assim, o que desde os antigos, e agora, e sempre se buscou, e o que sempre ficou como dificuldade, a saber, o que é o ente (τί τὸ ὄν), não é outra coisa senão o que é a substância (τίς ἡ οὐσία)".[11]

Não apenas isso, mas também que este saber, esta ciência, é um saber que é "*epistéme* e *Noûs*" – quer dizer, desempenha, *enquanto ciência*, a função intelectual de ser *sophía*. Será que isso é possível? Este é o segundo ponto que Aristóteles precisa esclarecer.

---

[10] *Metafísica*, A, 1.074 b 1-14. [Embora a interpretação não se altere substancialmente, a primeira aparição na citação do termo "substâncias primeiras" preenche o que em Aristóteles é o pronome demonstrativo "estes" (οὗτοι), cujo correlato parecem ser, simplesmente, os "corpos celestes". - N. E. esp.]

[11] *Metafísica*, Z, 1.028 b 2-4.

II. A filosofia como função intelectual

De início, a filosofia – qualquer que seja sua índole – é uma forma de saber; e, como toda forma de saber, desempenha essa função intelectual segundo a qual se diz que aquele que a possui é *sophós*. Mas, além disso, tendo em vista a índole peculiar da forma de saber que é a filosofia, Aristóteles precisa colocar o problema de se esta ciência apodíctica do ente enquanto tal é, nesta forma peculiar, capaz de conferir ao *sophós* a forma especial de saber o que é a Sabedoria. Portanto, Aristóteles terá de nos dizer o que é, a rigor, um *sophós* e, em segundo lugar, se a filosofia, tal como ele a concebeu, é Sabedoria.

1º A função genérica do saber é, para Aristóteles, a mesma que para todos os gregos: fazer daquele que possui este saber um *sophós*. Mas essa ideia tinha, naquela época, muitos matizes, mais ou menos indiscerníveis. Aristóteles foi o gênio da precisão conceitual. E a primeira coisa que ele faz é estabelecer com rigor as características daquilo que se chamava, de uma forma bastante vaga, *sophós*. Tanto se atentarmos para o sentido de *sophós* na vida corrente como se levarmos em conta o que era um Sábio quando se fala dos Sete Sábios, vemos que o conceito comum que pulsa sob essas diversas acepções de *sophós* é sempre o mesmo: um homem que possui uma forma superior de saber, que pode ir desde o domínio de qualquer *tékhne* elementar até o saber do Universo, da moral e da política. Quais são os caracteres deste saber, quer dizer, em que consiste formalmente a superioridade deste saber?

a) Aristóteles nos diz, em primeiro lugar, que *sophós* é aquele que não só conhece coisas determinadas, mas, de uma forma ou de outra, abarca a totalidade daquilo a que seu saber se refere, o domínio completo das coisas que lhe concernem. Já vimos isso: o empírico sabe curar Fulano, Beltrano, Sicrano, etc., que têm sintomas mais ou menos parecidos. Em contrapartida, o médico sabe curar os biliosos, a "todos" eles: é *sophós*.

b) Diz-se, mais especificamente, que o *sophós* é aquele cujo domínio sabido é o mais difícil e inacessível.

c) É também uma qualidade do *sophós* possuir um saber exato das coisas – é mais *sophós* aquele que conhece as coisas sabidas de modo mais estrito, rigoroso, exato.

d) É *sophós* aquele que sabe as coisas de tal forma, que as ensina aos outros. O saber do *sophós*, neste sentido, é *máthema* (μάθημα), o ensinado e ensinável.

e) É *sophós* aquele cujo saber lhe confere um caráter reitor dos outros, qualquer que seja a índole desse "reger". No simples ensino, o *sophós* tem essa função reitora que chamamos de magistério, com relação à qual os ensinados são discípulos (μαθητής). Em outra ordem, o *sophós* clássico tinha a função reitora do governo. Aristóteles chama unitariamente essa função reitora de "mandar", estar "sobreposto" (ἐπιτάττειν).

f) Finalmente, é *sophós* aquele que possui um saber que se procura não pelos seus resultados, mas tão somente por si mesmo, pelo saber. O saber do *sophós* não é ordenado a nenhuma "produção" (ποίησις), mas é uma ação que basta a si mesma – é pura *práxis* (πρᾶξις). Neste sentido, o saber está de certo modo inscrito na natureza humana. Eu lembrava antes que, na segunda linha de sua *Metafísica*, Aristóteles nos diz que um signo disso é o deleite, a deleitação que o homem sente no exercício de seus sentidos. O homem sente essa complacência não pela utilidade que o sentido tem: o homem se compraz, por exemplo, em ver por ver, pela riqueza e variedade do que é visto. Mas isso é apenas um "signo" de que existeo no homem, por natureza, um desejo de saber por saber. De fato, a conquista efetiva de um saber que se procura por si mesmo foi sempre difícil.

Isso porque o homem tem, em sua vida, diferentes tipos de saber, que respondem a diferentes atividades suas. O homem tem, antes de tudo, a zona das *urgências* (τἀναγκαῖα). O homem precisa forçar a mente para saber como satisfazê-las.

O objeto formal deste saber é o "necessário-para" a vida. Este saber é uma *tékhne*: é saber como encontrar o necessário no sentido de urgente. Mas existe um segundo grupo de *tékhnai* que não são respostas às necessidades urgentes da vida, senão que, ao contrário, concernem à vida, suposto que ele já tenha resolvido o urgente, isto é, suposto que ele saiba como satisfazer suas necessidades prementes. Essas *tékhnai* são, de tudo, as que concernem ao saber como alcançar o prazer (ἡδονή). Outras concernem a saber alcançar uma comodidade (ῥαστώνη). Outras, finalmente, são as que concernem ao transcurso plácido e agradável da vida (διαγωγή). Estes três tipos de *tékhne* (as referentes a ἡδονή, ῥαστώνη, διαγωγή) se ocupam não do urgente, mas daquilo que os latinos chamaram de o *negotium* da vida – a vida não é apenas necessidade, mas também *negotium*. Pois bem, diz-nos Aristóteles, somente quando as necessidades da vida estão resolvidas e somente quando, além disso, estão descobertas todas as *tékhnai* concernentes ao prazer, à comodidade e à facilidade da vida, somente então o homem pode se libertar do *negotium* e permanecer em simples *otium*, ócio (σχολή). É então que vai nascer outro tipo de saber, completamente diferente, que não é uma *tékhne*, mas uma ciência. Para Aristóteles, o ócio não significa "não fazer nada", e sim vagar para o não necessário e o não negocioso: ir até as coisas apenas pelas próprias coisas, saber delas apenas pelo que elas são. O saber alcançado no ócio, na σχολή, é o *theoreîn*. É isso o que Aristóteles procura agora. Θεωρία, teoria, não é simplesmente "ver por ver". Costumou-se citar mil vezes o trecho de Heródoto a que me referi no começo desta lição, onde parece que se diz que Sólon viajou até a Ásia Menor apenas "para ver" (θεωρίης εἵνεκεν). Essa tradução é apenas parcialmente exata. É exata no sentido de que aquele que "vê" assim não vê para nada que não seja apenas ver. Mas falta o outro aspecto da questão. O θεωρός era também um funcionário público na Grécia a quem se encarregava de assistir aos Jogos "para ver" o jogo, sem intervir nele, mas para ver se o jogo transcorria de acordo com suas regras. Não se trata, portanto, apenas de ver por ver, mas de inspecionar, examinar, algo muito próximo de ἐπισκοπεῖν. Certamente, aqui não se pode inspecionar a respeito de um regulamento, mas sim a respeito disso que chamamos de "o que as coisas são em e por si mesmas". E este tipo de inspeção é o que Aristóteles tem em mente quando fala de θεωρία, *theoría*. E, como não se trata de algo que se execute em vista de outra coisa, mas apenas em vista de si mesma, para Aristóteles a *theoría* não é uma ποίησις, mas uma *práxis*. Mais ainda: é a forma suprema da *práxis*. Não nasce de nenhuma necessidade vital, mas, justamente ao contrário, de uma libertação de toda necessidade e de todo negócio. Somente quando, diz-nos Aristóteles, foram inventadas todas as *tékhnai* do urgente, do prazeroso, do cômodo e do fácil, é que de fato foi possível organizar-se no Egito uma casta social: a casta sacerdotal, cujo ofício era apenas a σχολή, o ócio, no sentido definido mais acima. Dir-se-ia que, como é muito conhecido, a geometria nasceu no Egito da necessidade de dividir as terras depois das inundações do Nilo. Mas Aristóteles, que conhecia essa circunstância, diria que ele não se referia à geometria como *técnica* de medição, mas como *ciência* (λόγος) das figuras. Esta ciência pode servir, por sua vez, para a técnica. Isso porque no ócio se forjou muitas vezes o negócio da vida.

E a prova, diz Aristóteles, de que a *theoría* não nasce de nenhuma necessidade vital está no fato de que aquilo que no ócio, na σχολή, moveu o homem ao θεωρεῖν foi a admiração (θαυμάζειν). Pois bem: a admiração de que Aristóteles fala aqui não é um assombro qualquer, e sim a admiração socrática – a admiração que invade o homem que acredita saber perfeitamente aquilo de que se ocupa, quando um belo dia descobre que o que imagina saber melhor é no fundo desconhecido, ignorado. É para fugir dessa ignorância (δια τὸ φεύγειν τὴα ἄγνοιαν) que nasceu na σχολή o θεωρεῖν, e com isso a ἐπιστήμη – a ciência. Toda ἐπιστήμη, toda ciência, é uma forma de "considerar", de inspecionar (θεωρεῖν) seu objeto. E este saber é o que faz do homem um *sophós*. Neste *theoreîn*, de fato, o homem domina, como em um campo visual, a totalidade das coisas que vê, tem um saber que basta a si mesmo, alcançou um saber pelo qual pode ensinar e conduzir os outros, etc. É uma descrição magnífica do que era a *sophía* para um grego e da função intelectual que o saber desempenha: ser *sophía*.

2º Pois bem: Aristóteles tem de dar mais um passo, um passo difícil. No ócio, originou-se também essa forma de saber que, de certa maneira, é também *theoría*: o mito. O mito também surgiu para fugir da ignorância. Por isso Aristóteles nos diz que o amante do mito é também, de certa maneira, um amante da sabedoria (ὁ φιλόμυθος φιλόσοφός πώς ἐστιν).[12] Mas o que agora importa para Aristóteles é a *sophía* estrita e o amor à estrita sabedoria, que, como o mito, também nasceu no ócio. E ele tem a pretensão de que essa ciência que ele buscou, a ciência demonstrativa do ente enquanto tal, essa ciência que examina (θεωρεῖν) a totalidade das coisas enquanto são, é justamente a Sabedoria – o que faz do filósofo um *sophós* no conceito grego que ele acaba de expor. Trata-se de uma coisa pouco óbvia, porque essa monótona ciência demonstrativa não parece a mais apta para esta função. Esta é a grande ideia de Aristóteles, uma ideia completamente nova: a filosofia que ele buscou é uma ciência apodíctica, e esta forma de saber, a ciência apodíctica do ente enquanto tal, não apenas é *sophía*, mas também é a forma suprema de *sophía*: é, como ele a chama, a sabedoria em primeira linha, filosofia primeira (πρώτη φιλοσοφία). Aqui, "primeira" não significa que "depois" venham outras sabedorias (filosofias segundas), e sim que é a forma suprema de sabedoria, em face da qual as outras – todas essas formas de saber que iam se iluminando desde as origens do pensamento grego até Platão inclusive – são apenas sabedorias de segunda ordem, secundárias. A filosofia que ele procura será, portanto, primeira em duplo sentido: porque versa sobre o supremo das coisas, sobre sua entidade (τὸ ὄν); e porque é, por isso mesmo, a forma suprema de sabedoria. Esta seria a função intelectual da ciência filosófica: ser suprema sabedoria. Como Aristóteles consegue justificar essa novidade?

---

[12] A conhecida frase está em *Metafísica*, A, 982 b 18-19. (N. E. esp.)

Aqui Aristóteles também procede demonstrativamente. E sua marcha é clara. Basta-lhe percorrer um a um os caracteres do *sophós* e mostrar que em todos eles sua filosofia é suprema sabedoria:

a) Em primeiro lugar, já vimos que *sophós* é aquele que tem um saber da totalidade de seu domínio, e que é tanto mais *sophós* quanto mais – e melhor – saiba dele. Pois bem: não só aquele que possui a ciência filosófica do ente enquanto tal tem um saber de tudo aquilo que esta ciência abarca, mas também, por sua própria índole, a filosofia é uma ciência que abarca a totalidade das coisas em absoluto, já que, como vimos, todas as coisas convêm em "ser". Por serem, elas não apenas formam um todo (ὅλον), mas este é o todo último. Ser é o caráter e a noção mais universal possível. Nenhuma coisa fica, portanto, fora da filosofia. Não que o filósofo conheça todas elas, umas após outras, em sua peculiaridade individual. Isso seria *empeiría* e *tékhne* – e uma *empeiría* e *tékhne* que jamais chegarão a esgotar as coisas. As coisas entram na filosofia por aquilo em que todas convêm universalmente, ou seja, por "serem". Mas "ser" não é mais uma nota que todas as coisas têm. Se fosse assim, a filosofia não conheceria mais do que uma – a suprema – nota das coisas. Mas não é assim: em face de Platão, Aristóteles insiste em que "ser" não é uma nota genérica das coisas, mas um caráter que transcende a todos os caracteres, inclusive individuais, de cada coisa. Tudo, até o mais ínfimo, está – na forma que for – dentro da entidade de cada coisa. Tudo tem sua maneira de "ser". Por isso a filosofia não apenas é universal, mas também abarca todas as coisas e tudo quanto cada uma delas é. Consequentemente, ao conhecer o ente enquanto tal, conhece tudo enquanto "é". Se a *sophía* se mede pela universalidade com que domina o todo do que sabe, a filosofia primeira é a suprema das sabedorias.

b) O *sophós*, acrescenta Aristóteles, é quem conhece o mais difícil e inacessível. Pois bem: nada é mais difícil e inacessível do que o universal – e é tanto mais difícil e inacessível quanto mais universal é. Não confundamos, acrescentaria eu, o universal com o vago. Vaguezas sempre houve – e muito profusamente – na história do pensamento; descobridores de um conceito realmente universal, muito poucos. A suprema universalidade é a do ente enquanto tal. E a prova de que se trata do supremamente difícil é dada a Aristóteles pela própria história da filosofia que o precedeu: ela sempre buscou o ente (τὸ ὄν), diz-nos ele, e sempre ficou suspensa em dificuldade. Quando o próprio Platão enfrentou o ser, julgou que se tratava de um gênero – um erro profundo, segundo Aristóteles. Por sua máxima dificuldade, a ciência do ser é a suprema sabedoria.

c) Em terceiro lugar, dá-se o nome de sábio àquele que tem um saber de máxima exatidão, o saber mais estrito e rigoroso. Nenhum é mais exato que o conhecimento apodíctico que a demonstração. Nenhum é mais exato que aquele que se pergunta com rigor, no *Noûs*, sobre o princípio mais estrito de todo o saber: a ideia do ente. Certamente a exatidão é mais difícil de atingir à medida que se ascende na escala dos saberes. A exatidão da matemática é incomparavelmente mais fácil do que a da física e a da moral. Nenhuma, no entanto, é mais rigorosa e difícil do que a de uma ciência apodíctica do ente enquanto tal.

d) *Sophós* é quem sabe algo de uma forma tão plena que é capaz de ensiná-lo. O objeto da máxima sabedoria é o maximamente apto para ser ensinado. E isso é o universal. Será – e é – o mais difícil de aprender, mas é o supremamente ensinável por sua própria índole. Daí que a filosofia primeira seja maximamente ensinável.

e) O sábio tem um saber supremo no sentido de "reitor". Este caráter não cabe a nenhum dos saberes com mais razão do que à filosofia. Já vimos que, para Aristóteles, todos os outros saberes eram tão somente parciais, segundos. Provavelmente, só os discípulos, comentaristas e escoliastas[13] é que introduziram a expressão "filosofias segundas". Mas, seja como for, a verdade

---

[13] Escoliasta: nome dado ao antigo exegeta dos clássicos. (N. T.)

é que, para Aristóteles, é da filosofia primeira que as outras recebem seu esclarecimento e seu fundamento último: a filosofia é que sabe os princípios e as causas supremas de tudo, os princípios de sua entidade enquanto tal. E isso vale tanto quando se trata de física quanto de ética e de política. A filosofia primeira, por ser primeira, é o saber supremamente reitor.

f) Finalmente, e sobretudo, a sabedoria é o saber que se busca por si mesmo. É a forma suprema dessa *práxis* que é a *theoría*. Por isso, diz-nos Aristóteles em uma frase enérgica: qualquer saber e qualquer ciência é mais útil do que a filosofia; mais nobre, nenhum. Esta talvez seja a melhor definição daquilo que Aristóteles entendia por filosofia primeira, daquilo que ele entendia pela "primariedade" do saber filosófico.

Definitivamente, por ser ciência apodíctica do ente enquanto tal, a filosofia não é apenas a suprema das ciências, não só é *sophía*, sabedoria, mas também é a suprema sabedoria.

Se isso é assim, se a filosofia primeira é o supremo saber que basta a si mesmo, não apenas como ciência, mas como Sabedoria, Aristóteles se verá forçado a nos dizer em que consiste a autossuficiência que a filosofia confere ao próprio sábio – ao filósofo. Quer dizer, Aristóteles precisa se enfrentar com o tipo, com o modo de ser que tem o filósofo: este é o problema da filosofia como modo de atividade. Esta é a terceira das grandes questões que nos propusemos a esclarecer.

III. A filosofia como modo de atividade

A filosofia, como já vimos, é para Aristóteles o modo supremo de *theoría*, de θεωρία. Pois bem: todo θεωρεῖν, toda *theoría* é uma atividade humana. Não se trata do fato de que o homem, de maneira esporádica e ocasional, execute uns tantos atos de *theoría*, mas de que a *theoría* é uma atividade continuada, cujos atos isolados são apenas momentos fragmentários. Portanto, a filosofia – forma suprema de *theoría* – é uma atividade, não uma série de atos desconexos. O que se pergunta, então, é em que consiste o modo de atividade que Aristóteles chama de filosofar no sentido de sua filosofia primeira.

Para isso, Aristóteles precisa nos dizer mais concretamente o que é isto que, de uma maneira vaga, chamamos de atividade. Atividade é algo que, como atividade, tem por fim apenas a si mesma: é pura *práxis*, não é *poíesis*. Nesse sentido, consiste em "estar" em atividade. A atividade não é nada se não se está ativo. É a esse "estar ativo" que Aristóteles chama ενέργεια, atualidade. Pois bem, o homem tem muitas atividades e, segundo elas, tem muitos momentos vitais diferentes que constituem outros tantos acontecimentos (não importa como os chamemos). A unidade do curso de todos eles é o que o grego chamou de vida, *bíos* (βίος). O *bíos* compreende o curso de todas as ações humanas, desde as naturais até as morais. Em sentido lato, os gregos também falavam de *bíos* a respeito dos animais. Mas, em sentido estrito, o *bíos* é próprio apenas do homem. E, de fato, a literatura grega foi fecunda em escrever os *bíoi*, as vidas dos grandes homens. *Bíos* é, portanto, a unidade da atividade vital humana: é a *enérgeia*, a atualidade do vivente humano em sua atividade. O *bíos* assim entendido assume diferentes tipos. Isso porque *bíos*, tal como os gregos o entendem, é certamente uma atividade unitária, mas determinada por uma atitude fundamental, por um *éthos* que nela subjaz. E, conforme sejam essas atitudes ou *éthos*, teremos *bíoi*, vidas diversas. Aristóteles fala muito da vida do agricultor, da vida do guerreiro, da vida do político, etc. Como, para Aristóteles, a filosofia não é uma ocupação esporádica do homem, mas um modo de atividade, o fato é que, em última instância, filosofar é um modo de *bíos*, de vida. Portanto, o problema da filosofia como modo de atividade do homem é apenas o problema do tipo de *bíos*, do tipo de vida do homem que se consagra à filosofia, do tipo de ἐνέργεια em que consiste a filosofia em ato de atividade humana.

Aristóteles, como todo bom grego, começa dando por certo que, em todos os tipos de vida a que se refere, se trata não do homem escravo, mas do homem livre (ἐλεύθερος). Não se trata de puro acaso. Aristóteles tem a convicção profunda de que a Sabedoria é patrimônio exclusivo do homem livre. Pois, afinal, o que um grego entendia por liberdade (ἐλευθερία)? Aristóteles nos recorda isso quando nos diz que é livre "o homem que é para si mesmo e não em vista de outro".[14] Este conceito não é algo abstrato: para um grego, todo homem vive em uma *pólis*, e a liberdade não é, em primeira instância, uma característica do homem em abstrato (prova disso é que existem escravos, justamente aqueles que não vivem nem podem dispor de si mesmos), mas um regime de vida na *pólis*. Livre é o homem que vive na *pólis*, nesse regime de autodisponibilidade. E esta liberdade culmina naquela *pólis* em que o cidadão (πολίτης) não apenas dispõe de si mesmo, mas também dispõe, com os outros homens livres, do regime político, da governança da *pólis*: a *pólis* democrática fundada por Sólon em Atenas. "O suposto básico da democracia", diz-nos Aristóteles, "é a liberdade".[15] Essa liberdade envolve, por um lado, a codecisão independente nas questões concernentes ao bem-estar público, e, por outro, o desaparecimento de toda opressão inútil de uns indivíduos por outros ou pelo governante – que cada um tenha o mínimo possível de travas para determinar a *enérgeia* de sua *bíos*. Tucídides, em sua *História da Guerra do Peloponeso*,[16] põe na boca de Péricles um longo discurso em que este se vangloria de que Atenas é a república dos cidadãos livres no duplo sentido apontado.

Seja qual for a forma de liberdade que a *pólis* instaure, só o homem livre pode ter essa situação de ócio (σχολή) que lhe

---

[14] Ἄνθροπος [,φαμέν, ἐλεύθεροσ] ὁ αὑτό ἕνεκα μή ἄλλον ὤν: *Metafísica*, A, 982 b 26. [Entre colchetes restituo as palavras do texto aristotélico omitidas por Zubiri no texto e na citação. Aqui também o sentido não muda. - N. E. esp.]

[15] Ὑπόθεσις [μὲν οὖν] τῆς δημοκρατικῆς πολιτείας ἐλευτερία: *Política*, VIII, 1.317 a 40. [Entre colchetes restituo a transcrição literal da expressão de Aristóteles, cujo sentido obviamente não varia. - N. E. esp.]

[16] II, 37, 1-2.

permite vagar para o *theoreîn*, para a inspeção daquilo que as coisas são. Por isso se dirá da filosofia, como forma suprema de *theoría*, que é a ciência eminentemente liberal. Liberal não apenas porque surge em uma situação de liberdade, mas também porque não tem outras forçosidades além das impostas pela índole necessária das coisas apreendidas em uma demonstração apodíctica.

Mas a liberdade (ἐλευθερία) é apenas uma condição do *theoreîn* – não é aquilo que a constitui positivamente. Para averiguar a índole positiva do *theoreîn*, Aristóteles precisa determinar, com rigor, a ideia do *bíos* tornado possível pela liberdade. Todo *bíos* é uma atividade atual (*enérgeia*) em vista de seu termo intrínseco, em vista de seu intrínseco fim (*télos*). Como não se trata de uma atividade particular, mas da atividade total da vida, seu *télos* afeta a vida enquanto tal. Este *télos* é claro, diz Aristóteles: é a felicidade (*eudaimonía*). Na primeira linha da *Metafísica*, Aristóteles havia escrito: "Por natureza, todos os homens têm desejo de saber". Mas, em um escrito de juventude, no *Protréptico*, ele escrevia como começo da filosofia: "Todos os homens querem ser felizes".[17] A rigor, εὖ πράττειν não significa forçosamente ser feliz, e sim sair-se bem naquilo que empreendeu e em virtude daquilo que pretendeu, diferentemente da εὐτυχία, a boa sorte. Claro que, estendido ao todo do *bíos*, significa a conquista plena da vida, isto é, a felicidade. Todo *bíos* se inscreve neste *télos*, neste fim da vida feliz. Aristóteles, portanto, vê-se forçado a nos dizer o que é a felicidade (εὐδαιμωνία).

A felicidade, evidentemente, é o conseguimento daquilo que é o melhor da atividade. O hábito (ἕξις) de agir tendo em vista o melhor é o que se chama de virtude (ἀρετή). Quando um grego fala de virtude, não se refere, em primeira instância, às virtudes morais, nem, muito menos, ao que hoje chamaríamos de "valores". Para um grego, virtude é pura e simplesmente o hábito do

---

[17] Πάντες ἄνθρωποι βουλόμεθα εὖ πράττειν: Walzer, fr. 4. [A citação completa é R. Walzer, *Aristotelis Dialogarum Fragmenta in Usum Scholarum*. Firenze, 1934. – N. E. esp.]

bom, daquilo pelo qual algo é bom – assim, a virtude da faca é cortar, etc. Portanto, dirá Aristóteles, a felicidade é a atividade conforme à virtude – quer dizer, conforme àquilo que é bom para o homem, a atividade conforme ao seu bem.[18] Daí os diferentes tipos de vida. Essas diferenças, como víamos, são diferenças de atitude, de *éthos*, etc. Pois bem: as diferenças de *éthos* são diferenças em face daquilo que se considera o bem do homem. E cada *bíos* consiste em diferentes tipos de virtude – tipos que conduzem a diferentes tipos de felicidade.

Aristóteles descreve vários tipos de vidas. Mas o que mais lhe interessa é a contraposição de três tipos, de acordo com o bem que buscam. Em primeiro lugar, o *bíos* que se dirige ao conseguimento de gozos e satisfações: βίος ἀπολαυοτικος.[19] Em segundo lugar, a vida política, a atividade que consiste em reger os outros com justiça (βίος πολτικος). Aqui Aristóteles se refere não à *tékhne* política, e sim à virtude específica do governante: a justiça. Em geral, pode-se pensar aqui em toda a gama daquilo que Aristóteles chama de virtudes morais, virtudes na conduta de cada um com os outros. Pois bem: nenhuma dessas duas vidas, segundo Aristóteles, constitui a felicidade plena do homem, porque nenhuma delas basta a si mesma. E não se bastam porque se dirigem a coisas cuja existência não depende da própria vida. Isso é claro no que se refere à vida de gozo, de satisfação. Mas acontece a mesma coisa no caso da vida política e da vida simplesmente moral de homem para homem: o justo precisa de outros sobre os quais exercer sua justiça, e o mesmo acontece a quem tem as virtudes morais, tais como a amizade, a magnanimidade, etc. É por isso que nenhuma dessas vidas pode ser a vida plenamente feliz; ou seja, nenhuma delas é a forma suprema de *bíos*.

---

[18] Ἡ κατ᾽ ἀρετὴν ἐνέργεια: *Ética Nicomaqueia*, X, 1.177 a 11. [Além de um erro na citação, Zubiri transpõe para o nominativo uma expressão em um contexto mais amplo que aqui não interessa. - N. E. esp.]

[19] Embora em todas as edições apareça "*bíos* ἀπολαυοτικός", entendo que seja um erro ou um descuido, pois em todos os casos semelhantes Zubiri ou escreve em grego substantivo e adjetivo ou transcreve os dois; já que nada de fundamental muda, opto por uma correção unificadora. (N. E. esp)

Mas existe uma terceira vida, a vida teorética (βίος θεωρητικός), a vida consagrada à entrega inspecional, à verdade daquilo que as coisas são. É um tipo de vida que se fundamenta em virtudes de caráter diferente do das virtudes morais: são as virtudes que Aristóteles chama de dianoéticas, as virtudes da atividade do *Noûs*. A elas pertence, por exemplo, a prudência (φρόνησις). Para nós, a prudência seria uma virtude moral, porque tendemos ver na prudência um modo de atuação. Para os gregos, em contrapartida, a prudência é, como vimos, uma forma de saber: *saber agir*. Dentre essas virtudes dianoéticas e das vidas que podem determinar, há uma, o hábito do *Noûs* e da *Dianóia* (entendimento) e a vida determinada por ela: o *theoreîn*, a vida teorética. É a virtude e a vida da sabedoria enquanto tal. Bem entendido: da sabedoria tal como Aristóteles a concebeu. Pois bem: para Aristóteles, o *bíos theoretikós* é a mais feliz das vidas, porque seu *télos* é o mais nobre. O *bíos theoretikós*, de fato, é o *bíos* determinado pela parte superior da alma e, dentro dela, pelo supremo dessa parte superior: pelo *Noûs*. Daí que seu *télos* seja o *télos* supremo a que o homem pode aspirar e tender. Esta vida se encontra determinada, portanto, pela virtude do melhor: é a felicidade mais alta.

Esta superioridade da vida teorética tem, de fato, os caracteres que fazem dela a mais alta:[20]

a) A atividade atual (ἐνέργεια) do *theoreîn* é a superior (κρατìστη), no sentido de mais alta e mais forte, mais vigorosa. Em primeiro lugar, em razão de seu objeto: os objetos do *Noûs* são sempre os mais nobres e altos – no caso da filosofia, o *bíos theoretikós* abarca nada menos do que o próprio *Théos*. Mas, entre todas as outras coisas, aquelas que são termo do *Noûs* são sempre as mais nobres. Mas, além disso, é a mais nobre em razão do próprio sujeito. Porque, se os próprios sentidos (em especial a visão) já são, como nos diz Aristóteles, algo em que o homem

---

[20] *Ética Nicomaqueia*, X, 1.177 a 11, etc. [O tema mencionado ocupa todo o capítulo 7 (1.177 a 12-1.178 a 8). - N. E. esp.]

se compraz pelo mero fato de ver, com mais razão se pode dizer o mesmo do *Noûs* em geral e – sobretudo – do *Noûs* da filosofia, que apreende os princípios e causas supremas do universo.

b) Trata-se da atividade mais continuada (συνεχεστάτη) – aquela que não se esgota por mais que se detenha na coisa. Qualquer outra *práxis* depende, de uma forma ou de outra, de condições de seu objeto, de maneira que traz inscrita em seu seio um momento de seu esgotamento ao chegar ao conseguimento do que pretende – não porque a coisa esteja "terminada", como no caso da ποίησις, e sim porque a própria atividade cessa por sua própria condição. Em contrapartida, não só a *práxis* e a ἐνέργεια do *theoreîn* não se esgotam em si mesmas, senão que é justamente quando sua atividade consegue o que pretende que é atividade plenária e, portanto, inesgotável – como o amor, que não cessa quando alcança aquilo que ama, mas é, por sua própria índole, incessante, justo, quando o alcançou. A mesma coisa acontece com o *theoreîn*, com o saber que sabe apenas por saber. Por sua própria condição, a vida teórica é um *bíos* incessante.

c) Trata-se da vida, diz Aristóteles, que produz mais satisfação (ἡδίστη), as satisfações mais admiráveis (θαυμαστάς). Está movendo-se em descoberta perpétua, em uma perpétua fuga da ignorância. Descobre o mais admirável do universo – aquilo que as coisas são – e por isso constitui a satisfação mais admirável.

d) Trata-se da atividade mais autárquica (αὐτάρκεια). É, de fato, a única vida que se basta a si mesma. Todas as outras vidas se apoiam em virtudes concernentes à conduta, ao modo de conduzir-se – por exemplo, a magnanimidade, a justiça, etc. Mas essas virtudes, por mais altas que sejam, precisam sempre do outro: a magnanimidade requer o outro para receber o dado, a justiça política o requer para ser governado, etc. Só o *theoreîn* basta a si mesma. O *sophós* sabe por si mesmo, tanto mais por si mesmo quanto mais *sophós* é. Talvez seja melhor que tenha colaboradores, mas – como nos diz Aristóteles expressamente – não necessita de nenhum: basta a si mesmo.

e) Trata-se da única atividade que é plenariamente amada por si mesma (δί αὐτὴν ἀγαπᾶσθαι) e não pelo que pode fornecer.

f) Parece, acrescenta Aristóteles, que a felicidade se encontra no ócio – guerreamos, por exemplo, para viver em paz, etc. A razão de ser do "negócio" é sempre o "ócio": negociamos para vagar para o ócio, para vagar para nós mesmos. Pois bem: então é claro que o *theoreîn* é a mais feliz das atividades, porque é, por sua própria índole, a mais ociosa de todas. Nasce justamente quando – e somente quando – todas as necessidades da vida se encontram cobertas. E aquele que, nesse ócio, "faz" o *theoreîn* é justamente o mais ocioso: "não fazer", mas apenas "ver".

Por todos esses caracteres, a vida teorética é, para Aristóteles, a forma mais alta de *bíos*. Mas Aristóteles não para aqui. O *bíos theoretikós* não é apenas o *bíos* mais elevado, mas também, acrescenta Aristóteles, nada menos do que o *bíos* mais divino (θειότατον). E o é por duas razões. Primeiro, como já dissemos repetidamente, por seu objeto. Seu objeto é o mais divino do universo: "o que sempre é" (τὸ ἀεὶ ὄν) e, por ser assim, é imortal. Por isso, envolve em si o próprio *Theós*. O *Theós*, de fato, é a substância absolutamente substante – independente, portanto, de todas as outras. Em virtude disso, é uma substância que é pura atualidade (ἐνέργεια), um ato que é a pura atividade atual. E esta atividade é por isso mesmo a perfeição absoluta. Em que consiste sua atividade, sua vida? Não pode consistir em perfeições como a justiça ou a magnanimidade ou a valentia, porque tudo isso pressupõe que o *Theós* necessitasse de outras coisas. Também não tem uma vida produtora (ποίησις) de coisas. "E, no entanto", acrescenta, "todos nós afirmamos que os deuses vivem e são pura atividade atual. Portanto, em que outra coisa poderia consistir [sua vida] senão em teoria? Consequentemente, a atividade (ἐνέργεια) divina só pode ser teorética".[21] Mais ainda:

---

[21] *Ética Nicomaqueia*, X, 1.178 b 20. [A citação de Zubiri também não é literal, mas pinça aquilo que lhe interessa em um texto mais longo. O trecho completo (1.178 b 19-22) diz: "No entanto, todos acreditamos que os deuses vivem e, portanto, exercem alguma atividade; certamente eles não dormem, como pensa Endimião.

sua vida consiste na própria teoria, porque a teoria é um ato do *Noûs*, e "a atividade atual do *Noûs* é vida".[22] E esta teoria é, por sua vez, pura: não depende de nenhum objeto conhecido que fosse alheio ao *Theós*. Em sua teoria, o *Theós* não faz mais do que saber de si mesmo – é o *Noûs* do *Noûs*. É esta vida o que confere ao *Theós* sua perfeita felicidade, porque a felicidade, como já vimos, consiste na consumação do ato da atividade. Em sua teoria, portanto, o *Theós* é absolutamente perfeito e feliz com uma vida que "é sempre" (αἰών). O homem também tem essa atividade teorética, mas "para nós só por curto tempo".[23] Desde os tempos remotos evocados pelo Prometeu acorrentado de Ésquilo, o *Noûs* foi considerado como um furto aos deuses. Alguns líricos primitivos cantam que os deuses deram tudo ao homem, menos o *Noûs*. Outros, mais otimistas, acham que lhes foi dada também uma parcela dessa atividade. Seja como for, os gregos sempre viram na atividade do *Noûs* o que existe de mais divino no homem. Não que o homem participe da vida divina: isso não faz parte do pensamento de Aristóteles e de todos os gregos. Trata-se apenas de que os homens são substâncias cuja forma suprema de atividade é semelhante à divina. À *physis* do homem corresponde este *Noûs*, centelha da divindade. A *theoreîn* humana não é pura contemplação passiva, não é um puro "ver por ver", e sim uma atividade que basta a si mesma, porque recai sobre aquilo que, constitutivamente, só pode ser como é, sobre aquilo que é "sempre". E, como para todo bom grego a capacidade de conhecer é da mesma índole (*homoíosis*) da coisa conhecida ("o igual é conhecido pelo igual"), o *Noûs*, que fixa o homem naquilo que "sempre é", é de índole de "ser sempre", isto é, pelo *Noûs* o homem é imortal. É por essa razão que a vida teorética do homem é formalmente divina. Aristóteles descreve em um parágrafo extraordinário o que é o *bíos theoretikós* como suprema felicidade do homem:

Pois bem, se se tira de um ser vivo o poder de obrar, ainda mais, o de criar, o que lhe resta além da contemplação? De maneira que a atividade divina, que ultrapassa todas as outras em felicidade, será teorética" - N. E. esp.]

[22] Ἡ γὰρ νοῦ ἐνέργεια ζωή: *Metafísica*, 7, 1.072 b 26.
[23] Μικρὸν χρόνον ἡμῖν: *Metafísica*, 7, 1.072 b 15.

"Uma vida semelhante, se existe, é superior ao humano. Pois o homem não pode viver assim enquanto homem, senão na medida em que há nele algo divino. Se o *Noûs* é o divino para o homem, a vida segundo o *Noûs* é a mais divina para o homem. Não se deve dar crédito a essas exortações segundo as quais, como homens, só podemos pensar em coisas humanas e, sendo mortais, apenas em coisas mortais. Senão que, na medida em que nos seja possível, temos de nos imortalizar (ἀθανατίζειν) e fazer de tudo para viver de acordo com o mais elevado (que há no homem), porque, conquanto pequeno em tamanho, excede – muito – a tudo em força e nobreza... O mais seu de cada coisa por natureza é também o mais alto e o melhor dela. Portanto, a vida conforme ao *Noûs* é a mais elevada, porque o *Noûs* é o melhor do homem".[24] A vida teórica, portanto, não é apenas a mais elevada, mas também a mais divina.

Resumindo: o *theoreîn* é uma atividade, não apenas uma série de atos desconexos: é um *bíos*. Portanto, o problema que o saber teórico põe para Aristóteles é o problema de saber em que consiste o *bíos theoretikós* – a vida daquele que se consagra à inspeção daquilo que as coisas são. E este *bíos* consiste em uma atividade atual do *Noûs*, a atividade mais alta e divina, na qual consiste a perfeita felicidade.

Pois bem: para Aristóteles, a filosofia primeira, a ciência apodíctica, a ciência demonstrativa do ente enquanto tal, é a forma suprema do *theoreîn*. De fato, é a teoria que inspeciona não só as coisas tais como elas são (ὡς ἐστιν), mas enquanto são (τῇ ἐστιν). Portanto, como primeira, esta filosofia é primeira não apenas na ordem da sabedoria, mas na ordem do próprio *theoreîn*. É teoria última. Por isso, a felicidade que ela dá ao homem é também a mais alta. O filósofo, em sua filosofia, é para Aristóteles o homem que, por ter a primeira sabedoria, a sabedoria do *Noûs*, que entende o que é "ser", é o mais propriamente

---

[24] *Ética Nicomaqueia*, X, 1.177 b 26 - 1.178 a 8.

divino e humano ao mesmo tempo. Esta é a filosofia como modo de atividade do homem.

***

Em conclusão: como forma de saber, a filosofia é o saber dos entes enquanto entes, o saber apodíctico dos princípios do ente enquanto tal e em sua omnitude total. Como função intelectual, a filosofia tem a função de ser sabedoria; mais ainda: é a sabedoria por excelência, a sabedoria primeira. Finalmente, como tipo de atividade, a filosofia é *bíos theoretikós*, a forma suprema e mais divina do supremo e mais divino no homem: a vida segundo o *Noûs*.

Aristóteles criou de uma forma imperecível para o resto da história humana a ideia de uma filosofia como ciência apodíctica. É magnífico refletir ao longo dos diálogos de Platão; mas, perto deles, uma dessas páginas de Aristóteles apertadas de *epistéme* é menos brilhante e, às vezes, talvez menos rica em pensamentos, mas é infinitamente superior em rigor de conhecimento.

Mas Aristóteles, como acabamos de ver, quis também fazer da filosofia uma *sophía* e uma atividade feliz, uma *eudaimonía*. Isso já pode ser mais problemático. Aristóteles teve a genialidade de reunir as três condições para que haja filosofia em ato filosófico: a riqueza da intuição, o perfil arestado do conceito e o rigor apodíctico do conhecimento. Mas o próprio Aristóteles, na última hora, deve ter considerado um pouco problemática sua ideia da sabedoria e da vida teorética como a mais divina. Será que o homem tem essa vida autossuficiente por ser filósofo ou porque já como homem é autossuficiente? Aristóteles optou pela primeira alternativa. Outros pensaram que fosse a segunda possibilidade: foi o ponto de partida da ideia estoica do sábio, o homem que se desapega de todas as necessidades da vida – isso que ainda se expressa em nossas línguas quando se alude ao homem que toma sua vida com muita filosofia. Aristóteles, digo, deve ter sentido na própria pele o que haveria de problemático em sua ideia da filosofia primeira como sabedoria, como algo divino e como suprema felicidade. Esse homem, que tinha escrito nas primeiras páginas de sua *Metafísica* que o amante do mito é, de certa forma, amante da sabeoria, escreveu na senectude: "Quanto mais solitário e abandonado a mim mesmo fui me encontrando, mais me tornei amigo do mito".[25] Não é verossímil que Aristóteles tivesse abdicado de sua ideia da filosofia. Mas é possível que sua ideia da filosofia como sabedoria e como a vida mais divina do homem tivesse acabado por lhe parecer um pouco mítica: seria o mito do saber. Seja como for, entre estes dois mitos – o mito que ainda não chegou a ser um saber e o saber como mito – Aristóteles inscreveu sua ideia da filosofia como uma ciência (ἐπιστήμη) apodíctica da entidade de tudo e do todo enquanto é – e somente na medida em que é.

É isso o que, de forma sumariamente descrita, Aristóteles entendeu como filosofia.

---

[25] Ὅσῳ αὐτης καὶ μονώτης εἰμί φιλομυθότερος γέγονα: Ross, 668. [Isto significa: *Fragmenta selecta. Recognovit Brevique Adnotatione Critica Instruxit* (Oxonii, E Typographico Clarendoniano 1955). - N. E. esp.]

Lição II
Kant

Propusemos nestas lições expor aquilo que alguns grandes pensadores entenderam por filosofia. Não se trata de expor, nem mesmo superficialmente, suas respectivas filosofias, mas tão somente a ideia que conceberam a respeito do que seja a filosofia. No encontro anterior nos dedicamos a averiguar o que Aristóteles pensou "a respeito da filosofia": é uma ciência apodíctica, demonstrativa, do ente enquanto tal, das coisas enquanto "são". Hoje vamos ouvir a resposta que, após 22 séculos, Kant vai dar ao mesmo problema.

Kant viveu em pleno século XVIII. Não que eu atribua uma excessiva importância determinante – como se costuma fazer, às vezes exageradamente – às "épocas" com relação aos pensadores. Mas alguma de fato elas têm, ainda que varie muito conforme o caso. Kant viveu no século do Iluminismo (*Aufklärung*), essa estranha mistura de racionalismo e naturalismo. Dessa mistura, o próprio Kant será um dos exemplares mais perfeitos. Nesse sentido, pagou um tributo à sua época. Mas ele não foi um resultado dela – e sim exatamente o contrário. Mediante uma crítica fundamental dos princípios da natureza e da razão, Kant destrói o Iluminismo e cria uma nova época.

Para enquadrar a posição de Kant diante do problema filosófico, convém relembrar alguns fatos, apenas alguns, e sem a menor intenção de fazer uma descrição histórica adequada – que é, de resto, conhecida de todos.

Em primeiro lugar, a constituição plena da nova ciência da natureza. Iniciada por Galileu, seguida por Torricelli e pelos grandes físicos dos séculos XVII e XVIII, ela vai encontrar sua espécie de Bíblia na gigantesca obra de Newton *Philosophíae Naturalis Principia Mathematica* [Princípios Matemáticos da Filosofia Natural]. O próprio título do livro será quase o enunciado de um grave problema para o próprio Kant: como é possível que a matemática seja nada menos que um princípio filosófico da natureza? Junto com Newton, outros matemáticos exerceram uma grande influência sobre a física de sua época e foram admirados na Alemanha, como, por exemplo, D'Alembert; e Lagrange, contemporâneo de Kant, leva a efeito a obra magna de sistematizar em coordenadas gerais os princípios de Newton e de D'Alembert. Com o telescópio de Galileu, havia começado uma nova era na astronomia. Newton contribui, na obra já citada, com as bases matemáticas da mecânica celeste, enquanto Laplace formula sua famosa hipótese sobre a formação do sistema solar. O próprio Kant fez uma das descobertas capitais da astronomia: concebeu a ideia de que aquilo que até então tinha sido chamado de "nebulosas" são quase sempre universos isolados, diferentes do nosso, "universos-ilhas" – aquilo que hoje chamamos de galáxias.

Junto com essa nova ciência da natureza, assiste-se ao extraordinário ímpeto criador da nova matemática. Devido, em grande parte, ao próprio Newton, mas sobretudo ao gênio de Leibniz, cria-se uma nova análise, fundada sobre a ideia do infinitamente pequeno: a análise infinitesimal. Euler a enriqueceu, não apenas com grandes contribuições, mas também criando a teoria das funções. A geometria, por sua vez, envereda por novos caminhos. Um primeiro passo para o que hoje chamamos de topologia foi a solução que Euler encontrou para o famoso problema das sete pontes de Königsberg. Mas foi apenas o primeiro passo, porque, embora o vocábulo "topologia" venha de Leibniz, a verdade é que não apenas ele não chegou a constituir uma ciência matemática própria, como nem sequer chegou a um conceito preciso do que poderia ser uma ciência matemática do "tópos". O importante é que, naquele momento, começa a tomar corpo a ideia de uma geometria não euclidiana, graças justamente a um jesuíta, Saccheri, com sua tentativa fracassada de demonstrar o postulado das paralelas de Euclides. Finalmente, como já apontei, D'Alembert, Lagrange e Laplace ampliam enormemente os métodos matemáticos, os resultados e, por assim dizer, o raio de ação da mecânica (basta lembrar o papel que viria a ter a equação do potencial para toda a física teórica): foi a criação daquilo que a partir de então se chamou mecânica racional. Ao mesmo tempo, tem início o cálculo de variações e, sobretudo, o cálculo de probabilidades. Pois bem, por estranho que pareça, afora um breve escrito de juventude[1] em que acredita ter compreendido o que Leibniz pretendia com seu conceito de topologia, e de algumas alusões ao cálculo das probabilidades, Kant não parece acusar a influência do desenvolvimento da nova matemática, que foi contemporâneo dele. Convém registrar esta espécie de "fato negativo": ele nos ajudará a desconfiar de que, apesar de suas referências constantes à ciência, a filosofia de Kant não é simplesmente uma teoria das ciências, mas algo mais radical.

Outros movimentos de ideias põem em relevo a originalidade e o valor irredutível da pura natureza humana. Antes de tudo, naturalmente, Rousseau. Mas também os moralistas ingleses que cifram a moral aos sentimentos (Shaftesbury, etc.). Não esqueçamos também a enorme impressão que a Revolução Francesa produziu em Kant. E, em uma direção ao menos homóloga, Lessing dará ímpeto na Alemanha a uma concepção

---

[1] Zubiri parece estar se referindo ao único escrito "juvenil" de Kant que chegou a ser publicado: *Gedanken von Wahren Schätzung des Lebendigen Kräfte* [Pensamentos sobre a Verdadeira Apreciação das Forças Vivas, 1746]. No caso de Kant, remeterei à edição de referência: *Gesammelte Schriften*, iniciada pela Real Academia de Ciências da Prússia em 1910 e ainda não concluída (sigla Ak, seguida de algarismo romano [tomo] e arábico [página]). Para a *Crítica da Razão Pura*, manterei o procedimento acadêmico habitual. Aqui, Ak, I, 5-181. (N. E. esp.)

da história que é típica do Iluminismo. Sua atitude perante as diversas confissões religiosas vai engrossar as correntes de uma concepção da religião natural mais ou menos cingida ao deísmo. Em todo caso, abre-se caminho para uma conceituação teorética do pietismo reformista.

Dentro desses fatos – de caráter extremamente geral, mas que bastam para nosso objetivo – há, naturalmente, a grande preocupação com a própria filosofia como ciência. Por um lado, toda a filosofia inspirada em Leibniz havia codificado a filosofia primeira em um sistema dedutivo de verdades racionais: foi a obra de Wolff e Baumgarten. Kant se moveu nessa linha durante muitos anos. Mas os empiristas ingleses, principalmente Locke, Berkeley e Hume, tinham empreendido uma crítica das próprias bases do conhecimento humano. No entanto, por mais inaceitável que pareça a Kant, a crítica de Hume – "esse homem agudo", como Kant o chamava – despertou-o de seu "sono dogmático", ou seja, da pretensão indiscutível com que o racionalismo fundamentava em evidências o saber filosófico. Apesar dessa antítese entre o racionalismo e o empirismo, ambas são filosofias do Iluminismo – e o são por seu suposto comum, quer dizer: porque pretendem "construir" o mundo e o conhecimento a partir de elementos últimos, sejam sensações, sejam ideias de pura razão: no fundo, a tentativa de uma filosofia como ciência.

Kant, o homem solitário de Königsberg – nasceu, viveu e morreu ali, não tendo saído da cidade mais do que umas duas vezes na vida –, mergulha em uma meditação filosófica sobre essa situação do saber filosófico. Não que não tivesse interesse pelos homens e por seus costumes e modos de vida: sua *Antropologia* é um bom testemunho desse interesse. Conta-se que costumava convidar os pescadores para sua mesa... tendo preparado de antemão, *a priori*, o planejamento da conversa e daquilo que desejava averiguar nela. Mas o centro mais grave da meditação desse homem genial foi: o que é, o que pode ser e o que há de ser a filosofia como ciência.

Para nos aproximar da ideia kantiana de filosofia, vamos considerar, sucessivamente, cinco pontos:

1º A formulação precisa do problema filosófico para Kant.

2º A ideia de um novo método na filosofia primeira.

3º A estrutura do saber filosófico como ciência de objetos.

4º A filosofia como saber do transcendente.

5º A unidade do saber filosófico: a ciência filosófica.

I. A formulação do problema filosófico

Trata-se, portanto, da filosofia como ciência – é justamente a ideia aristotélica. Lembremo-nos de que Aristóteles criou não tanto a *sophía*, mas a ideia de dar à *sophía* a forma de uma *epistéme*. Aristóteles chamava esse intento de "a ciência que se procura". Agora a questão é esta: será que ele a encontrou? Não basta dizer que ele tinha de fazê-lo. Aristóteles certamente elaborou uma ciência filosófica. Pelo menos, sua crença era essa. Mas será que foi exatamente assim?

Para responder a essa pergunta, Kant não recorre a longas especulações filosóficas, mas apela a uma simples constatação. Para saber se uma série de saberes efetivamente empreendeu "a marcha segura... o real caminho de uma ciência" (*der sichere Gang... der königliche Weg einer Wissernschaft*), basta prestar atenção a seu conteúdo e aos resultados alcançados. Será ciência: 1º, se existe verdade nos resultados obtidos; 2º, se existem não apenas resultados verdadeiros, mas também, além disso, uma direção fixa, um método, na investigação da verdade; 3º, se cada verdade assim conquistada aumenta o saber anterior, e não simplesmente o destrói, isto é, se a marcha, de acordo com aquele método, é realmente progressiva. Certamente poderá haver oscilações, poderá haver saberes duvidosos, poderá haver retificações parciais, às vezes muito profundas; mas, definitivamente, tomada em seu conjunto, a ciência vai se compondo de verdades já estabelecidas. Verdade, método e progresso firme: essas são as características daquilo que chamamos de ciência. Todo o resto serão programas, mas jamais a constituição de uma ciência real. Ora, sendo assim, basta lançar um olhar sobre o estado científico do saber humano para verificar quando e como se chegou a ter ciência.

Temos uma ciência, a lógica, que desde Aristóteles – diz Kant – entrou exemplarmente no real caminho da ciência. O *Órganon* aristotélico é, para Kant, um edifício quase irreformável. Só foram acrescentados, diz-nos ele, detalhes que pertencem antes à elegância do que à razão formal da lógica mesma, ou, no máximo, considerações antropológicas alheias ao seu conteúdo.

Em segundo lugar, há outra ciência que, penosamente, desde a Antiguidade, também empreendeu essa marcha segura: a matemática. Kant recolhe a tradição de que Tales de Mileto foi o descobridor de teoremas relativos aos triângulos equiláteros. Essa tradição está sujeita a crítica histórica. Mas, seja como for, não há dúvida de que a matemática grega, tal como se encontra no *corpus euclideano*, é uma ciência rigorosa no sentido que Kant requer.

Nem sempre foi assim em todo o conhecimento humano. Durante séculos e séculos, a física não conseguiu se tornar uma ciência estrita e rigorosa. Mesmo tendo o valor e a importância que teve, a física de Aristóteles não conseguiu, no entanto, ser uma ciência. A física tinha sido uma série de discussões, não apenas sobre seus resultados, mas sobre os próprios pontos de partida. Basta lembrar as especulações ocorridas a partir do famoso problema dos "graves". Só Galileu teve a ideia de constituir uma "nova ciência", cuja novidade estava no próprio modo de se aproximar das coisas – no "método". E, a partir de então, em linha reta, por assim dizer, de Galileu a Newton (e acrescentaríamos hoje, de Galileu aos nossos dias), a física se constituiu em um corpo de doutrina solidamente estabelecida e que progride com firmeza. Kant insinua que, em sua época, a mesma coisa começou a acontecer com a química graças a Stahl.

Pois bem: será que aconteceu a mesma coisa com aquilo que vem "depois da física", isto é, com a metafísica? Para responder a essa pergunta, basta ver o que foi a história dessa suposta ciência. Se a física antiga constituiu, como diz Kant, um mero "piétiner sur place"[2] (ein blosses Herumtappem), ficar sempre no mesmo a poder de tenteios, sem avançar com firmeza, mas discutindo uma vez ou outra seus próprios princípios, é na metafísica que isso continua acontecendo de maneira ainda mais palpável. Apesar de toda sua *apodêixis*, o que há na metafísica que não esteja submetido a discussão sem chegar nunca a clarezas últimas? Qual é o conjunto de conhecimentos do qual se pode dizer, com rigor, que se trata de algo já estabelecido, com respeito ao qual todos os filósofos estão de acordo? A metafísica oferece o triste espetáculo de ainda não ter entrado no caminho seguro da ciência.

Basta lembrar seu conteúdo. O conteúdo da metafísica é constituído por alguns supostos saberes a respeito de qualquer objeto enquanto "é", do ente enquanto tal, de que falava Aristóteles. Essa ciência se apoiava em alguns princípios (ἀρχαί) que, para Aristóteles, são apreendidos na intelecção do *Noûs*. Pois bem: na época de Kant, esses princípios tinham se tornado imensamente problemáticos e movediços.

Para Aristóteles, os princípios são, como já vimos, visões ou vidências mentais, certamente penosas e difíceis, mas, ao fim e ao cabo, vidências. Tal, sobretudo, a ideia de "ente". Esses primeiros princípios constituem o que compete a um primeiro inteligível: o ente. Mas esses princípios vão ganhar, na época de Kant, um caráter extremamente especial, que nunca foi o primordial e decisivo em Aristóteles.

---

[2] Mais de uma vez, Zubiri recorre a essa peculiar tradução francesa, que talvez tenha lido na juventude, como equivalente de uma expressão que se pode traduzir como "simples ensaio" (García Morente), "andar às cegas" (P. Ribas) ou talvez simplesmente "sondagem". (N. E. esp.)

Para Aristóteles, tratava-se, em primeira instância, de "visões" ou "vidências". Mas agora essas vidências vão se expressar em juízos. Com isso, o *Noûs* passa a ser, em primeira instância, o que nunca tinha sido primariamente em Aristóteles: o entendimento dos primeiros juízos. Os princípios se transformam em juízos primeiros. Como todo juízo se compõe de conceitos universais, os juízos primeiros serão aqueles que contêm os conceitos mais universais, a saber: aqueles conceitos com que se julga das coisas enquanto "são". Com isso, a "vidência" se transforma em "e-vidência". Pouco importa a forma relativa e instável com que os sentidos nos mostram os objetos. O que eles são no-lo dizem os juízos primeiros. Como tais, são evidentes "por si mesmos". Com isso, a *apodêixis*, a de-mo(n)stração, transforma-se em puro silogismo raciocinante. E isso é o que seria a metafísica. Essa foi a obra do racionalismo oriundo de Leibniz, e codificado – como já dissemos – por Wolff e Baumgarten. Ainda em 1792, em seu curso de metafísica, Kant nos dirá, repetindo Baumgarten, que a metafísica é a ciência que contém os primeiros princípios do conhecimento humano (*scientia prima cognitionis humanae principia continens*), e aqui princípio tem o sentido de juízo primeiro. Certamente, a metafísica não é uma lógica, porque a evidência em questão é a evidência constitutiva do primeiro inteligível enquanto tal, quer dizer, do ente em suas primalidades (τὰ πρῶτα), ou, como dizia Kant, do mundo inteligível. Mas, para o racionalismo, essa evidência se expressa no juízo. Com isso, diz Kant, a metafísica tinha se transformado em uma especulação a respeito do ser das coisas por puros conceitos, especulação que ficou completamente isolada de toda ciência dos objetos, tal como eles se apresentam na experiência (*eine ganz isolierte spekulative Vernunfterkenntnis*).

A filosofia inglesa tinha dado uma versão completamente diferente dos princípios. Certamente os princípios são "vidências", mas vidências primeiras. Pois bem: as primeiras vidências não são essas vidências gerais que chamamos de conceitos ou ideias. É exatamente o contrário. As ideias gerais não são primeiras, e sim derivadas de outras vidências, mais elementares: as sensações externas e a reflexão, como dizia Locke. Chamando-as, para simplificar a exposição, apenas de sensações, sucede que os princípios autênticos – os ἀρχαι – são sensações (αἰσθητά). Com isso, a filosofia não é uma demonstração, mas algo diferente: a explicação da organização das ideias. Princípio não significa então primeiro juízo evidente por si mesmo, e sim "origem". Lançada a filosofia nesse caminho, Hume levou a efeito uma crítica destrutiva de qualquer ideia geral. A causalidade, por exemplo, jamais é dada pelos sentidos. A experiência nunca me diz que o puxão na corda é a causa do som do sino – e sim que a primeira percepção é invariavelmente seguida pela segunda. Trata-se de uma associação de sensações em sucessão, mas não de uma causalidade. O mesmo acontece com a substância. É uma síntese psicológica de impressões coexistentes; mas a experiência nunca nos dá uma "coisa" permanente, uma coisa substante. Portanto, o que chamamos de entendimento é apenas a elaboração mais geral dessas sínteses sensoriais. Em face da evidência e da fundamentação demonstrativa do racionalismo, temos agora a sensação e a gênese do entendimento. Uma filosofia genética em face de uma filosofia lógica. O resultado, diz Kant, é o ceticismo da verdade.

No entanto, há um ponto comum às duas filosofias: é que "metafísica" é uma expressão que vai mudar um pouco de significado desde Aristóteles. Embora Aristóteles nunca tenha empregado essa palavra, o que seus discípulos imediatos, intérpretes fiéis de seu mestre, quiseram designar com o "*metá*" são aqueles caracteres que abarcam a totalidade das coisas, sensíveis ou não, a saber: aquele caráter pelo qual todas as coisas convêm em "ser". Esse caráter transcende a todas as diferenças das coisas em sua diversidade. Portanto, "*metá*" significava "trans". E a metafísica era um conhecimento "trans-físico" no sentido que acabamos de apontar. Tanto o racionalismo quanto o empirismo coincidem em dar outro sentido ao "*metá*". Para o racionalismo, a metafísica é um saber por puros conceitos, independentemente da experiência. E, apoiados em puros conceitos, chegamos a entender por puras vidências racionais o que são o mundo, a alma e Deus. Como nada disso se acha material nem formalmente na experiência, sucede que o "*metá*" da metafísica já não significa, como para os aristotélicos, um "trans", e sim um "supra" – aquilo que está acima e além de qualquer experiência. A metafísica versa, assim, sobre o "suprassensível". O suprassensível é conhecido demonstrativamente por pura razão. Pois bem, o empirismo tem a mesma ideia da metafísica: é o saber do suprassensível. Mas disso não temos não só experiência, mas sequer demonstração evidente. Restam apenas as crenças básicas, sem as quais o homem não pode assentar sua vida. Mas essas crenças não são senão meros sentimentos, crenças de sentimento. O suprassensível é coisa de sentimentos.

Compreende-se que, diante dessa situação, Kant nos diga que a filosofia não entrou ainda no caminho seguro da ciência. No entanto, diz-nos, "enquanto houver homens no mundo, haverá metafísica", porque a metafísica é uma "disposição fundamental" (é difícil traduzir o termo *Anlage*, que Kant utiliza) da natureza humana. Não se trata de que o entendimento tenha, como Platão e Leibniz pensaram, umas ideias inatas, nem do mero "desejo" de Aristóteles. Trata-se de algo diferente, como veremos em seu devido momento; porque neste ponto a crítica empirista parece decisiva para Kant. Mas, contra qualquer empirismo, Kant sustenta a ideia da validez da metafísica. Para Kant, o empirismo é, em todas as ordens, um ceticismo; e Kant não pode jogar pela janela a verdade; a ciência está aí como um testemunho inconcusso de conhecimentos verdadeiros. A filosofia deve ser a busca dos princípios do saber verdadeiro acerca das coisas. Mas o que significa aqui "princípio"? Essa é a questão que Kant se porá em face do racionalismo e em face do empirismo. Para o empirismo, "princípio" significa "origem", começo. Mas isso é confundir duas questões: a questão de como o conhecimento humano se vai produzindo de fato (*quid facti*, diz-nos Kant); e a questão de onde vem a verdade do conhecimento (*quid juris*). Todo conhecimento, diz-nos na primeira linha de sua "Estética Transcendental",³ começa pela experiência, mas isso não significa que ele todo derive integralmente da experiência. Portanto, princípio não significa origem, e sim fundamento. Mas esse fundamento não pode ser a evidência lógica, como pretendeu o racionalismo. Para Kant, a crítica empirista pôs definitivamente em crise a ideia de um fundamento no sentido de evidência de puro entendimento. Com isso, a possibilidade do que seja a filosofia fica retrotraída a uma reflexão crítica a respeito do que são o entendimento e a razão humana. Será que o entendimento é aquilo que o racionalismo pretende que seja, quer dizer, o órgão, a faculdade (Vermögen) das evidências? Para Kant, ele não é isso, depois da crítica empirista. Portanto, será que o entendimento e a razão não são outra coisa? Se fosse assim, o princípio do saber filosófico seria não "origem", e sim "fundamento" estrito, mas um fundamento de índole diferente da índole da evidência. O problema filosófico fica assim posto para Kant: é a busca de um novo princípio fundamental e não apenas originante. O problema da filosofia não é o problema da origem das ideias, mas um juízo (*krisis*) capaz de discernir a índole da pura razão – uma crítica da razão pura. Com isso, teremos uma metafísica que, por um lado, não abandonará pura e simplesmente os resultados da crítica empirista e, por outro, dará satisfação àquela disposição fundamental ou *Anlage* da natureza humana: uma nova ideia da metafísica apoiada em um princípio de caráter novo. Qual é essa ideia?

II. A ideia de um novo método em filosofia

Para canalizar sua investigação, Kant começa por lembrar que se trata de uma filosofia como ciência. Portanto, a título de

---

³ Há uma imprecisão sem maiores consequências: o trecho aludido por Zubiri, que corresponde a mudanças introduzidas por Kant em 1787 na segunda edição da *Crítica da Razão Pura*, é o começo da *Introdução* ao livro, não da *Estética Transcendental*: "Não resta dúvida de que nosso conhecimento começa com a experiência... Mas, embora todo o nosso conhecimento comece *com* (*mit*) a experiência, nem por isso provém *da* (*aus*) experiência": B 1. (N. E. esp.)

orientação, Kant volta os olhos para o caráter e o método das disciplinas que já se constituíram como ciência no sentido explicado antes. Elas descobrirão para nós a estrutura fundamental do entendimento quando consegue se elevar à condição de ciência estrita.

A ciência recai sobre as coisas que são seu objeto. Mas a ciência consiste em um modo extremamente preciso de ter conhecidos seus objetos. Aristóteles identifica esse modo na demonstração apodíctica – na *apodêixis*. Esta demonstração extrai das coisas seus princípios e conceitos; e o racionalismo, com a evidência do raciocínio, conclui de modo inexorável, apodíctico, nesse saber delas que chamamos de ciência. A rigor, trata-se de uma forma de ciência em que o entendimento, submisso ao que as coisas lhe dão, não faz mais do que se ater ao que obtém delas mediante a estrutura formal do próprio entendimento: uma estrutura que é justamente a lógica "formal". Esta lógica não é formal apenas porque "de seu" prescinde de um conteúdo, mas porque expressa a estrutura formal do próprio entendimento.

Existe, diz-nos Kant, outro modo de conhecer as coisas com rigor científico, sensivelmente diferente da pura *apodêixis*. A matemática conhece com rigor os objetos de que se ocupa, mas não os conhece tão somente mediante uma construção dos objetos concebidos. A matemática monta seus raciocínios não com simples conceitos, mas construindo figuras e números segundo seus conceitos. É ciência, por "construção".

Mas há uma ciência – a física de Galileu – que conhece por um método diferente da *apodêixis* e da construção. Certamente a física de Galileu não constrói seus objetos – isso seria impossível. Mas não é ciência por *apodêixis* porque não extrai seus princípios das coisas, mas do entendimento. Quando Galileu quer conhecer o movimento dos corpos, começa por concebê-los de determinada maneira – *mente concipio*, dizia ele – e depois se dirige às coisas para ver se elas confirmam ou destroem o que o entendimento concebeu delas. A física de Galileu é ciência não por *apodêixis* nem por construção, mas por "hipótese". Eis aqui o terceiro modo de ter conhecimento científico das coisas. Em uma frase plástica, Kant nos diz que o cientista se aproxima das coisas para aprender com elas não com a atitude de um colegial a quem a natureza ensina tudo quanto ela quer dizer, mas com a atitude de um juiz que certamente vai aprender com uma testemunha, submetendo-a a um interrogatório previamente elaborado por ele, que preestabelece, portanto, o que quer averiguar. Foi com os conceitos em uma das mãos e o experimento na outra, diz-nos Kant, que Galileu criou uma nova ciência. Mas de que hipótese se trata? Que o cientista forje hipóteses para cada questão que precisa resolver não é uma criação de Galileu – isso é tão antigo quanto a ciência. A criação de Galileu está em outro ponto, em outro tipo de hipótese. Não é a hipótese explicativa de um tipo de fatos, mas algo mais profundo e radical: a hipótese absolutamente geral de que, como ele mesmo diz, o grande livro da natureza está escrito em caracteres matemáticos. O decisivo – contra aquilo que se vem repetindo monotonamente repetidas vezes – não é o simples *mente concipio*: o decisivo está em que o que a mente concebe é a ideia geral de natureza, a hipótese de que a natureza tem estrutura matemática. Mais do que hipótese, no sentido usual do termo, trata-se de um suposto fundamental, algo que a experiência não dá, e que, no entanto, a experiência corrobora de modo irrefutável ao longo de todos e cada um dos objetos que estuda.

A ciência assim entendida tem, antes de tudo, algo "dado": é o que Kant chama de "intuição". Além disso, ela tem outro ingrediente, por assim dizer: o conceito. Mas o conceito que se serve a hipótese (no sentido que acabamos de explicar), ou seja, o conceito puro, não se funda *n*a intuição – pelo contrário, é algo tão somente concebido pelo entendimento *para* a intuição. E é por isso que o conceito é "princípio" (*arkhé*): não porque seja conceito *d*a intuição, mas porque é conceito *para* a intuição. Os dois momentos de intuição e de conceito não funcionam *ex aequo*, senão que este é "prévio" àquela. De maneira que o conhecimento da natureza não é pura observação ou intuição nem puro conceito: é conceito referido a uma intuição, e intuição elevada a conceito. Como diz Kant, conceitos sem intuições são vazios, mas intuições sem conceitos são cegas – é só com o conceito que *vejo* a natureza. Tudo acontece, diz-nos ele, como se o entendimento não pudesse ter ciência estrita das coisas reais senão conhecendo aquilo que o próprio entendimento pôs nelas. Quer dizer, enquanto a física grega – e em geral toda a ciência até Galileu – foi montada sobre o suposto de que o entendimento gira em torno das coisas, Galileu, segundo Kant, montou sua física sobre um suposto inverso: o suposto de que as coisas giram em torno do entendimento. E, por mais paradoxal que pareça, só então ele descobriu o que são as coisas. É o que Kant chama de revolução copernicana da ciência.

Suposto isto, por que não tentar a mesma revolução na filosofia? Por que não renunciar ao suposto de que os conceitos são tomados das coisas e, em vez de fazer com que a mente gire em torno dos objetos, fazer com que eles girem em torno da mente? Copérnico resolveu de uma só vez uma série de problemas astronômicos apenas com a suposição de que é a Terra que gira em torno do Sol, e não o Sol em torno da Terra. Não se poderia fazer a mesma coisa na metafísica? Valeria a pena tentar. Aproximando-nos dos objetos com a ideia "prévia" do que "são" é que talvez alcançássemos uma ciência estrita deles e fizéssemos a metafísica entrar no caminho seguro da ciência.

Pois bem, para Kant isso não é uma mera ideia mais ou menos plausível, mas decorre da própria estrutura do conhecimento como tal. E assim, para Kant, apelar para as ciências se transforma tão somente em mero exemplo ilustrativo da própria essência do conhecimento. A filosofia de Kant não é, portanto, uma teoria da ciência, mas uma teoria do conhecimento como tal.

Efetivamente, percorramos outra vez, a título de ilustração, os saberes que já conseguiram se tornar ciência: a lógica, a matemática e a física. Esses conhecimentos têm dois grupos de caracteres:

a) Em primeiro lugar, as três devem seu rigor científico ao fato de procederem *a priori*. A lógica apreende a verdade de um juízo mediante a necessidade com que aquele se deduz das premissas do raciocínio. As premissas determinam *a priori* a verdade da conclusão. O mesmo acontece com a matemática. A matemática obtém suas verdades construindo os objetos, mas essa não é uma construção qualquer, e sim uma construção levada a efeito segundo conceitos prévios – portanto, uma construção *a priori*. O geômetra constrói suas figuras segundo algo que é anterior a qualquer figura construída. Constrói, por exemplo, triângulos, mas segundo o conceito prévio de triângulo. Ele não constrói figuras arbitrariamente, escolhendo depois aquele objeto construído que por acaso fosse triangular. Isto também acontece – e mais palpavelmente, se se pode dizer – com a física. Já vimos isto: a física não é edificada por uma coleta de observações, e sim mediante experimentos de acordo com um suposto previamente concebido pela mente. Só assim os conhecimentos físicos podem ser necessários. A física procede, portanto, *a priori*.

b) Mas essas três ciências diferem em um caráter essencial. A lógica se funda em evidências absolutas. Para Kant, um conhecimento é evidente quando da mera inspeção do sujeito surge o conceito do predicado. Essa inspeção não é, portanto, senão uma mera "análise" do conceito do sujeito. Dito em termos kantianos, os conhecimentos lógicos são compostos de juízos analíticos. A lógica é uma ciência *a priori* porque tem seu apriorismo fundado na evidência. E ele é fundado porque a lógica se ocupa apenas do próprio pensamento, de seus conceitos; e a única coisa que faz é explicitá-los de forma eles não contradigam a si mesmos. Daí que o supremo princípio desta ciência seja o princípio de não contradição.

Mas as outras duas ciências não se ocupam apenas de conceitos; não são uma ocupação do pensamento consigo mesmo – elas se ocupam de objetos. Por isso, seus juízos acrescentam ao conceito do sujeito um predicado que não estava contido nele – ou seja, são juízos sintéticos. A verdade desses juízos não se funda, portanto, em evidências conceituais. Na matemática, o juízo "dois mais três são cinco" (Kant utiliza o exemplo "sete mais cinco são doze", mas por clareza de expressão prefiro este exemplo) não é analítico. Como conceitos, o conceito de dois (a dualidade), o conceito de três (a trindade) e o conceito de adição não conduzem ao conceito de cinco (a "pentalidade"). A pentalidade não é uma soma de três conceitos: dualidade, trindade e adição; é um novo conceito que nada tem a ver com os três anteriores. O que acontece é que o matemático constrói uma reunião de duas unidades conforme ao conceito de dualidade, constrói também uma reunião de três unidades conforme ao conceito de trindade, e realiza a operação correspondente ao conceito de adição. Assim se obtém um conjunto de cinco unidades a que corresponde o conceito de pentalidade. Os juízos matemáticos, por serem "construtivos", são, portanto, sintéticos. Os juízos da física também são sintéticos. Vejamos o caso da lei da gravidade: do conceito de um corpo jamais sairá o conceito de outro corpo com relação ao qual o primeiro gravite. É, portanto, um juízo sintético.

Como esses juízos não são analíticos, não se fundam em evidências conceituais. Então, qual é o fundamento de sua verdade? No caso da matemática, como acabamos de apontar, o fundamento da verdade de seus juízos está na construção do objeto. Pois bem, como essa construção se leva a efeito conforme a conceitos, sucede que os juízos não só são sintéticos, mas são necessariamente verdadeiros: são juízos sintéticos *a priori*. O apriorismo da verdade da síntese matemática é possibilitado pela construção.

Todos os juízos da física, como dizíamos, também são sintéticos. Mas seu fundamento não está na construção: o físico não constrói seus objetos. Qual é então seu fundamento? Certamente muitos juízos da física, assim como quase todos os juízos extracientíficos, têm uma verdade na qual a síntese se funda num recurso ao objeto dado na experiência. A experiência é o que nos mostra, por exemplo, que o calor dilata os corpos. Estes juízos, portanto, são empíricos: expressam tão somente uniformidades empíricas. Mas a física não é primariamente um conhecimento puramente empírico. Todas as leis da física são sintéticas, como já vimos, mas são absolutamente necessárias. Que a ação seja igual à reação não é um juízo resultante de medidas experimentadas, mas um "princípio" da mecânica. A necessidade destes juízos não se funda em evidências conceituais, mas tampouco mediante o recurso ao objeto empiricamente dado. Em outras palavras, são juízos sintéticos, mas *a priori*. Qual é então o fundamento de sua verdade? Ou, como diria Kant, como são possíveis estes juízos sintéticos *a priori*? Em termos gerais, já o vimos: concebendo de antemão o que é a natureza. A verdade dos juízos sintéticos *a priori* da física consiste na conformidade dos objetos com a hipótese.

Pois bem: um exame atento dos princípios da metafísica nos mostra que todos eles são sintéticos. Assim, por exemplo, "tudo o que acontece tem uma causa" é um juízo sintético. Pois do conceito de uma "coisa" jamais sairá por análise o conceito de "outra" coisa que fosse sua causa. A verdade daquele juízo não se funda em evidência. Também não se funda em um recurso aos objetos. A experiência, dizia Kant seguindo Hume, nos mostra que uma coisa vem depois de outra, mas não mostra jamais que o antecedente seja causa do consequente. No entanto, esse é um juízo que expressa uma necessidade absoluta com uma verdade independente de qualquer experiência. É, portanto, um juízo sintético *a priori*. Quer dizer, sua verdade se encontra fundada não no objeto nem na evidência, mas em um princípio diferente.

Definitivamente, o emprego de ciências como a matemática e a física nos mostrou que o entendimento tem juízos sintéticos *a priori*. Isso quer dizer que nesses conhecimentos é o entendimento o que determina de antemão os objetos, por um princípio que não é evidência nem experiência, mas um princípio diferente. E a análise dos primeiros juízos metafísicos nos fez ver, igualmente, que sua verdade também está fundada no fato de que é o entendimento que determina, de uma forma ou de outra, o objeto. Este é o sentido da revolução copernicana de que Kant nos fala.

Relembremos agora o ponto de partida. Procurávamos o princípio primeiro do conhecimento e do objeto. Princípio não significa "origem", e sim "fundamento". Este fundamento não é a experiência nem a evidência. É um princípio diferente. A matemática nos revelou que, no seu caso, esse princípio entra em jogo em forma de construção. A física nos mostrou que o princípio entra em jogo em forma de hipótese. Os primeiros juízos metafísicos nos remeteram, igualmente, a este princípio – e é ele que determina *a priori* seu objeto. Consequentemente, o problema da filosofia está em como são possíveis juízos sintéticos *a priori*. Esta fórmula significa simplesmente que o problema está em averiguar qual é e como é este princípio cuja índole consiste não em que o entendimento gire em torno dos objetos adequando-se a eles, mas em que os objetos girem em torno do entendimento e que seja este o que os determine. Tal como na matemática e na física, a metafísica terá conseguido então entrar no caminho seguro da ciência. Como? É o terceiro ponto que precisamos examinar: a nova metafísica como modo de saber.

III. O saber filosófico como ciência

Trata-se aqui de um saber o que é ciência, isto é, "conhecimento" no sentido estrito da palavra. Já vimos aqui que, para Kant, conhecer é sempre – e somente – incluir algo dado em uma intuição sob um conceito, ou referir um conceito a uma intuição. O restante, Kant dirá, são meros pensamentos. Certamente, eu posso pensar muitas coisas. Posso pensar que o espaço não é arquimediano, posso pensar que existem muitos deuses, etc. Pensar por pensar, posso pensar tudo o que quiser, contanto que não me contradiga. Mas nem por isso esses pensamentos constituem conhecimentos, nem, muito menos, ciência. Para isso, é necessário que a esses conceitos pensados corresponda uma intuição, quer dizer, que eles sejam pensamentos de algo dado. Suposto isto, como a metafísica se torna possível como ciência nessas condições? A resposta de Kant é gradual. Não tentamos aqui fazer um resumo da filosofia kantiana, mas tão somente expor a ideia que ele tem do conhecimento metafísico.

1. Como se trata de incluir uma intuição sob um conceito, Kant precisa nos dizer, em primeiro lugar, quais são esses conceitos e juízos com que afirmo uma coisa concebida – por exemplo, o princípio segundo o qual tudo o que acontece tem uma causa.

a) Antes de tudo, esses conceitos e esses juízos – os conceitos e juízos do puro entendimento, quer dizer, prescindindo por enquanto da intuição das coisas reais – não são, como já dissemos, "evidências". São juízos sintéticos. Mas também não são dados empíricos: Hume no-lo mostrou. No entanto, o fato é que ninguém pode conceber efetivamente algo, por mais fugaz e efêmero que seja, senão concebendo-o, por exemplo, como uma "coisa" (substância) correlacionada com outras tantas como causas ou efeitos seus. Não se trata, como Hume pretendia, de estarmos incoercivelmente habituados a relacionar nossas sensações dessa maneira. Trata-se de uma coisa mais fundamental e decisiva: o fato de que, para mim, nada pode ser objetivamente inteligível senão dessa maneira. Como diria a filosofia anterior, os conceitos e juízos a que estamos nos referindo expressam a condição primeira do inteligível enquanto tal – expressam a própria inteligibilidade de tudo. Esses conceitos são aquilo que Aristóteles já havia chamado de "categorias". As categorias são as condições de inteligibilidade da coisa. Mas inteligibilidade e ser, como já dizia Aristóteles, "se convertem", são "a mesma coisa": todo ser é inteligível exatamente por "ser", todo o objetivamente inteligível "é". Daí decorre que as categorias são ao mesmo tempo as condições objetivas das coisas e as condições de sua inteligibilidade; essas condições das coisas e as de sua inteligibilidade são as mesmas. A questão consiste em que Kant indique com precisão o que é isso de coisa e o que é essa mesmidade.

b) As coisas são, naturalmente, os objetos de qualquer possível entendimento. Nada pode ser conhecido por mim se não estiver presente para mim como algo contraposto a meu entendimento. Não basta que algo tenha realidade para que seja objeto. Objeto é aquilo que está *ob-jectum*. É um *jectum*, um κείμενον, algo que está aí, mas que está diante, *ob*, do meu entendimento justamente para ser conhecido. Coisa é objeto. O que o entendimento conhece são objetos. Portanto, o entendimento é, por enquanto, a faculdade de conhecer objetos. Assim, as categorias – quer dizer, os supremos conceitos metafísicos – são categorias dos objetos, condições para que algo seja objeto e, ao mesmo tempo, condições da inteligibilidade do objeto, condições do entendimento. As condições do objeto e do entendimento são as mesmas. O que é essa mesmidade? Eis a questão.

c) Essa mesmidade não é a de uma evidência – já dissemos isso. Não há nenhuma evidência nos primeiros princípios metafísicos, já que todos são sintéticos. O entendimento consegue descobrir as categorias e os primeiros princípios não por evidência conceitual, mas partindo dos objetos dados e retrotraindo-se ao que todo objeto, por já ser inteligível, supõe para sê-lo. A única justificação da primariedade das categorias e dos primeiros princípios não está em sua evidência: está no fato de que sem eles nenhum objeto seria inteligível para mim. Primeiro princípio não significa, portanto, primeira "evidência", e sim primeiro "suposto" de inteligibilidade. As categorias, portanto, não são descobertas por evidências imediatas, mas partindo de um objeto e regressando de suposto em suposto até um suposto último. A descoberta das categorias não é evidenciação, mas regressão. Este suposto último consiste justamente em que algo seja objeto, um "ob-jeto". Pois um suposto não é uma mera suposição ou hipótese, e sim "base" primeira, por assim dizer, de que algo seja o que é. E, naturalmente, o suposto de todos os supostos de qualquer objeto é justamente que ele seja objeto. E esse caráter de "suposto" é o que nos mostrará em que consiste a mesmidade das categorias do entendimento e dos objetos.

De fato, que algo seja objeto é uma condição que depende de mim. Não estranhem isso. Que os senhores estejam sentados, ocupando o lugar que ocupam, depende tão somente dos senhores mesmos. Mas que esse lugar que os senhores ocupam esteja diante de mim, isso depende apenas de mim: bastaria que eu me retirasse desta sala para que os senhores, sem sair do lugar, deixassem de estar diante de mim. Pois bem: o entendimento não faz as coisas, mas faz com que elas sejam objetos para ele. Consequentemente, faz o suposto último de qualquer objeto. Como o faz? Simplesmente pensando. Para conhecer, o entendimento precisa se pôr a pensar. O "eu penso" é o que faz com que algo seja objeto. E esse fazer é um "pôr": o que o "eu penso" faz é o "su-posto". E as categorias são, em última instância, os diferentes caracteres dessa ação intelectiva pela qual – e somente pela qual – há objeto. E, como nada pode ser objeto sem essa ação, sucede que as condições da objetividade são as mesmas condições do entendimento, *porque* são estas que fazem com que algo seja objeto. A mesmidade não é evidência: é o fato de os objetos se fundarem na posição do entendimento, no "eu penso". Essa é a revolução copernicana que Kant pretendia. Os objetos giram em torno do entendimento não pelo que eles são em seu conteúdo, mas por serem objetos. E, como só sendo objetos eles são inteligíveis, é o "eu penso" que "põe" a própria inteligibilidade dos objetos. Nada pode se apresentar a mim a não ser como objeto, e nada pode ser objeto se meu "eu penso" não o "faz" como objeto. As categorias não se fundam nos objetos, como Aristóteles supunha, e sim no próprio entendimento. Inteligibilidade e objeto se "convertem", são "mesmos", mas é porque o "eu penso" põe inteligivelmente o objeto enquanto tal.

Essa ação pela qual o "eu penso" põe algo como objeto tem diferentes caracteres, como eu dizia. Põe algo como objeto "substante", como "causa", etc. Daí que essa posição seja uma síntese, e uma síntese *a priori*, ou seja, fundante dos objetos. Portanto, o "eu penso" é o fundamento de toda síntese *a priori*: isto é, o que Kant procurava. O "eu penso" é o princípio supremo de todo juízo sintético *a priori*.

O que essa síntese do "eu penso" constitui é, como eu dizia, o caráter de todo objeto enquanto objeto. E este é o caráter em que todos os objetos coincidem – quaisquer que sejam suas diferenças. Em virtude disso, é um caráter transcendental. O "ente" de Aristóteles se transforma em "objeto". E, como esse caráter transcendental está fundado na ação do "eu penso", Kant chama essa ação e esse eu de ação e eu transcendentais. Haver mostrado, como acabou de fazer, que o "eu penso" é o fundamento da possibilidade de qualquer objeto é o que Kant chama de "dedução transcendental": porque a transcendentalidade do caráter de objeto está "deduzida" da transcendentalidade do "eu penso". Não se trata da *apodêixis* aristotélica entendida como dedução silogística à maneira de Wolff. Trata-se de um movimento em dois tempos, por assim dizer. Primeiro, as categorias são descobertas por "regressão" desde o objeto até seus supostos últimos, isto é, até o "eu penso". Depois, por "descida", baixa-se do "eu penso" até a constituição do objeto enquanto tal. Este é o método que Kant chama de método transcendental.

Com isso, Kant descobriu o novo princípio que buscava na metafísica. Os princípios da metafísica não são "evidentes", quer dizer, o entendimento não é primariamente uma faculdade de receber evidências. Muito pelo contrário: ele é a suprema capacidade de síntese. O que é próprio dele não é um "ver", mas um "fazer" – um *Tun*. Não é receptividade, mas espontaneidade: sou eu que, por meio de uma ação espontânea minha, ponho-me a pensar e a fazer com que algo seja um objeto. A ação em que o entendimento consiste não é "ver", não é uma ação "vidente", e sim uma ação "cega". Faculdade "cega" (*blindes Vermögen*): aí está como Kant denomina a síntese. Mas essa ação, que em si mesma não é vidente, "faz ver" os objetos em sua plena inteligibilidade. É uma ação que está além de toda "evidência", e é por isso, por ser um fazer, que ela é um "princípio": não é evidência primeira, mas suposto primeiro de toda evidência. Esse fazer sintético do eu não é inteligível, e sim princípio de inteligibilidade. É somente quando algo já está constituído como objeto por essa ação que posso ver "evidentemente" o que este objeto "é". Junto com o princípio como evidência da filosofia anterior, temos agora o princípio como fundamento acional espontâneo. Se se chama lógica à estrutura formal do entendimento, será preciso dizer com Kant que, junto com a lógica de Aristóteles (chamada de lógica formal por excelência), há uma nova lógica da estrutura primária do eu como princípio transcendental: uma lógica transcendental.

2. No entanto, com isso, Kant resolveu apenas metade da questão. O puro entendimento não produz conhecimento: seu objeto é um objeto meramente pensado, algo assim como a simples forma de um objeto. Só há conhecimento quando há um objeto dado, um objeto intuído. Conhecer é subsumir um objeto *dado* sob um conceito do entendimento. Ora, os objetos não são dados ao homem em uma intuição qualquer, como, por exemplo, em uma intuição intelectual. Só são dados a ele em uma intuição sensível. E é aqui que começa uma tremenda dificuldade. Como os objetos sensíveis estão dados, ele se pergunta então se eles se acomodam à condição dos objetos puros do entendimento. Que importa ao Sol que o objeto entendido tenha a estrutura que Kant acaba de explicar? O Sol está dado em uma intuição: é um Sol percebido, não um Sol concebido. Portanto, é necessário que Kant demonstre que o Sol percebido é o mesmo Sol do objeto concebido pelo puro entendimento. E, como isto depende do "eu penso", a revolução copernicana só estará completa se mostrar que o objeto percebido está submetido às mesmas condições que o objeto concebido.

Reflitamos. O que se entende por perceber o Sol? Naturalmente, perceber não é apenas ter algumas sensações: sentir o calor que chamamos de solar, sentir seu brilho, etc. O Sol não são essas sensações que pouco importam ao Sol ou ao astrônomo que o estuda. O Sol não é uma síntese de sensações, mas uma coisa real que se manifesta nessas sensações; do contrário, não haveria sequer sensações. Consequentemente, perceber o Sol é sentir essas sensações como uma manifestação, aparição ou fenômeno da coisa real. Aparição, aqui, significa tão somente manifestação: o Sol se manifesta como quente, brilhante, etc.

Mas isso não é tão simples como se poderia acreditar. De fato, a primeira condição para que isso possa ter lugar é que a coisa sensível se mostre a mim, apareça para mim, *sensitivamente*. Não basta que a coisa seja real: é necessário que seja sensível. E isso já não depende da coisa, mas de mim mesmo: é minha própria sensibilidade, quer dizer, o fato de que eu seja sensitivo, o que dita de antemão os caracteres que uma coisa real deve possuir para ser percebida. Minha sensibilidade é o princípio determinante da perceptibilidade de algo. Kant não se refere, com isso, ao conteúdo qualitativo das sensações; é óbvio, por exemplo, que só a visão pode ver as cores. Kant se refere a algo mais radical: só pode ser percebida uma realidade que se manifeste para mim de forma espacial e temporal, em um aqui e em um agora. São essas condições que constituem a razão formal do sensível enquanto tal, ou, como diz Kant, as formas puras da sensibilidade. O espaço, por exemplo, não é uma ordem de coexistência dada pelas sensações, como diria Leibniz, mas justamente o contrário: é o próprio suposto de sua ordenação. Se não estivessem *no* espaço, elas não poderiam estar ordenadas por lugares. O espaço é, portanto, anterior às coisas. Em que consiste essa anterioridade? Não é a anterioridade de um conceito puro com relação a uma intuição. Pois todo conceito é universal, ao passo que o espaço não é universal, mas algo "único": todo lugar, de fato, é sempre um fragmento de um espaço único. Portanto, o espaço não pode ser algo puramente concebido, mas, como tudo o que é único, só pode ser intuído. Mas, como intuição, o espaço não é uma intuição empírica, não é um caráter que se percebe nas coisas, não é uma espécie de receptáculo físico para elas, mas é pura e simplesmente a forma prévia segundo a qual as coisas têm de estar presentes para mim para ser percebidas, para ser perceptíveis. Por isso, o espaço é certamente uma intuição, mas não uma intuição empírica, e sim a condição intuitiva de toda intuição, ou, como diz Kant, é uma intuição "pura", uma intuição *a priori*, mas não de coisas, e sim da forma como todas elas hão de aparecer para mim. A função do espaço não é nem permitir que se concebam as coisas nem ser um receptáculo real onde elas estejam: é ser a forma como as coisas hão de aparecer para mim para que possam ser percebidas. O mesmo se deve dizer do tempo: é a forma como as coisas me hão de ser manifestas sensitivamente – a saber, em sucessão. Tempo e espaço são, assim, as condições mais sensitivas que tornam possível que algo se manifeste para mim sensitivamente.

Mas só com isso ainda não temos a percepção. Pois a presença das coisas por uma razão espaciotemporal é apenas uma "ordenação": de fato, em virtude do espaço, as qualidades sentidas constituem uma "figura espaciotemporal". Mas nada mais. Para que haja percepção, essa figura há de ser percebida como a figura que possui e na qual se manifesta a coisa real. Pois bem: o que é esse manifestar-se? Todo manifestar-se é um manifestar-se diante de mim: perceber é sempre um "eu percebo". E, correlativamente, a coisa real é então "objeto percebido". Perceber é, consequentemente, perceber algo como objeto. E isso não depende das coisas, mas de mim: a coisa só se manifesta para mim como objeto se eu fizer dela, em uma forma sensitiva, objeto para mim. Portanto, esse "fazer" sensivelmente "objeto" de algo é *um fazer único* que tem dois aspectos. Por um lado, é um fazer meu de caráter ou forma *sensível*, e isso acontece em forma espaciotemporal, graças justamente ao fato de que espaço e tempo são formas *a priori* da sensibilidade. O fazer sensivelmente objeto de algo é fazê-lo espaciotemporalmente. Mas, por outro lado, esse fazer é fazer sensivelmente um *objeto*. E esse fazer de algo objeto é uma ação do entendimento – é um fazer conforme às categorias e aos princípios primeiros do entendimento. O objeto sensível, enquanto objeto, precisa se constituir, portanto, como objeto graças às condições do entendimento. E, como o espaço e o tempo são formas *a priori* de todo objeto *sensível*, sucede que essa apriorichadae é justamente o que faz com que forçosamente o objeto sensível esteja formalmente submetido *a priori* às condições *a priori* de todo *objeto* enquanto tal, quer dizer, às condições do entendimento. De maneira que o fazer sensível é um fazer que, como fazer, se faz conforme à síntese do entendimento. É um fazer único com dois aspectos. Em virtude disso, a coisa sensível se manifesta para mim como "objeto percebido". Daí resulta que o percebido é algo não apenas espaciotemporal, mas algo substante, algo causado e causante, etc. E é isso que, por exemplo, é o Sol. O Sol não é uma soma de sensações, nem uma simples figura espaciotemporal de sensações, mas um objeto sensível. E como tal está "girando" em torno do eu. O próprio intuído se encontra incurso na revolução copernicana.

Reciprocamente, conhecer é sempre e somente conhecer algo dado. Mas nada pode me ser dado senão em forma espaciotemporal, porque espaço e tempo são condições *a priori* da sensibilidade. Em virtude disso, os primeiros conceitos e princípios do entendimento puro não fornecem conhecimentos senão em forma espaciotemporal. Por si mesmos, eles são mero pensamento.

Definitivamente, o princípio primeiro de todo o inteligível e de todo o sentido é um princípio cego de síntese – a ação do "eu penso". Como eu dizia, essa ação é transcendental em duplo sentido. Primeiro, porque o que ela faz é conferir condição de objeto a tudo – a ordem transcendental seria a ordem do objeto enquanto tal. Segundo, porque essa condição é resultado de um fazer do eu: um fazer que não é um estado meu, mas é um "fazer manifestar-se" a algo como objeto. É, por isso, um fazer transcendental.

3. Pois bem: tem sentido que as coisas girem em torno do entendimento? Aqui vem a sutil e profunda diferenciação de Kant, que, no fundo, anima tudo o que dissemos até aqui. Quando falamos das coisas que giram em torno de mim, estamos falando das coisas na medida em que são objetos, na medida em que se manifestam para mim como objetos. E objeto manifesto é justamente o que se chama "fenômeno". As coisas giram em torno de mim enquanto fenômenos. Mas, se eu as considerar como "coisas em si mesmas", independentemente de sua manifestação objetiva,

essas coisas não dependerão de modo algum do entendimento, nem girarão em torno dele – elas não interessam à estrutura da minha mente. E, como tais, é bem possível – e Kant não nega isso – que elas tenham por si mesmas os mesmos caracteres que as categorias do entendimento. Mas isso nós jamais conheceremos. Para o conhecermos, teríamos de torná-las objeto nosso, e com isso elas já não seriam coisas em si, mas objetos, e estariam submetidas às condições do entendimento – não como coisas em si, mas como objetos. Certamente, o entendimento tem de admitir que os objetos são também coisas em si, porque o contrário seria o mesmo que admitir que existe manifestação sem algo que se manifeste. Como a coisa em si é tão somente algo que forçosamente o entendimento há de admitir, Kant a chama de "noúmeno". Sem ele, não haveria objeto. Mas dele não podemos conhecer nada senão enquanto se manifesta em forma de objeto, ou seja, como fenômeno.

Consequentemente, o entendimento, com todos os seus princípios e categorias metafísicos, tem como missão apenas a de tornar possível a experiência, ou seja, fazer do dado um objeto. O uso dos conceitos primeiros do entendimento é, portanto, se se quer ter uma ciência, tão somente transcendental. Esses princípios não enunciam caracteres das coisas tais como elas são em si, ou seja, não enunciam caracteres do transcendente, mas enunciam as condições para que as coisas sejam inteligíveis para mim. E só conduzem a conhecimentos teoréticos se há algo dado na intuição. Nesse sentido, a filosofia primeira tem de renunciar ao pomposo nome de Ontologia e se transformar em ciência das condições transcendentais do conhecimento dos objetos. O transcendente certamente é pensável porque não é impossível. Mas para que fosse cognoscível, no sentido de ciência, seria preciso que estivesse dado em uma intuição – e o homem carece dela. O transcendente, portanto, é suprassensível. Ciência é sempre e tão somente subsumir uma intuição em um conceito, é conceber o dado em forma de objeto. A filosofia como ciência é simplesmente, nesse sentido, o saber transcendental dos objetos enquanto tais.

4. Será que isso quer dizer que o transcendente e o suprassensível (quer dizer, as coisas em si e sua ligação nisso que chamamos de mundo e de alma, bem como sua dependência de Deus) não têm função alguma na filosofia como ciência? Kant relembra aqui as disposições fundamentais (*Anlage*) da natureza humana: enquanto houver homens, haverá metafísica, no sentido de versão para o transcendente, para o homem, para a alma, para Deus. Isso é inegável. Mas aqui estamos nos referindo àquele modo de saber que é entender, compreender com ciência as coisas como objetos. No aspecto teorético, como já vimos, o transcendente não é um termo da ciência porque não temos intuição a que aplicar os conceitos. A intelecção de algo por meio de puros conceitos – quer dizer, sem que nada nos seja dado na intuição – é o que Kant chama de noção. Um conceito puramente nocional, que transcende, portanto, as condições de possibilidade da experiência, é o que Kant, lembrando Platão, chama de Ideia. E a faculdade do uso dos conceitos puros do entendimento – quer dizer, a faculdade das Ideias – é o que Kant chamou tematicamente de Razão à diferença de Entendimento. Pois bem: se se usam os conceitos do entendimento por si mesmos para entender, para explicar como são os objetos, então a razão com suas Ideias não conduz ao transcendente, mas a algo diferente: à Ideia de uma totalidade de objetos. Em função teorética, Mundo, Alma e Deus não são novos objetos, senão que expressam a totalidade dos objetos enquanto objetos. Têm, por isso, não uma função cognoscitiva, mas o que Kant chama de uma função reguladora. A ciência não é apenas conhecimento de objetos, mas um sistema, uma sistematização dos objetos. Esse sistema é, antes de tudo, a totalidade do dável em uma intuição externa: é a Ideia do Mundo. É também a totalidade do dável na intuição interior: é a Ideia da Alma. É, enfim, e principalmente, a totalidade dessas duas totalidades em um sistema absolutamente total, em uma unidade absoluta, para além da qual não só nada é cognoscível, mas nem sequer pensável: é a Ideia de Deus. Deus, Alma e Mundo não são objetos, nem suas Ideias são conceitos com que se possa conhecer algo

dado, porque não há deles nenhuma intuição. Mas são Ideias cuja função é servir de farol que oriente e guie o entendimento em ordem a constituir um sistema, e não uma mera coleção de conhecimentos. Conhecer, dizia-nos Kant, é subsumir uma intuição em um conceito. Pois bem: o conhecimento, acrescenta Kant, começa pela intuição, prossegue com o conceito e termina na Ideia. Reciprocamente, a função da Ideia é dar ao conhecimento a forma de sistema.

Para Kant, é isso o que explica o caráter ambivalente do que é metafísico em ordem ao conhecimento. Por um lado, não alcança as coisas tais como elas são; mas, por outro, é inevitável, porque da própria estrutura da experiência dos objetos parte o ímpeto pelo qual temos de forjar para nós uma Ideia da totalidade de objetos de toda possível experiência. E o polo, o farol que ilumina, orienta e dirige esse ímpeto, é a Ideia – Ideia do Mundo, da Alma, de Deus. Em contrapartida, pretender que essas Ideias sejam conceitos aplicáveis a algo dado, ou seja, pretender que elas sirvam para explicar, para entender *como* são as coisas em si mesmas, na medida em que constituem uma totalidade última, e além disso uma totalidade última causada por uma causa primeira, é uma tentativa que só conduziu a antinomias, cuja raiz última está em considerar a totalidade dos objetos como se fosse mais um magno objeto, submetido, portanto, às condições de conhecimento dos objetos que fazem parte dessa totalidade. Certamente, eu posso pensar que a totalidade dos objetos consiste em ser sistemas de coisas em si, mas esse pensamento não é conhecimento, no sentido estrito que essa palavra tem para Kant.

Ora, será que isso quer dizer que esse pensamento do transcendente careça de verdade? Ser verdadeiro não é a mesma coisa que ser cientificamente verdadeiro, que ser verdade em forma de ciência. Não há intuição do transcendente. Mas, se o transcendente nos estivesse de alguma forma, se não dado, pelo menos presente em outra forma, então o que é apenas um pensamento possível seria um sentimento verdadeiro. E a razão se veria impelida a um uso dos conceitos do entendimento diferente do de conhecer com ciência. Será que isso é possível? Este é o quarto ponto que teremos de examinar.

IV. A filosofia como saber do transcendente

A consciência do homem não é apenas consciência cognoscente – é também consciência moral. O que é o moral? Nisso que chamamos de moral, deparamos antes de tudo com uma série de preceitos e normas, bastante variáveis no curso da história e até no dos indivíduos. Mas, apesar da variedade de seu conteúdo, todas essas normas são normas "morais". E nos perguntamos, diz Kant, não é a respeito do conteúdo dessas normas, mas a respeito do conteúdo daquilo em virtude do qual essas normas são morais, quer dizer, a respeito da moralidade como tal. A filosofia de seu tempo, principalmente a dos ingleses, faz da moral um sentimento. Um exemplo típico é Shaftesbury. No entanto, para Kant isso não é a moral como tal. Pois o sentimento moral é um estado psíquico – e, portanto, algo puramente empírico – e o decisivo está no sentido objetivo desse sentimento. Pois bem, o sentido objetivo do moral é ser um "dever". Só em virtude do dever é que se pode falar de sentimentos e de normas morais.

O que é o dever? O dever está além do que "é": é justamente um "dever ser". Mas o dever pode ser de caráter muito diferente. Para construir edifícios, eu devo fazer determinadas coisas. Mas devo fazê-las porque assim são as leis da natureza dos materiais, etc. Esses deveres estão, portanto, duplamente condicionados por algo que "é": pelo fato de que eu queira fazer edifícios e pelas leis da natureza. São, por isso, deveres condicionados. Não é o caso do dever moral. O dever moral é um dever absoluto: não depende de nenhuma condição. Deve-se fazer isto ou aquilo, acima de todas as condições da natureza; e não apenas se eu quiser fazer, mas porque devo querê-lo, por vontade absoluta ou pura, como diz Kant. Deve-se fazer por puro dever: trata-se do dever pelo dever. Pois bem: isso não é um ato de sentimento. Muito pelo contrário:

é um dever ditado pela razão. Em função disso, é um imperativo absoluto, ou, como diz Kant, um imperativo não condicionado, e sim categórico. E a razão, na medida em que tem essa função de imperar, é o que já desde muitos séculos atrás se chama razão prática. Aqui, prática quer dizer que se refere a uma práxis, e a uma práxis que consiste não em ser desta ou daquela maneira, mas simplesmente em obrar segundo o "dever ser". Essa ação de obrar pelo dever absoluto é a única ação que se basta a si mesma: é a forma suprema da práxis. Nunca será demais insistir em que, para Kant, o imperativo categórico – a consciência do dever pelo dever – é um ato da ação e não do sentimento. Tanto que, como o próprio Kant diz, longe ser o sentimento o que leva ao dever, o sentimento moral é algo que é suscitado pela própria razão.

O dever moral, o imperativo categórico, mostra-se à nossa consciência. Não é uma intuição propriamente dita, porque a intuição é sempre a intuição de algo que "é" – e só por isso esse algo é "dado". O imperativo categórico não é algo dado, porque não nos dita o que algo "é", e sim o que "deve ser" para além de todo "é". No entanto, a consciência moral, diz Kant, é um *Faktum*, um *Faktum* da razão. Não se trata de um "fato" psicológico, mas de um *Faktum* de outra ordem: um *Faktum* inteligível, porque está para além de todo o sensível, tanto externo quanto interno. Mas, como se trata de um *Faktum*, a própria razão se vê movida a ter de inteligi-lo, quer dizer, a mobilizar, por assim dizer, os conceitos puros, as categorias do entendimento. Será que isso é possível depois do que Kant disse a respeito do conhecimento dos objetos? Esta é a questão.

A razão prática e a razão pura não são duas razões, mas uma mesma razão. Isso é essencial para o problema. A razão é sempre e apenas a faculdade do uso dos conceitos do entendimento. Se esses conceitos são usados para eles obterem *por si mesmos* conhecimentos daquilo que "é" e não do que "deve ser", então a tais conceitos não corresponde nenhuma intuição, e seu uso não conduz a conhecimentos, mas a Ideias reguladoras. Mas a consciência moral, embora não seja intuição, é um *Faktum* e não uma ficção ou algo semelhante. E esse *Faktum* é o que então determina à razão, inexoravelmente, o uso dos conceitos do entendimento – não para vertê-los a uma intuição, e sim para inteligir aquele *Faktum*. Dessa maneira, os conceitos do entendimento que na ordem da ciência não lançam, com relação a seu uso transcendente, senão pensamentos possíveis, meras Ideias reguladoras, usados para inteligir o *Faktum* moral, lançam um saber estrito, uma intelecção do pensado naquelas Ideias como algo real. Certamente, essa intelecção não é uma ciência no sentido definido, porque esse *Faktum* não é uma intuição de algo dado – quer dizer, esse outro uso dos conceitos puros do entendimento não conduz a entender, a compreender, a explicar em forma de ciência *como são* as "coisas" que constituem a ordem moral, mas conduz a inteligir sua realidade com um saber estrito e rigoroso. Portanto, quando Kant nos diz que não há conhecimento destas coisas, o que diz é que não há ciência no sentido da ciência da natureza ou da psicologia; nada mais. Mas há uma estrita intelecção verdadeira e, portanto, um estrito saber. Não se trata, pois, de buscar em outro lado aquilo que a razão pura destruiu, como se diz com demasiada frequência, mas de inteligir como verdadeira realidade aquilo que a razão pura declarou possível. Em ordem ao saber da realidade, trata-se tão somente de dois usos da razão: o uso científico ou teorético, determinado pela intuição sensível, e o uso que Kant chama de prático, determinado pelo *Faktum* da consciência moral. Kant chama este uso de "uso prático" não porque necessitemos dele na vida prática à diferença da pura ciência, mas porque se trata de um uso determinado por uma práxis, isto é, pela índole absoluta ou autossuficiente em que consiste o obrar segundo o imperativo categórico, o *Faktum* da consciência moral.

Usados os conceitos do entendimento nessa linha, vemos que o homem é uma coisa substante, mas não como objeto permanente no curso fenomênico, e sim como coisa em si: algo que não é apenas um objeto entre outros da experiência. Não o é em relação à experiência externa, naturalmente. Mas também não é apenas esse "objeto interior" cuja investigação compete a uma ciência, a psicologia. Como objeto do imperativo categórico, o homem não é um objeto em função dos demais, senão que em seu absoluto dever está acima de todos os objetos. O homem é algo que é apenas para si: não é objeto, e sim pessoa. A categoria de substância aplicada a esta ordem conduz, portanto, ao homem como coisa em si, como pessoa. Mais ainda: o homem, como sujeito do imperativo categórico, está além de toda a conexão de objetos, ou seja, está além de toda causalidade natural, porque nesse imperativo o homem é obrigado, incondicionadamente, a ser apenas puro "dever ser". Sua causalidade moral, como moral, é uma causalidade livre da causalidade natural: é uma causalidade "livre". Pessoa e liberdade são os caracteres do homem, como substância e causa, enquanto realidade ou coisa em si. Certamente não entendemos, não explicamos teoreticamente, cientificamente, *como é* assim. Mas temos intelecção rigorosa de *que é* assim. Kant nos diz, com efeito, que o *Faktum* moral "demonstra" (o termo é de Kant, *bewesst*) a existência da liberdade e da pessoa. Não se trata, portanto, de uma vaga sentimentalidade, nem de uma ciência psicológica, e sim da intelecção do *Faktum* do imperativo categórico.

A demonstração em questão consiste em que o uso dos conceitos puros do entendimento aplicados ao *Faktum* moral prova que existe a realidade do objeto inteligível correspondente, desse objeto que a razão, em seu uso teorético, declarou possível. Não é uma ampliação do conhecimento teorético no sentido de ciência: nunca compreenderemos o como, o mecanismo da causalidade livre – mas sabemos, *inteligimos demonstrativamente*, que eu sou livre.

Pois bem, o homem, como coisa em si – quer dizer, como realidade pessoal e livre, constituído como vontade pura – tem algo que determina essa vontade a querer; do contrário, seria uma vontade vazia. Por uma latitude de expressão, Kant chama esse algo de "objeto". É o "Bem". Kant não se refere ao bem como se fosse um mero conceito moral, e sim ao bem que é real, ao bem como realidade, porque se trata não de conceber uma vontade pura, mas de determinar realmente a própria realidade do homem, realidade "demonstrada" como coisa em si pelo imperativo categórico. O que é essa realidade-bem? Não podermos ter dela um conhecimento teórico no sentido de ciência. Quando a ciência nos leva de um objeto a outro não imediatamente dado, mas necessário, este segundo objeto é o que chamamos de uma "hipótese" que a experiência se encarrega de julgar. É a necessidade por hipótese. Aqui, isso não é possível. Trata-se de outro tipo de necessidade. Trata-se de uma "exigência" que, por sua própria índole, inteligida estritamente pela razão, conduz à admissão da realidade-bem, sem a qual o imperativo moral, a pessoa e a liberdade não estariam determinadas ao bem puro. Essa exigência é o que Kant chama de "postulado". Aqui, postulado não significa algo admitido sem intelecção, algo pura e simplesmente afirmado. Também não se trata de uma exigência sentimental. Trata-se de algo necessariamente exigido pelo objeto da vontade pura, com uma necessidade inteligível e inteligida. Postulado significa simplesmente exigência inteligível. E, como os postulados se referem à razão humana como práxis, demonstrada estritamente pelo imperativo categórico, Kant terá de dizer que são postulados da razão prática. Não se trata de necessidades para a prática. A razão teórica conduz a hipóteses, e a razão prática a postulados. Estes postulados são: a alma imortal e Deus.[4] Não podemos entrar nos detalhes desta fundamentação porque não estamos fazendo uma exposição da filosofia kantiana.

Deus não é objeto de conhecimento teórico no sentido de ciência. Mas é uma realidade sabida intelectivamente. Certamente ela não está demonstrada de forma direta como o estão a liberdade e a personalidade do homem; mas, na medida em que é condição necessária para tornar possível a determinação

---

[4] Apesar da nítida afirmação kantiana, que Zubiri não ignora, em que se estabelece que tais postulados são três: "Os da *imortalidade*, da *liberdade*, considerada positivamente (como a causalidade de um ser na medida em que pertence ao mundo inteligível) e o da *existência de Deus*": *Kritik der praktischen Vernunft*: Ak, V, 132, aqui ele parece opinar que o estatuto inteligível da liberdade em Kant é único e só parcialmente cabe associá-lo aos outros dois postulados. Para isso, não faltam abundantes passagens no próprio Kant, de modo direto na parte intitulada "Antinomia da Razão Prática", colocada apenas umas páginas antes do texto citado. (N. E. esp.)

real de uma vontade pura livre por seu objeto, sucede que há algo assim como uma demonstração indireta. Kant não a chama de demonstração, porque Deus e a imortalidade não se encontram contidos imediatamente no imperativo categórico (como o estão a personalidade e a liberdade), senão que são condições do objeto do imperativo categórico para que este possa ter um objeto e ser imperativo categórico. Consequentemente, são realidades cuja necessidade está inteligida e afirmada como real por um saber intelectual estrito, um saber que não é um conhecimento teorético de ciência, e sim uma intelecção estrita. O puro entendimento teorético não conduz à existência de Deus: para isso, Deus teria de ser o supremo objeto entre todos os objetos da experiência – e não o é. Também não conduz a fazer compreender, a explicar cientificamente, como é possível a realidade de Deus. Mas a razão prática conduz a afirmar intelectivamente sua realidade sem explicar como é. O homem, como dizíamos, é como objeto uma parte da natureza; mas como sujeito do imperativo categórico é pessoa livre acima da natureza, sem que possamos compreender com ciência (no sentido kantiano) o *como* da realidade pessoal e livre. Pois bem: de maneira análoga, pelo imperativo moral, o entendimento intelige que há uma realidade em si, a realidade de Deus, cuja causalidade está acima da causalidade inteira da natureza (entendida como sistema de objetos), sem que possamos explicar esse tipo de entidade e de causalidade. Como a ideia platônica do Bem, diz-nos Kant, Deus está além de todo o dado e dável: é o transcendente a todo objeto. Kant está tão longe de negar toda e qualquer intelecção de Deus, que insiste em todos os seus atributos mais clássicos: criação, onipotência, onisciência, previsão dos futuros livres, etc. A única coisa que ele nos diz é que não podemos compreender teoreticamente, explicar no sentido de ciência, o *como* dessa realidade. Nada mais. É uma intelecção de Deus pela via da razão prática na ordem das coisas em si. Esta razão é a mesma da razão pura, mas na linha da práxis.

Dessa maneira, as três Ideias da razão pura teorética ganham alcance real. E o adquirem porque só com ela e nela os mandatos da razão podem ter "um fundamento (*Grund*) objetivo na índole das coisas".⁵ O suprassensível, diz-nos ele, não é uma afabulação (*Erdichtung*), mas algo fundado nas coisas tais como são em si. E, na medida em que a razão em seu uso prático faz transcender os limites da razão pura teorética, Kant dirá que a razão prática tem "primazia" sobre a teorética. Não se trata de uma primazia do prático (no sentido usual da palavra) sobre o racional, mas de uma primazia de transcendência intelectiva.

A intelecção do transcendente não é conhecimento no sentido da razão pura teorética, mas é uma verdadeira intelecção, uma intelecção de que a razão necessita. Na medida em que não é ciência, Kant a chama de "crença". Mas a crença não é para Kant um sentimento irracional vago, e sim o estado determinado pela admissão de que algo é verdade (*Fürwarhalten*) por necessidade não teorética, mas sim intelectiva. Assim como chama de "certeza" (*Gewissheit*) a segurança do conhecimento teorético, Kant chama de "crença" (*Glauben*) a segurança da intelecção do transcendente. Como são duas seguranças de tipo diferente, Kant emprega duas denominações. Quando contrapõe, portanto, a crença ao saber (*Wissen*), saber significa a certeza apodíctica do conhecimento teorético, que ele nos diz expressamente que é o exemplo perfeito de certeza apodíctica; mas não se trata de contrapor um *saber* intelectual a um *sentimento* de crença. Tanto a crença quanto a certeza são algo tão somente suscitado pela razão em seu saber, mas não o que primária e formalmente constitui o saber, nem o teorético nem o do transcendente. Nos dois casos, trata-se de um saber intelectual no sentido estrito do termo. Não se pode caricaturar a filosofia de Kant – e os que procedem assim no mundo são legião – dizendo que se trata de um sentimentalismo cego que vem tapar os abismos de um ateísmo teorético. A crença de Kant é o estado de espírito em que a mente fica quando por necessidades rigorosamente intelectivas transcende, sem compreender o "como", os limites do transcendental. Compreender e explicar não são o único modo de inteligir, e reciprocamente não

---

⁵ K. p. V., p. 143. [Isto significa: *Kritik der praktischen Vernunft*: Ak, V, 143. - N. E. esp.]

compreender e não explicar não significa não inteligir. Kant não nega a realidade transcendente nem seu fundamento intelectivo. Este fundamento é o *Faktum* da consciência moral como modo de realidade. E Kant não hesita em acrescentar que, definitivamente, esta é a via pela qual os homens vêm a admitir a existência de Deus. Quem há, pergunta-nos, que tenha admitido a existência de Deus por esses raciocínios teóricos e sutis da metafísica e da física correntes? Não se pode desnaturalizar o pensamento de Kant e dizer pura e simplesmente que ele não admite o conhecimento de Deus: quando Kant nega o conhecimento de Deus, está se referindo ao conhecimento teórico, à maneira da ciência natural, ou seja, a subsumir uma intuição sob um conceito. É ilícito tomar a palavra conhecimento em outro sentido e atribuir a Kant uma ininteligência de Deus, como se se tratasse de um sentimento irracional. Para Kant, há intelecção de Deus, e é uma intelecção fundada, intelectivamente fundada, na intelecção dessa *res* que é o homem como realidade pessoal e livre. A única coisa que Kant afirmou é que não basta que uma intelecção seja verdadeira para que seja conhecimento teórico no sentido que ele atribui a este conceito. Mas Kant afirmou energicamente: 1º, que o transcendente é absolutamente real; 2º, que do transcendente temos verdades absolutas; 3º, que estas verdades estão fundadas em necessidade intelectiva apoiada em uma primeira intelecção "demonstrada", na intelecção da realidade livre. Estas verdades formam, portanto, um verdadeiro saber.

Daí a unidade do saber filosófico para Kant. É o último ponto que havemos de abordar.

V. A unidade do saber filosófico

Aquilo sobre o qual recai o saber humano é, por um lado, a natureza; por outro, a moral. Em conhecida frase, Kant nos diz que há duas coisas que enchem seu espírito de admiração e de respeito: "o céu estrelado sobre minha cabeça e a lei moral em minha consciência".⁶ O *Faktum* da ciência e o *Faktum* da moral. Essas duas ordens são sabidas: a primeira pelo entendimento, que a considera como "objeto" ou fenômeno, pela razão teorética; a segunda pela razão prática, que considera a realidade em si do homem, e em virtude disso chega ao transcendente. Ter separado, discernido estas duas ordens e as condições e características de seu saber foi justamente isto: discernimento ou crítica, uma crítica da razão. Temos então duas ordens diferentes de saber: uma é o saber da ordem da ciência; a outra, o saber da ordem do transcendente. O que é, então, o saber filosófico?

Já se disse muitas vezes que a filosofia de Kant carece de unidade, justamente porque esses dois saberes são de tipo irredutível. Mas isso não é exato. A dualidade em questão diz respeito às coisas sabidas e ao modo de sabê-las. A teologia e a ética não são saberes do mesmo tipo que a física. A física não permite mais do que o conhecimento dos objetos; a teologia e a ética são saberes do transcendente. Mas é que nem a física nem a ética nem a teologia são em si mesmas filosofia. A filosofia tem um objeto próprio. Aqui, a palavra objeto não tem o sentido que lhe damos quando falamos do conhecimento teorético, mas o sentido usual de "aquilo de que o saber se ocupa". Qual é o objeto unitário próprio?

Tanto para Aristóteles quanto para Kant, a filosofia é um saber da ultimidade ou primalidade de tudo, e neste sentido é metafísica. Mas, para Aristóteles, esse tudo e essa ultimidade têm um caráter preciso: o ente enquanto tal. Pois bem: para Kant, isso é impossível, porque nisso que Aristóteles chama de "ente" há para Kant uma dualidade insuperável. Se se entende por ente aquilo que não está dado na intuição, Kant recordará que enquanto dado esse suposto "ente" é tão somente fenômeno ou objeto; e, se se quiser entender por "ente" o suprassensível, esse suposto "ente" não está dado em uma intuição. Essa dualidade

---

⁶ Um dos trechos mais famosos da filosofia universal é esta frase, que encabeça a "conclusão" (*Beschluss*) da *Crítica da Razão Prática* (Ak, V, 161). São os dizeres gravados na lápide comemorativa do túmulo de Kant em Königsberg, atual Kaliningrado. (N. E. esp.)

impõe dois tipos de saber irredutíveis: o saber teorético e o saber da razão prática. Daí que a ultimidade da filosofia tenha de ser buscada em outra direção.

É fácil de descobrir, porque tanto a ciência teorética quanto o saber da razão prática são obras de uma mesma razão e de alguns mesmos conceitos. A razão é o uso dos conceitos do entendimento puro. Esse uso, em ordem a saber as coisas, pode ser levado em duas direções: ou aplicando-os à intuição para obter ciência, ou aplicando-os ao *Faktum* da realidade moral. Na primeira direção, os conceitos são apenas as condições transcendentais da experiência dos objetos. Na segunda, são postulados exigidos intelectivamente pela realidade "demonstrada" da pessoa livre. Mas nos dois casos se trata de uma mesma razão e de alguns mesmos conceitos. Portanto, resta diante de nossos olhos saber o que é essa razão em si mesma como princípio do saber: aí está o objeto próprio da filosofia. A filosofia é uma ciência da razão, dos princípios da razão, seja que, em um caso, essa razão leve a saber com uma ciência dos objetos, seja, no outro caso, que leve a saber com uma intelecção do transcendente. Com isso, a filosofia deixa de ser ontologia, para se transformar em uma ciência dos princípios da razão, dos princípios do saber. É uma metafísica como ciência da razão. E a razão, como dizia, é o órgão do uso dos conceitos do entendimento. É, portanto, o órgão ou princípio das verdades últimas de nosso saber. A filosofia, que desde Aristóteles tinha sido uma ciência das coisas enquanto são, uma ciência do ente enquanto tal, fica transformada agora na ciência das verdades últimas. Aquilo em que todas as coisas inteligidas coincidem, segundo os princípios da razão, não é o "ser", e sim a "verdade". A verdade da razão é a ultimidade que a filosofia considera. E somente considerando a razão como fundamento da inteligibilidade das coisas é que, segundo Kant, será possível fazer com que a metafísica entre no seguro caminho da ciência.

Esta ciência filosófica, nesta forma precisa, esta ciência do nosso saber, diz Kant, é a única Sabedoria, a Sabedoria a que por natureza o homem tende inexoravelmente. Mas a Sabedoria não é coisa de sentimento. "A ciência é a porta estreita que conduz à Sabedoria", ele nos diz nas últimas linhas da *Crítica da Razão Prática*.[7] Como para Aristóteles, a Sabedoria é para Kant a ciência filosófica. Mas, enquanto para Aristóteles era uma ciência por *apodêixis*, para Kant se trata de uma reflexão especulativa sobre os princípios da razão, sobre as verdades últimas da razão. E, aludindo à sua época, ele nos diz: "Só por meio desta crítica podem ser cortados pela raiz o materialismo, o fatalismo, o ateísmo, a descrença dos livre-pensadores e a superstição, que podem ser universalmente daninhos, e também, finalmente, o idealismo e o ceticismo, que são antes um perigo para as escolas, porque não podem chegar ao público".[8]

A ciência dos princípios da razão abre campo para uma nova dimensão do homem. A ciência teorética é o saber de que algo "é"; a ética é o saber de que algo "deve ser". Pois bem: a conjunção desses saberes, entendidos ao modo de Kant, abre as portas para um saber peculiar: o saber de que algo "é" porque "deve ser". É a esperança. Com isso, Kant resolve a conjunção da natureza e do bem racional no dinamismo inteligível da vida humana. O homem não é algo meramente dado nem tão somente pessoal: é algo por fazer. O "posto" ou "dado" (*das Gegebene*) é "pro-posto" (*das Aufgegebene*). Ao concebê-lo assim, Kant não apenas supera o Iluminismo, mas esboça o que, depois dele, serão o Idealismo e o Romantismo.

No entanto, Kant não tinha ilusões de que fosse compreendido. Para alguns, de fato, a crítica da razão era algo meramente negativo. Mas se esquecem, diz Kant aos que afirmam isso, que esta crítica teve a função eminentemente positiva de abrir a área de um novo modo de ciência filosófica e o âmbito da crença. É como se alguém achasse, diz-nos ele, que a Polícia é inútil por ser algo negativo, quando na verdade é o estatuto de segurança da liberdade. Para outros, a Crítica kantiana era um jogo

---

[7] *Kritik der Praktischen Vernunft*: Ak, V, 163. (N. E. esp.)
[8] *Kritik der Reinen Vernunft*, B, XXXIV. (N. E. esp.)

emaranhado de palavras novas e conceitos obscuros. Ao ler a resenha[9] que alguém publicou da *Crítica da Razão Pura*, Kant nos diz que "é como se alguém que nunca tivesse visto ou ouvido falar de geometria dissesse, ao folhear a *Geometria* de Euclides: 'Este livro é uma introdução sistemática de desenho linear; o autor se serve de uma linguagem especial para dar preceitos obscuros e incompreensíveis que acabam dizendo apenas o que qualquer pessoa poderia levar a efeito com um belo golpe de vista'". Por outro lado, a Crítica de Kant sempre esbarrou na arrogância e no despotismo das escolas para as quais a filosofia se transforma, diz-nos Kant, em mera "filodoxia".[10]

Os clamores das escolas não demoraram a tomar corpo. Por um lado, os próprios universitários viram em Kant um vizinho incômodo que se ocupava pouco deles e de seus ensinamentos e que, com sua Crítica, vinha minar – era a sua opinião – os alicerces de seu saber e de seu prestígio. Outros se sentiram feridos em sua fé religiosa. Kant havia publicado seu livro *A Religião Dentro dos Limites da Mera Razão*. Não se tratava de religião revelada, mas daquilo que desde havia dois séculos vinha se chamando de "religião natural": era a época do "direito natural", da "moral natural", etc. O que Kant tentou foi desenvolver suas ideias sobre o saber do transcendente e sobre a crença. E as alusões ao Cristianismo não só foram sempre respeitosas, mas também proclamavam o Cristianismo como a realização histórica mais perfeita da crença da razão. No entanto, os teólogos protestantes se sentiram alarmados. Como em muitas ocasiões, essas dificuldades adquiriram estado público. Kant escrevia: "Se os governos acham oportuno ocupar-se dos assuntos dos intelectuais, o mais conforme com sua solícita prudência (tanto no que se refere às ciências

---

[9] Trata-se da famosa resenha de Ch. Garve – encomendada pelo editor J. G. Feder – publicada nos *Göttingischen Gelehrten Anzeigen*, em 19 de janeiro de 1782. As incompreensões expostas ali levaram Kant a escrever com finalidades esclarecedoras os *Prolegomena zu Einer Jeden Künftigen Metaphysik, die als Wissenschaft Wird Auftreten Können* (1783). A essa obra (Ak, IV, 374) corresponde a frase que Zubiri cita em seguida. (N. E. esp.)

[10] O cultismo (*Philodoxie*) aparece na *Kritik der Reinen Vernunft* B, XXX-VII. (N. E. esp.)

quanto no que se refere aos homens) seria favorecer a liberdade de uma crítica semelhante, a única que pode oferecer uma base firme às construções da razão; é improcedente manter o ridículo despotismo das escolas...".[11] Mas, ao fim de poucos anos, o clamor chegou até ninguém menos que Frederico da Prússia.[12] Em uma carta endereçada a Kant, ele reprovava o fato de que sua filosofia "tinha abusado a fim de... rebaixar muitas doutrinas capitais e fundamentais da Sagrada Escritura e do Cristianismo", e determinava que não lhe fosse mais permitido ensinar suas ideias, acrescentando que, "em caso de resistência, deveria esperar inevitavelmente disposições legais desagradáveis" da parte do rei. Kant respondeu: "Para afastar a menor suspeita, considero que o mais seguro é declarar à sua Real Majestade, como fidelíssimo súdito: daqui por diante me absterei de qualquer manifestação pública a respeito da Religião, tanto natural quanto revelada, tanto em minhas lições quanto em meus escritos".[13] E explicou sua atitude: "Retratação e negação das convicções íntimas é uma vileza; mas calar-se em um caso como este é dever de um súdito; e, embora seja certo que tudo o que se diz há ser verdade, não é menos certo que ninguém tem o dever de dizer em público toda a verdade". O consórcio de intelectuais de prestígio, de teólogos protestantes e do poder político reduziu ao silêncio este gigante do pensamento. Esta atitude de Kant sempre foi muito diversamente julgada.

Seja como for, Kant manteve a convicção inamovível de que a filosofia é metafísica, e de que a metafísica deve ser uma ciência

---

[11] Sem que se consiga entender o motivo, Zubiri mutila com reticências uma frase que ele havia lido inteira na lição oral: "É improcedente manter o ridículo despotismo de algumas escolas que armam uma gritaria sobre os perigos públicos quando se rompem as teias de aranha que elas teceram, apesar de as pessoas nunca terem se importado com elas e, por isso, tampouco podem lamentar sua perda": *Kritik der Reinen Vernunft* B, XXXV. (N. E. esp.)

[12] De forma mais precisa, Frederico Guilherme II da Prússia, sobrinho de Frederico II, o Grande, a quem sucedeu no trono em 1786. Morreria em 1797 e seria sucedido por seu filho Frederico Guilherme III. (N. E. esp.)

[13] O que Zubiri cita é o relato que o próprio Kant fará do episódio no "prólogo" à sua obra tardia de 1798, *Der Streit der Fakultäten* (Ak, VII, 7-10). O texto da ordem do gabinete do rei, assinada por Wöllner, em Ak, XI, 525-26; o rascunho da resposta que Kant enviou, em Ak, IX, 527-30. (N. E. esp.)

estrita e rigorosa. E a única maneira possível de constituir a metafísica como ciência é fazer dela uma ciência dos princípios supremos da razão considerada como princípio da inteligibilidade das coisas para mim. Princípios não no sentido de evidências últimas sobre as quais repousasse toda a dialética silogística dos conceitos, mas princípios no sentido de supostos últimos da inteligibilidade para mim. Estes princípios se utilizam dos conceitos em duas direções, que são as duas grandes ordens de princípios da razão: o uso cognoscitivo (teorético) e o uso puramente intelectivo. O primeiro é determinado pela intuição, e o segundo pelo *Faktum* da moralidade. No primeiro caso, a razão conduz ao entendimento como sistema de condições transcendentais da possibilidade de todo objeto – quer dizer, da possibilidade da experiência. No segundo, conduz ao entendimento e à intelecção do transcendente. A filosofia é sempre e somente uma ciência especulativa deste duplo uso da razão, como princípio da inteligibilidade transcendental dos objetos e como princípio inteligível da realidade transcendente. Se se preferir, a razão é princípio de um saber teorético, mas apenas transcendental, dos objetos, e princípio de um saber credencial ou prático, mas intelectivamente verdadeiro, do transcendente. A verdade transcendental e a verdade transcendente tornadas possíveis pela estrutura mesma da razão: aí está o que é a filosofia para Kant. É a ciência especulativa dos princípios da razão, como fundamento da inteligibilidade das coisas para mim. E somente entrando nesta via teremos traçado, para Kant, o caminho seguro pelo qual toda metafísica do futuro poderá se apresentar como ciência.

Lição III
Comte

Vamos nos ocupar hoje da forma como Auguste Comte concebeu o saber filosófico. Comte nasceu em 1798 e morreu em 1857. Nesse intervalo de vida, relativamente breve, ele foi contemporâneo de graves acontecimentos. E, em seu caso, esses acontecimentos determinaram quase univocamente seu pensamento.

De um lado, acontecimentos de ordem política. Ele tinha assistido ao final da Revolução Francesa e ao início das reações que a Revolução provocou no mundo inteiro.

Em segundo lugar, circunstâncias sociais. Ele tinha recebido, antes de tudo, a influência dos grandes teóricos da economia, os fisiocratas, como Turgot, Condorcet, etc. Como secretário de Saint-Simon, viveu de perto a criação do socialismo francês. A atenção de Comte sempre esteve polarizada para esta dimensão social do pensamento. Mas, como direi imediatamente, tal interesse pelo social só encontrou seu quadro teórico em uma ideia plasmada por Hegel.

Em terceiro lugar, Comte tinha assistido a grandes acontecimentos intelectuais. De um lado, a bancarrota do idealismo alemão. Em consequência da filosofia de Kant – e seja qual for a interpretação que se dê a esta conexão – a filosofia conduziu ao idealismo metafísico, que culminou no idealismo absoluto de Hegel. Se se tratasse apenas de filosofia pura, talvez a coisa não tivesse tido consequências tão amplas como teve. Mas o fato é que o idealismo não foi só uma filosofia, mas uma atitude intelectual: a atitude radicalmente especulativa. Graças a isso, a especulação se transformou no órgão do saber de todas as coisas, tanto as filosóficas quanto as que hoje chamaríamos de científicas: basta folhear as páginas de Schelling ou de Hegel para perceber o que eram para eles, e teria sido para os demais, a física, a química, etc. Pois bem: a bancarrota da especulação foi um dos grandes acontecimentos que Comte viveu, por assim dizer, na própria carne.

Não estou querendo dizer com isso que tudo em Hegel fosse desprezível. Independentemente da origem e do caráter especulativo de sua filosofia da história, Hegel teve a genialidade de iluminar a ideia do espírito objetivo, à diferença não apenas do espírito absoluto, mas também, e sobretudo, do espírito subjetivo ou individual. Purificada de todo o seu arcabouço metafísico e especulativo, esta ideia servirá a Comte para enquadrar as ideias, assaz díspares e flutuantes, dos teóricos franceses da economia e da sociedade política. É o que constituirá a criação comtiana do conceito e da própria palavra *sociologia*.

Junto com isso, na França, havia os empiristas e os ideólogos, tratados depreciativamente por Comte. Os empiristas, que se limitavam a uma análise, às vezes tosca, de dados psicológicos. E os ideólogos, que haviam tentado uma espécie de ressurreição da metafísica. Diante deles, nosso pensador nunca é suficientemente enérgico.

Em contrapartida, Comte foi contemporâneo do auge imprevisto e grandioso da ciência da natureza. Já não apenas a mecânica de Newton. A química, recém-nascida na época de Kant, tinha levado à constituição de uma ciência em plena marcha para a descoberta do que são os corpos mediante a ideia do átomo. Além disso, o novo método científico iniciado por Galileu – a descoberta das leis matemáticas da natureza – havia culminado na *Teoria Analítica do Calor*, de Fourier. Esta obra suscitou o entusiasmo e a admiração de Comte, que viu nela a realidade exata daquilo que, para ele, todo verdadeiro saber teria de ser. A admiração de Comte não poderia estar mais justificada: Fourier forneceu não apenas uma teoria do calor, mas, para fornecê-la, criou um dos recursos mais poderosos para penetrar os segredos da natureza. A "análise de Fourier" é hoje uma das chaves da ciência do átomo e um dos temas mais importantes da atual matemática pura.

Enquadrado nesse meio tão variegado por um lado e tão promissor por outro, A. Comte se enfrenta com o problema da filosofia. Vamos acompanhar sua caminhada em três passos sucessivos:

1º Como Comte vê a filosofia como problema.

2º Como ele entende que deve constituir-se o saber filosófico, quer dizer, a ideia de uma filosofia positiva.

3º O que é a filosofia como sabedoria do espírito humano.

I. A filosofia como problema

Assim como Kant, Comte começa lembrando que para Aristóteles era necessário conceber a filosofia como uma ciência estrita, como uma verdadeira *epistéme*. E, como Kant, Comte formula a pergunta crucial: será que Aristóteles o conseguiu? A maneira como Kant responde a esta interrogação é determinada pelo exame interno das ciências, isto é, por uma análise interna do conhecimento como tal. O caminho que Comte vai empreender para enfrentar-se com aquela questão é sensivelmente diferente. O que interessa a ele, em primeiro lugar, não é o que aconteceu em cada uma das ciências e na filosofia como ciência, mas algo completamente diferente: trata-se da ciência e da filosofia consideradas como um aspecto do estado geral do espírito humano. Segundo Comte, aquilo que *a radice* constitui o problema filosófico não é uma operação mais ou menos abstrata e especulativa, mas uma operação do entendimento, enquanto essencialmente incorporado em uma coletividade, na sociedade. A filosofia é sempre e apenas um momento da evolução do espírito humano. Comte, antes de tudo, é um sociólogo, e enfoca sociologicamente o problema da filosofia. A filosofia, como modo de saber, não é, portanto – como Kant ainda acreditava –, uma operação intrínseca ao entendimento de cada um. Pois o indivíduo, diz-nos Comte, ao contrário do que pensou Rousseau, é uma abstração. A única coisa concreta é a sociedade, apesar de a palavra "sociedade" ser, morfologicamente, um substantivo abstrato.

Os homens, diz-nos Comte, vivem em cada instante em uma unidade social, na qual recebem sua última concreção. Esta unidade determina em cada um, enquanto, por sua vez, cada um – ou pelo menos alguns dos indivíduos – determina na sociedade em que vive, um conjunto de conceitos, de modos de ver as coisas, um conjunto de ideias gerais a respeito das coisas e dos próprios homens, em que todos os indivíduos convêm, ou melhor, um conjunto de ideias gerais características da sociedade. E: 1º, esse conjunto de ideais brota espontaneamente no seio de todos os homens que vivem nessa sociedade; é, como diz Comte, *le bon sens*, o bom senso dos homens de tal sociedade; 2º, o conjunto dessas ideias, tomadas em sua máxima generalidade dentro de um estado social determinado, é aquilo que Comte chama de a *sagesse universelle*, a sabedoria universal. Como?

Os homens – mantenhamos o plural – encontram-se cercados de toda espécie de coisas, algumas favoráveis, outras adversas, algumas familiares, outras insólitas. Esse choque com as coisas produz *l'étonnement*, o θαυμάζειν (Comte volta a citar Aristóteles), ou seja, o assombro. Mas o homem não pode se limitar a admirar as coisas e se assombrar diante delas. Algo mais radical do que uma operação intelectual o impede de fazer isso: a necessidade vital. Para poder viver, o homem precisa pôr certa ordem entre as impressões que as coisas que o rodeiam produzem nele. E precisa fazer isso para saber como se comportar entre as coisas. Ou seja, a vida o obriga a pôr ordem para poder *prever* o que vai acontecer. A *previsão* é a raiz dessa organização das impressões que chamamos de saber. Saber é, antes de tudo, *prever*. Essa previsão não é questão de simples curiosidade intelectual: tem uma intenção formalmente utilitária. Pois só com ela é possível agir sobre as coisas e modificar seu curso, até onde for possível, e conforme às necessidades da vida. *Saber é prever, mas prever para prover.* É assim que surge espontaneamente aquele sistema de ideias que determina o que torna possível a convivência social, isto é, um estado social determinado.

Dentre essas ideias gerais, há algumas de extrema generalidade: ideias últimas que vão envoltas na sabedoria universal e que, por serem últimas, são as que fundamentam todas as outras, e por conseguinte são as que em última instância fundamentam a estrutura unitária da sociedade em um estado determinado. Quando se faz dessas ideias últimas da sabedoria universal um tema intelectual, temos propriamente a *filosofia*, em sentido lato. Dessa maneira, a filosofia é apenas o prolongamento metódico da sabedoria universal. As duas têm uma mesma *origem*: o assombro e até a incomodidade das coisas que, em sua diversidade e antagonismo, vão ocorrendo em torno do homem (incluindo entre essas "coisas" os próprios homens e os acontecimentos humanos). Têm uma mesma *preocupação*: pôr ordem entre essas impressões, para saber a que prestar atenção, e prevenir as contingências. E têm, enfim, uma mesma *intenção*: a intenção de poder dominar as coisas para modificar seu curso e determinar, assim – como veremos depois –, a ação racional prática. A diferença entre a filosofia e a sabedoria, que brota espontaneamente do homem em sociedade, é meramente de grau. Refere-se, em primeiro lugar, ao fato de que a filosofia tende mais para a generalização do que para a sabedoria; e, em segundo lugar, ao fato de que a filosofia tem um caráter sistemático de que comumente carece, como é natural, o conteúdo das ideias da sabedoria universal nascida espontaneamente em um povo. Mas, no fundo, a filosofia é a mesma coisa que a sabedoria universal. Para Comte, portanto, a filosofia é, em termos gerais, aquele saber racional a respeito das coisas e dos homens que, em última instância, determina o *regime* de vida do espírito humano considerado socialmente.

Mas, como este saber é ciência, ocorre que a filosofia não é uma mera copulação de ideias últimas. Certamente a filosofia é uma ciência; mas uma ciência que não é primariamente, nem formalmente, uma especulação da razão entregue a si mesma. Em uma frase de caráter social e político – não nos esqueçamos desse traço de seu espírito – Comte nos diz que a filosofia é uma dessas "grandes combinações intelectuais" que nos coloca em determinado "regime". Assim, por exemplo, ele chama a filosofia medieval de o "regime das entidades". A sociedade executou várias vezes essa combinação em formas diferentes. Mas ainda falta uma, "uma grande operação científica que ainda está por executar": a criação da filosofia como ciência positiva. Veremos o que ele entende por esta ciência. Em todo caso, a filosofia: 1º, como modo de saber, é um estado do espírito humano considerado socialmente; e 2º, é um estado caracterizado pela vertente que dá às ideias últimas sobre as quais se encontra assentado cada estado social do espírito. Por esta última razão, a filosofia não é mais um momento entre outros quaisquer do estado social, e sim o momento fundante de todos os outros. Todo estado social se encontra fundado em um "regime intelectual". E esse fundamento, esse "regime", é a filosofia. O que é esse regime, quer dizer, o que é a filosofia como fundamento de cada estado social? Eis a questão.

Como se trata do regime intelectual de um estado, podemos, com o próprio Comte, empregar para o nosso problema, como sinônimos, regime e estado, já que o regime é o que faz com que o espírito se encontre constituído em um "estado" determinado. Todo estado se acha, em primeiro lugar, caracterizado por uma unidade intrínseca das ideias entre si, na qual convergem os homens que vivem na sociedade. Certamente pode haver – e há – numerosas desconformidades individuais, mas elas sempre são isoladas: um estado é um modo de pensar unitário próprio da sociedade como tal. Em segundo lugar, é uma unidade organizada, um verdadeiro "regime". Não se trata de uma mera copulação de ideias, mas de uma "organização" de ideias em duplo sentido: porque em seu "conteúdo" mesmo elas se encontram organizadas entre si; mas, principalmente, porque constituem os "modos de pensar" próprios do estado em questão. As ideias desse regime são as instâncias supremas a que indiscutidamente apela todo aquele que se defronta com os problemas das coisas e dos homens. Em terceiro lugar, essa unidade de regime adquire o caráter de um saber mais ou menos racional. E em quarto lugar, finalmente: essa unidade assim entendida constitui a base fundamental, a base sobre a qual está assentada toda a série de modos de convivência, de "estados sociais" no sentido usual do termo. E essa unidade do espírito humano assim estruturado é o que Comte chama de "estado". Sem dúvida, é uma concepção influenciada pela ideia do espírito objetivo de Hegel. O "estado" social de Comte não se confunde, efetivamente, com os estados de espírito dos indivíduos, senão que, com certa independência deles, possui uma estrutura própria: todos, incluídos os desconformes em sua desconformidade, se inscrevem nesse estado social, que tem, portanto, uma objetividade própria.

Mas Comte sublinha, tematicamente, o caráter de "estado" desse espírito objetivo. E o chama de estado por dois motivos. Primeiro, porque é algo em que "se está". A coisa é essencial: a estabilidade é a condição primária de uma estrutura social. Segundo, porque é apenas um "estado", ou seja, algo que vem de outros estados e vai para outros. Isso é essencial para Comte. Cada estado, cada regime intelectual, não é simplesmente uma estrutura do espírito social, mas um estado a que se chegou – um estado que, definitivamente, abre outros possíveis estados no futuro. Pois bem: aquilo segundo o qual o estado é "estável" Comte chama de "ordem" – ordem nas ideias, nos costumes, nas instituições, etc.; e aquilo segundo qual todo estado deriva de outros e, ao menos em princípio, leva a outros é o que Comte chama de "progresso". A unidade intrínseca entre ordem e progresso é, definitivamente, para Comte, a verdadeira estrutura de todo "estado": é uma ordem progressiva ou um progresso ordenado. Comte nunca se cansará de repetir isto: todo saber, toda instituição social ou política, toda moral, etc., é essencialmente *ordre et progrès*.

Pois bem: a filosofia é o regime intelectual de todo estado. Certamente, como dissemos antes, ela não se identifica assim, pura e simplesmente, com esse regime, no sentido de "sabedoria" universal; mas é uma reflexão sobre ele, e neste sentido pertence a esse mesmo regime. Em virtude disso, a filosofia é o momento fundamental de todo estado; e, reciprocamente, a filosofia não é mais que a expressão do regime intelectual de um estado.

Suposto isto, em face do que Aristóteles e Kant pensaram, uma das ideias centrais de Auguste Comte foi, inegavelmente, a de conceber que "a" filosofia no singular não é algo que tenha existido ou possa existir, senão que há *diferentes tipos de filosofia*. Exatamente por ser um estado que vem de outros estados e conduz a outros, a filosofia é algo essencialmente diverso em si mesmo. Esta ideia é fundamental em Comte. Até agora, tinham-se registrado modos de pensar diferentes da filosofia: mitologia, etc. Mas eles sempre foram considerados, justamente, como algo diferente d*a* filosofia. Agora, em contrapartida, Comte os introduz, de algum modo, na própria filosofia – em todo caso, faz da filosofia algo plural no sentido de admitir diferentes tipos de filosofia, não apenas no que concerne a seu conteúdo, mas no que concerne ao próprio filosofar como tal. Ou, se se preferir: para Comte, há diferentes regimes filosóficos. Todos são filosofias, mas o que a filosofia seja é algo diferente em cada caso.

Esses tipos de filosofia não são tipos definidos abstratamente: a história não é um simples museu de formas de filosofia. Como nos diz Comte, cada filosofia, considerada "dogmaticamente", é um conjunto de ideias sistematicamente organizado: é uma ordem definida. Mas "historicamente" cada uma dessas ordens se inscreve entre outros estados: é um progresso. Cada filosofia se apoia nas anteriores e as pressupõe para vir a ser o que é. Além disso, em princípio, cada filosofia abre a área de outra filosofia. A ordem progressiva, ou progresso ordenado, é a única coisa que expressa a unidade da filosofia. Essa estrutura segundo a qual cada estado procede de outros e conduz a outros é o que Comte chama de "lei". A unidade da filosofia é a "lei fundamental" do espírito humano: a lei da ordem e do progresso. Lei não significa uma mera sucessão de estados que se deram de determinada maneira, mas poderiam ter-se dado de outra, senão que lei expressa a estrutura intrínseca e formal do estado social como tal. Não é uma lei de sucessão, e sim uma "lei estrutural".

É claro – antecipando ideias – que, desses estados do saber, há um que Comte considera o definitivo: o estado positivo. Mas isso não contradiz o que se disse anteriormente. Pois para Comte este estado consiste no fato de que o espírito humano se encontra "estando" tão somente no que ele é naturalmente. Nesse sentido, este estado é definitivo: é a definitiva "ordem" positiva. Mas este estado se acha submetido à mesma condição de "progresso" de todos os estados, conquanto se trate agora de um progresso interno a esta "ordem". Mas dentro dele há um futuro aberto para o espírito. Na medida em que este estado procede de estados anteriores, eles os pressupõe como estrutura histórica. Na medida em que se trata de um estado em que o espírito se acha ancorado tão somente naquilo que naturalmente é, ele é um estado definitivo, a partir do qual os estados anteriores são explicados. Mas, na medida em que é um estado submetido a um progresso interno, assegura para o futuro um progresso dentro de sua própria linha. Comte está tão seguro dessa unidade entre o definitivo deste estado e o progresso, que escreve em frase incisiva (já prefigurada em Hegel): "Aquele sistema de ideias que der a explicação satisfatória do passado será o que inexoravelmente terá a presidência do futuro".

A questão reside agora em Comte nos dizer quais são esses estados e como um se acha intrinsecamente fundado no anterior. Só então a lei fundamental de ordem e progresso a que aludíamos antes adquire seu conteúdo concreto. Reciprocamente, a explanação dos estados sociais do espírito humano é a própria estrutura da lei fundamental, da lei da ordem e do progresso. Pois bem: esses estados são três. Daí que a lei fundamental seja concretamente uma "lei dos três estados". Cada um deles se caracteriza por um objeto, um método e uma explicação. Quais são esses estados?

1º *O estado teológico.* Seu objeto é chegar à natureza última das coisas atribuindo-a a causas, primeiras do ponto de vista das coisas, últimas do ponto de vista de seu destino. Este conhecimento das coisas por suas causas últimas e primeiras é um conhecimento absoluto. A explicação que se consegue por elas é uma explicação que pode ter variado – e variou, efetivamente – dentro deste estado de conhecimento; mas sempre se trata de causas últimas e de conhecimento absoluto: tudo o que acontece se deve à intervenção direta e contínua dessas causas no curso das coisas – dessas causas sobrenaturais. É o "regime dos deuses". O grande método para chegar a esse conhecimento foi a imaginação. A imaginação começou a povoar o universo com uma série inumerável de agentes dotados de animação: foi a época do fetichismo. Um grande progresso consistiu em projetar esses agentes para fora do Universo e considerá-los como realidades que repousam sobre si mesmas: é o politeísmo. E, finalmente, a grande façanha do estado teológico foi reduzir todos esses deuses a um só: é o monoteísmo. A imaginação, predominando sobre a razão, conduziu assim, por um desenvolvimento gradual (cada uma de cujas etapas repousa sobre a anterior), do fetichismo ao politeísmo e deste ao monoteísmo.

2º *O estado metafísico.* Neste segundo estado, os agentes sobrenaturais aparecem substituídos por entidades abstratas, verdadeiras forças ocultas ou virtudes das coisas. É "o regime das entidades". São as entidades que, sem demasiado erro histórico segundo Comte, Molière ridicularizou quando falou da virtude dormitiva do ópio, etc. É um progresso com relação ao estado anterior, porque aqui não se trata de sair das coisas para ir até agentes e causas alheias ao mundo, mas de ficar nas próprias coisas; mas se vê nas coisas e em suas operações o resultado de caracteres abstratos de entidades ou virtudes intrínsecas às próprias coisas. Comte chama este estado de "metafísico", provavelmente por dois motivos. Um, porque em certos aspectos e em certos pensadores da época decadente da escolástica quase se chega a conceber essas entidades ou virtudes como explicação última das coisas. Outro, porque desde Locke até Kant, como vimos, a metafísica foi se recolhendo cada vez mais na linha do suprassensível. Assim como o estado teológico evoluiu do fetichismo para o monoteísmo, assim também o estado metafísico chegou a um progresso final ao reunir aquelas entidades e virtudes em uma só: a Natureza. O apelo à Natureza, e, consequentemente, o apelo à natureza de cada coisa, seria a explicação verdadeira do universo. Em frase plástica, diz-nos Comte, a Natureza é "o primeiro-ministro da divindade". O tipo de explicação a que se tende neste estado é, com pequenas variações, o mesmo que o do estado teológico: um conhecimento absoluto conseguido por um método mais imaginativo que racional. Mas a explicação alcançada é superior à do estado teológico, porque renuncia às causas transcendentes e se mantém dentro da natureza, isto é, dentro das próprias coisas.

3º *O estado positivo*. Caracteriza-se por se manter nas próprias coisas, mas atendo-se à observação dos fatos e ao raciocínio sobre eles. Não se trata de verificar *por que* as coisas acontecem, mas tão somente *como* acontecem – quer dizer, seu objetivo não é descobrir causas, e sim leis, relações invariáveis de semelhança e sucessão nos fatos. Daí que a explicação das coisas não exista no estado positivo: o saber positivo não explica nada, renuncia deliberadamente à natureza íntima das coisas. Não quer explicar, mas constatar fatos e descobrir neles essas regularidades que chamamos de leis. Por isso seu método não é a imaginação, mas o simples raciocínio. É o "regime dos fatos".

O espírito humano passou, portanto, por estes três estados: teológico, metafísico e positivo. E esses três estados são os três aspectos ou fases de uma só lei fundamental que encontra neles seu conteúdo concreto. Portanto, Comte não pode se limitar a descrever essas três fases de um só processo, ou seja, precisa provar a verdade dessa lei e, em segundo lugar, precisa demonstrar que essas três fases são necessárias, ou seja, que se trata de uma lei estrutural do espírito humano, concernente à sabedoria universal e, portanto, à própria filosofia. É uma lei da filosofia como tal: o que temos nos diversos estados é uma filosofia teológica, uma filosofia metafísica e uma filosofia positiva. Todas são filosofias. Reciprocamente, a filosofia não existe apenas nessa triplicidade estrutural: as coisas são consideradas, em primeiro lugar, como efeitos de uma causa primeira, Deus; em segundo, como efeitos de uma Natureza intrínseca às coisas; em terceiro, como fatos ou fenômenos observáveis de um só fato geral.

Antes de tudo, portanto, a verdade da lei dos três estados. É uma verdade que se comprova, primeiramente, na própria história das ciências. Todos nós podemos constatar facilmente, por exemplo, que a astrologia precedeu a astronomia, que a alquimia precedeu a química, que a adivinhação foi a fonte da física, etc. Mas, além disso, teríamos como uma prova da lei em questão o desenvolvimento do saber em cada indivíduo. Os homens, diz-nos Comte, são teólogos na infância e metafísicos na juventude; só chegam a ser homens positivos na idade madura. Passa-se assim, no indivíduo, de "uma teologia gradualmente enervada por simplificações dissolventes" a uma metafísica, que é "uma espécie de doença crônica, naturalmente inerente à nossa evolução mental, individual ou coletiva, entre a infância e a virilidade".[1] Mas essa lei não é apenas verdadeira: é também uma lei necessária, uma lei estrutural do espírito humano. E esta é a questão de fundo. O homem, em toda época e situação social, tem a imperiosa necessidade vital de uma teoria, por mais rudimentar que seja, para coordenar os fatos. Todo conhecimento real se funda efetivamente nos fatos observados. Mas, por outro lado, para poder observar os fatos, é preciso sempre ter uma teoria. E é esse "círculo" que põe em marcha a evolução do espírito humano. Pois, junto com a necessidade de uma teoria para coordenar os fatos, há "a evidente impossibilidade para o espírito humano de formular ideias segundo as observações".

---

[1] *Disc. sur l'esp. pos.* 15. [Isto significa: A. Comte, *Discours sur l'Esprit Positif.* Paris, Shleicher frères, 1909, conforme o exemplar existente na biblioteca de Zubiri. A edição original (um prólogo a um tratado popular de astronomia) foi publicada em Paris, Carilian-Goeury et V. Dalmont éditeurs (Reimpressão: Bruxelas, Culture et Civilisation, 1969). Aqui, a frase na p. 12. Doravante, para essa obra a citação irá entre colchetes de acordo com esta reprodução. - N. E. esp.]

Entende-se aqui por "ideias" justamente as teorias adequadas. E a "combinação" desses dois fatores é decisiva em nossa questão. Pois o homem não pode esperar: a vida urge. Com isso, o homem se vê forçado, por necessidade intrínseca, a criar teorias que lhe permitam coordenar os fatos de uma forma ou de outra. É daqui que procede o progresso de uns estados a outros. Ou seja, para Comte: 1º, a lei fundamental é determinada por uma necessidade vital; a necessidade vital, e não uma necessidade especulativa, é o suposto básico da evolução do espírito; 2º, o que põe em movimento esse suposto básico, essa necessidade, é a urgência; 3º, a forma que esse movimento adota é determinada pela situação em que se encontra a urgência vital: o "círculo" entre os fatos observados e a teoria para observá-los. Eis a estrutura do espírito humano. Não é uma estrutura primariamente cognoscitiva, e sim uma estrutura vital social: a necessidade, a urgência e o círculo do conhecer para poder viver contratamente, isto é, em sociedade. É isso o que conduz à necessidade interna da forma concreta da lei fundamental.

Em seu estado inicial, até onde nos é conhecido (Comte faz uma explícita ressalva no que diz respeito aos primitivos), o espírito humano tem de ordenar sua vida social e estabelecer para isso um regime intelectual, com base em alguns conhecimentos exíguos a respeito dos fatos. Então é normal que o espírito humano rompa o círculo apelando para a imaginação. O círculo, portanto, é rompido inicialmente pela imaginação. O homem imagina várias causas sobrenaturais, que vai reduzindo a uma só, para explicar o curso dos acontecimentos: imagina os deuses. Certamente é um salto no vazio; mas, se o homem não tivesse tido uma ideia imaginativamente exagerada de suas próprias forças, não teria conseguido se desenvolver plenamente. E isso não é uma questão de mero conhecimento teórico. É um estado que concerne à totalidade do espírito humano, quer dizer, à sua vida inteira e ao seu regime intelectual. A imagem exagerada do domínio do homem e de sua posição no universo foi o que o levou a constituir uma forma de organização social e de governo "teológica". Criou-se assim uma "casta" social que tem nas mãos a imaginação teológica, a casta teológica, e um regime de governo monárquico. Quando precisou romper o "círculo" com a imaginação, ficou constituído o estado teológico do espírito humano.

No entanto, diz-nos Comte, o homem não pode permanecer nele. E, para sair deste estado, vai mais às próprias coisas. Então o que ele faz é destruir os deuses para colocar seus poderes no seio mesmo das coisas. Com isso, as coisas aparecem dotadas de "virtudes" ou "entidades" metafísicas que, em última instância, procedem da Natureza e agem de acordo com ela. Esta crítica da teologia é, para Comte, justamente a metafísica. A metafísica nasceu então da teologia, mas em virtude de uma necessidade vital extremamente precisa: a destruição dos deuses. Seja qual for a pobreza imaginativa do conteúdo da metafísica, sua função na estrutura do espírito humano foi essencial: superar o estado teológico, libertar o homem dos deuses. Mas, como o espírito não pode ficar submerso em destruição, a crítica metafísica foi eminentemente positiva: abriu a possibilidade e a necessidade de um terceiro estado, o estado positivo. No entanto, diz-nos Comte, o desconhecimento da função crítica da metafísica foi o que levou, ainda na época de Comte, a uma atitude de "concórdia" entre a teologia e a nova ciência positiva: os físicos renascentistas adotaram esta atitude. Para Comte, trata-se de uma atitude absolutamente ilusória: a metafísica destruiu definitivamente a teologia, e o espírito positivo destruiu definitivamente a metafísica.

Portanto, o estado metafísico leva, inexoravelmente, a um novo estado: o estado positivo. Pensando em Hegel, poder-se-ia julgar que este estado é uma "síntese" da teologia e da metafísica. Nada menos exato. A crítica metafísica é pura e simplesmente destrutiva, e seu resultado consiste em deixar o espírito humano a sós com as forças naturais de sua razão. A passagem ao estado positivo é a crise da imaginação para dar passagem à razão – a razão natural que o homem, naturalmente, possui. Essa crise da imaginação se deveu a uma reação da razão prática à razão teórica, ou melhor, à razão imaginativa da teologia e da metafísica. Descartes e Bacon deram o máximo impulso nessa direção e levaram o espírito "ao regime normal da razão humana". Com isso, o espírito humano se viu obrigado a refazer *ab initio* o caminho de sua vida em uma direção que foi impossível no estado inicial, mas que agora é viável graças precisamente à crítica metafísica. Neste novo estado assim saído do anterior, o espírito não se encontra absolutamente vazio. Possui uns primeiros princípios que são a brotação espontânea da sabedoria universal: reduzem-se a umas poucas máximas pertencentes "*à l'ancien regime mental*" e que é ocioso tornar a discutir. Entregue assim a seus recursos naturais e defrontado com as coisas, mas sem entidades metafísicas nelas, e sim as tomando em si mesmas, tais como elas se apresentam de fato a nós, o espírito vê nas coisas realidades meramente positivas. Como dissemos, Descartes e Bacon deram o impulso nessa direção. Mas só em Comte, como ele mesmo nos diz, o novo espírito adquire sua plenitude e sua racionalidade. Sua plenitude, porque só tomando a realidade social humana como mero fato ele conseguirá a positivação de todo o real – é o positivismo completo. Sua racionalidade, porque só agora se chegou à sistematização racional do saber positivo inteiro. Neste estado, que mais adiante teremos de definir com mais rigor, o espírito humano: 1º, se atém às próprias coisas, tal como elas se apresentam de fato, sem remontar imaginativamente por sobre elas nem penetrar nelas; 2º, se atém ao modo como elas funcionam de fato, isto é, descobrindo suas leis, sem imaginar os porquês; e 3º, depara com a possibilidade de dominar todos os acontecimentos, tanto naturais quanto humanos, em sua dimensão moral e política. É o perfeito saber para prever e prever para prover.

A lei dos três estados é, portanto, não apenas verdadeira, mas também necessária, em virtude da própria estrutura do espírito social humano. Daí resulta uma oposição rigorosa entre Aristóteles e Comte em ordem ao valor da filosofia. Para Aristóteles, a filosofia é o mais inútil de todos os saberes – todos, dizia-nos ele, são mais necessários do que ela, mas nenhum é mais valioso e mais nobre. Em contrapartida, para Comte, a filosofia é o saber mais necessário para a vida do espírito. Não se pode viver sem um regime intelectual, e a ideia desse mesmo regime é justamente a filosofia.

Nascida de uma necessidade social do espírito, desdobrada em formas diferentes conforme as diversas maneiras de satisfazer a essa necessidade, conduziu finalmente ao mais necessário para a convivência humana – ao regime positivo e, portanto, a um modo de saber filosófico caracterizado pela positividade. O que é esta filosofia positiva? É o segundo ponto que é preciso elucidar.

II. A filosofia como um modo de saber positivo

Comte nos diz, na advertência preliminar a seu *Curso de Filosofia Positiva*, que o nome "filosofia", "na acepção geral que os antigos lhe davam, e particularmente Aristóteles, designa o sistema geral das concepções humanas".[2] Com o que dissemos antes, já sabemos o que isso significa para Comte. Mas, acrescenta ele, essa filosofia deve ser "positiva". E este adjetivo designa "essa maneira especial de filosofar que consiste em considerar as teorias, em qualquer ordem que seja, como tendo por objeto a coordenação dos fatos observados".[3] Naturalmente, como isso é próprio de todo saber que entrou na fase positiva (porque a positividade, assim como os outros dois estados, é um estado geral do espírito humano em sua concreção social), será preciso que Comte nos diga com mais rigor o que é um saber positivo e, em segundo lugar, o que é, dentro deste saber, a filosofia positiva.

I. Em primeiro lugar, o que Comte entende por saber positivo. O saber positivo, diz-nos ele, é simplesmente um saber que responde a um *princípio fundamental*: nada tem sentido real e inteligível se não for a enunciação de um fato ou não se reduzir, em última instância, ao enunciado de um fato. É que o vocábulo "positivo", segundo Comte, tem pelo menos seis sentidos que é

---

[2] Auguste Comte, *Cours de Philosophie Positive*, I. Paris, Bachelier, 1830, p. VII. Há uma reprodução anastática do original (Bruxelas, Culture et Civilisation, 1969). Houve pelo menos cinco edições ao longo do século XIX aos cuidados da Societé Positiviste de Paris; nenhuma introduz mudanças. (N. E. esp)

[3] I. C. p. VII-VIII. [É a mesma obra citada na nota anterior. - N. E. esp]

preciso recolher para delimitar o caráter daquele princípio fundamental.

1º Entende-se por positivo *o real* por oposição ao quimérico. Em linguagem corrente, chamamos de positivo um homem que está muito atido às realidades, diferentemente, por exemplo, do homem que vive, como se costuma dizer, nas nuvens, entre quimeras.

2º Diz-se que algo é positivo quando é *útil*, diferentemente daquilo que é ocioso – o ocioso, ainda que seja real, não costuma ser chamado de positivo.

3º Algo é positivo quando é *certo* e não indeciso; e chamamos de positivo o homem que só se move entre certezas, diferentemente de quem vive tão somente de incertezas ou, no máximo, de coisas que "poderiam ser" assim, mas que ele não sabe com certeza se são.

4º Diz-se que um conhecimento é positivo quando realmente é um conhecimento *preciso*, rigoroso e estrito, diferentemente de um conhecimento vago.

5º É positivo *aquilo que se opõe ao negativo*. Isso pode parecer uma troça. Mas não é: basta lembrar o que Comte diz do caráter negativo da metafísica. A metafísica é negativa no sentido de crítica. Em contrapartida, o saber positivo não é crítico, e sim construtivo.

6º É positivo aquilo que é *constatável* por oposição àquilo que não pode ser constatado. A oposição tem aqui o sentido preciso que já conhecemos: o inconstatável é o absoluto. Em face do absoluto, o positivo, como constatável que é, é relativo. Veremos mais adiante o que é essa relatividade.

Naturalmente, esses seis sentidos se compendiam no último, e, por sua vez, é este último caráter o que imprime sua marca nos cinco anteriores: nada é positivo segundo os cinco caracteres anteriores senão na medida em que é constatável. Suposto isto, o que Comte entende por constatável? Só então estará fixada com rigor a positividade.

Comte não se perguntou especialmente por isso. No entanto, foi usando a palavra "positivo" no sentido de constatável, com adjetivos que lhe dão precisão. Portanto, não será excessivo se, à guisa de *excursus*, nos perguntarmos o que é uma coisa positiva no sentido de constatável.

a) Em primeiro lugar, a positividade se acha constituída por ser um caráter que afeta as coisas na medida em que elas se manifestam a nós, de uma forma ou de outra. Manifestar-se é φαίνεδθαι – e por isso o que se manifesta é chamado de *fenômeno*, no sentido mais inócuo da palavra, como quando dizemos que a chuva, os acidentes atmosféricos, os eclipses, etc. são fenômenos da natureza. São-no simplesmente porque esta se manifesta neles.

b) Esses fenômenos são algo com que o homem depara. E isso é essencial. Pode haver fenômenos da natureza com que o homem não depare – por exemplo, na época de Comte, como ele mesmo diz, o outro hemisfério da Lua ou o interior dos astros. Há de tratar-se de fenômenos com que se depara. E, na medida em que são encontradas em sua condição de fenômenos, as coisas são justamente isto: algo que está aí, são um *positum* perante o homem.

c) Essas coisas, postas assim como fenômenos, têm de poder ser encontradas de maneira extremamente precisa: somente enquanto são *observáveis*. Não se trata de buscar atrás dos fenômenos aquilo que se manifesta neles, mas de tomar o fenômeno posto aí em e por si mesmo. Algo só é positivo na medida em que é observável.

d) No entanto, isso ainda não é suficiente. É necessário que o observável seja, além disso, *verificável* por qualquer pessoa. É verdade que há coisas que não foram vistas senão por uma pessoa e que não poderão voltar a se repetir. Mas se constam, por exemplo, em um testemunho fidedigno, são algo positivo, porque, ainda que só tenham sido vistas por uma pessoa, são, por sua própria índole, verificáveis por qualquer pessoa que tivesse estado ali. Em contrapartida, uma coisa que, mesmo sendo um *positum observável*, não fosse por sua própria índole observável por qualquer pessoa que estivesse diante dela seria certamente algo real, e neste sentido seria um *verum*. Mas não seria verificável e, neste sentido, não seria um fato positivo. O *verum* tem de ser *verificável*.

A unidade desses quatro caracteres, a saber, ser um fenômeno, ser algo *positum*, ser algo observável e ser algo verificável, é o que sinteticamente chamamos de um *fato*. Fato, portanto, não se confunde com realidade pura e simplesmente.

e) Naturalmente, se esses fatos hão de servir para um saber positivo, é necessário que sejam observados e verificados com o máximo de precisão e rigor. Só então eles adquirem sua qualidade decisiva: a *objetividade*. Fato significa fato objetivo. E, como o meio para atingir essa objetividade é o método científico, daí resulta que os fatos são os *fatos científicos*. Esse fato científico, como já apontávamos antes, nada tem a ver com a Natureza com maiúscula, tal como se entendia na metafísica, porque não se trata dos fatos como manifestação de algo oculto atrás deles, mas dos fatos como algo manifesto em si e por si mesmo e objetivamente constatável.

Dito isto, é facilmente comprovável que os fatos não se apresentam de maneira caótica, senão que, em boa medida, se apresentam segundo uma ordem recorrente, bastante invariável. Nessa ordem nos é manifesto "como" os fatos se apresentam. E esse "como" da ordem fenomênica é o que chamamos de *lei*. As leis são fenômenos de invariabilidade de apresentação: não nos dizem por que e sim como os fatos acontecem. Não podemos, diz Comte, penetrar o mistério íntimo de sua produção. A lei é em si mesma um fenômeno. E, assim como os fatos são apenas casos particulares de um fato geral – ou seja, o fato de que os fenômenos estão expostos aí de maneira objetivamente constatável –, assim também cada lei é apenas um caso particular de uma lei geral: o fenômeno da invariabilidade da ordem segundo a qual os fatos se apresentam. Dando à palavra natureza não o sentido metafísico, mas o sentido de conjunto de todos os fenômenos, tanto naturais quanto humanos, essa lei fundamental é a lei da invariabilidade das leis da natureza. A ideia de fato e a ideia de lei são as duas ideias fundamentais do saber positivo. Não são categorias metafísicas, mas algo observável e verificável. É por isso que Comte chama o saber positivo de um conhecimento relativo por oposição ao absoluto da teologia e da metafísica. É um conhecimento que consiste em conhecer não a natureza íntima de cada coisa, e sim o modo de sua conexão ou relação com outras. Mas é mister precisar ainda mais. O que é que Comte entende por "relativo"?

O conhecimento dos fatos é relativo, antes de tudo, porque faz referência intrínseca ao homem que se defronta com os fatos e ao seu modo de se defrontar com eles. Para Comte, o próprio homem não é uma substância dotada de diferentes faculdades, cada uma delas funcionando por si mesma. Ao contrário: cada uma dessas faculdades funciona em interdependência intrínseca com todas as outras. De maneira que o que temos em cada caso é um estado mental único dentro do qual, por exemplo, o intelectivo, o afetivo, o volitivo, etc. são apenas momentos ou aspectos dele. Os estados mentais tomados em e por si mesmos são meros fenômenos e não atos das faculdades de uma substância humana. E esse sistema de relações constitutivas de cada estado e de sua conexão com outros estados é justamente isto: um sistema de relações. Mais que um relativismo no sentido usual da palavra, o que Comte tem diante de si é um *relacionismo* como caráter constitutivo dos estados mentais do homem. Pois bem: se o homem é isso, sua maneira de se defrontar com os fatos está submetida à mesma condição. Em primeiro lugar, no que concerne aos sentidos. Seria impossível, por exemplo, que a astronomia existisse se a espécie humana carecesse do sentido da visão: neste caso, não existiriam os fenômenos astronômicos. E, se houvesse seres dotados de mais sentidos que os que o homem possui, o universo conteria mais fatos. Mas, mesmo prescindindo dessa circunstância, é evidente que o grau de aguçamento dos sentidos condiciona a nossa apreensão dos fenômenos – e, portanto, o caráter dos fatos. Exatamente por isso a ciência teve de excogitar meios que aumentem a capacidade sensorial do homem. Os fatos e o saber deles são relativos neste primeiro caráter: todo fato é um fato por sua relação com os sentidos. Não se trata de um relativismo no sentido de que as percepções sejam meramente subjetivas, mas de um relacionismo segundo o qual todo fato só é um fato com relação aos sentidos do homem. Mas, em segundo lugar, há, ademais, a relatividade inerente ao grande fato de que o homem tem necessidade vital de organizar de alguma maneira esses fatos e suas primeiras relações perceptivas pondo uns em relação com os outros. Essa organização da experiência é o que se chama razão: a razão é, pura e simplesmente, a organização da experiência em vista da ordem (relações de semelhança) e do progresso (relações de filiação). É somente nessa relação com a razão que a experiência adquire o caráter de ciência. Definitivamente, é por sua relação com a experiência e com a razão que o saber científico se constitui. Não se trata da razão especulativa, oriunda da imaginação, mas de uma razão "positiva", puramente positiva. E, como tal, a razão científica é apenas um aspecto da razão segundo a qual se estabelece um regime social em ordem e progresso.

Mas o saber positivo é relativo não apenas porque faz referência ao homem, mas também pelo próprio caráter do sabido, dos fatos. E, antes de tudo, nenhum fato é o que é senão em função de sua relação com os outros. A natureza é um sistema de relações, uma rede em que os fatos são apenas os nós de suas relações. Não há "coisas" propriamente ditas, e sim uns "fatos" que se apresentam quando se apresentam outros. E, em segundo lugar, todas essas relações são apenas aspectos fragmentários da relação universal de invariabilidade de ordem na natureza.

O saber que conhece de modo aproximado, relativo às condições do sujeito, ao que as coisas são relativamente umas às outras, é o que Comte entende por saber positivo. E agora cabe a pergunta: dentro desse saber positivo, o que pode ser e o que é o saber filosófico?

II. A ideia de uma filosofia positiva. Comte caracteriza a filosofia de diversos pontos de vista, cuja unidade se acha na ideia de que se trata de um saber racional. Como saber racional positivo: 1º, a filosofia é um saber de razão teórica ou contemplativa, como ele diz, que tem um objeto próprio; 2º, é um saber que tem vantagens ou prerrogativas próprias; 3º, é um saber que tem uma visão própria do universo; 4º, é um saber que racionaliza a ação, quer dizer, é um saber de razão prática. Examinemos sucessivamente esses quatro pontos de vista.

1º Antes de tudo, o objeto próprio da filosofia como saber teorético positivo. Comte começa – e valeria a pena que se tivesse insistido mais nisso em vez de caricaturar seu pensamento – por defender-se de duas ideias. Uma: a ideia de acreditar que a filosofia positiva é apenas uma coleção de fatos científicos e de ciência – é o que Comte chama de empirismo filosófico. A outra: o misticismo, essa tendência que lança o espírito humano pelas rotas de uma ação mais ou menos romântica. Para Comte, não se trata de uma coisa nem da outra. Trata-se, em primeiro lugar, de que a filosofia positiva é uma indução geral do mesmo tipo da que acabamos de descrever a propósito de todo o saber positivo – com a diferença de que agora recai sobre o mais geral das relações cientificamente conhecidas. E, em segundo lugar, trata-se de um novo espírito com que se aproximar do cientificamente sabido. São dois pontos que é importante esclarecer.

Em primeiro lugar, trata-se de uma indução geral. Comte nos diz expressamente que não se trata de uma enciclopédia das ciências. Isto de fato é absurdo: necessitar-se-ia de uma inteligência de que hoje ninguém é capaz. Mas também é falso, por assim dizer, em princípio: uma enciclopédia das ciências jamais será uma filosofia positiva. A filosofia positiva se distingue da ciência porque abraça "somente o estudo próprio das generalidades das diferentes ciências, concebidas como submetidas a um método único e fazendo parte de um plano geral de investigações".[4] A generalidade de que a filosofia positiva se ocupa recai certamente sobre os princípios ou leis gerais que podem ser induzir-se comparando as diversas ciências. No entanto, o filósofo positivo sabe essas mesmas leis, mas de outra maneira, porque discerne nelas o espírito mesmo e a

---

[4] *Cours, Avert.*, p. VIII. [Ou seja: *Cours de Philosophie Positive*, ed. cit., p. VIII. – N. E. esp.]

maneira como as diversas ciências estão constituídas – coisa que costuma faltar, por necessidade natural, ao cultivador de cada ciência. A filosofia positiva, portanto, apreende o espírito de cada ciência, e sua indução consiste em transformar esse espírito em método geral. Os princípios gerais das ciências não são, então, um mero resultado da comparação das ciências, mas um corpo de doutrina próprio. Essa elevação de um espírito a método é o que Comte entende por "generalidade". Por isso, junto às diversas ciências especiais, ele defende a necessidade de uma nova ciência especial: a especialidade da generalidade no sentido oposto. É a filosofia. As ciências aparecem, então, como particularizações de um só espírito, do qual brotam como de um tronco único.

Dessa maneira, a filosofia, que desde Aristóteles tinha sido a ciência do *ente* enquanto tal e em sua totalidade, recebe agora uma nova determinação precisa. Com Kant, o ente havia dado passagem a algo mais restrito: o *objeto*. Com Comte, temos uma restrição do objeto a *fato*, e fato científico. O fato enquanto tal seria então o objeto próprio da filosofia. E a totalidade é agora o *totum* dos *fatos*, um *totum* que constitui um verdadeiro corpo dotado de estrutura própria, como veremos a seguir. Isso é o positivismo como filosofia.

Esta filosofia, já o indicávamos, não apenas não se reduz a um catálogo de fatos e de leis (empirismo filosófico), mas também não constitui um espírito para saltar por cima dos fatos (misticismo filosófico). Pois a filosofia positiva, como já dissemos, consiste em um espírito, mas um espírito que não faz senão extrair, por assim dizer, o espírito de cada ciência. Não sai dos fatos e da ciência, senão que descobre pela reflexão o espírito de cada ciência como manifestação de um estado de espírito geral: o espírito positivo. É o espírito segundo o qual consideramos tudo o que até então tinha sido chamado de coisas como simples fatos fenomênicos constatáveis, e que persegue a explanação orgânica do universo como pura positividade. Nunca será demais insistir, para entender a filosofia e Comte, nesse caráter de "espírito" que marca a filosofia positiva e no caráter orgânico dessa consideração positiva do universo. Por esses dois momentos, a filosofia tem um objeto próprio em face de todas as ciências especiais.

2º A filosofia concebida "positivamente" tem vantagens próprias, que fazem dela a concepção adequada do próprio espírito.

Vantagens, em primeiro lugar, no concernente à *ordem do espírito*. De fato, assentada na base firme dos fatos, a doutrina que o espírito alcança constitui – como veremos em seguida – um verdadeiro corpo perfeitamente organizado e ordenado. É a única maneira de pôr ordem no conjunto tão variado dos fatos e dos pensamentos em que os fatos são entendidos. Uma ordem que não é especulativa nem imaginativa, mas real e efetiva.

Vantagens, em segundo lugar, no concernente ao *progresso do espírito*. Antes de tudo, é o único meio de resolver, de uma vez por todas, as querelas inúteis em que a filosofia anterior se perdeu a propósito, por exemplo, da lógica. Para verificar a índole do órgão mental com que chegar à verdade, não há caminho mais seguro do que se ater aos fatos, quer dizer, considerar os métodos com que a ciência alcançou suas verdades. A lógica é pura e simplesmente uma metodologia do conhecimento positivo. Os métodos e as teorias científicas são como grandes *fatos lógicos* que devem ser tomados como tais fatos. São a maneira como de fato o espírito chegou a verdades positivas; e são fatos "lógicos", ou seja, a maneira como a verdade existe efetivamente no espírito. A filosofia de seu tempo, diz-nos Comte, quis fundamentar a lógica em considerações psicológicas, extraídas da observação interior. E isso é impossível. A observação interior é impossível, diz-nos Comte: seria como pretender que o olho observasse a si mesmo; seria preciso um olho que observasse o olho – e assim ao infinito. A psicologia, como ciência da observação interior, é, portanto, impossível. Como diremos depois, a ciência dos fenômenos humanos só poder ser objetiva, e essa objetividade só a possuem os fenômenos concretos, quer dizer, os fenômenos sociais. Os fatos lógicos pertencem a essa ordem, e, ao considerá-los assim, a própria lógica fica submetida à lei de um progresso inexorável. A lógica positiva tem as portas abertas para um futuro que amplie e modifique ordenadamente o *órganon* mental com que ir concebendo a verdade. Mas, afora essas vantagens do progresso lógico, a filosofia positiva é constitutivamente progressiva – quer dizer, o progresso de cada ciência não é apenas algo que efetivamente se dá, senão que se trata de um momento constitutivo da ciência enquanto tal, graças justamente à sua positividade; toda ciência é, por razão própria, uma aproximação progressiva aos fatos cada vez mais precisamente estudados. Finalmente – voltaremos a isto em outro momento – a filosofia positiva refará o sistema de educação dos indivíduos e constituirá a base única da organização social.

3º Com o que foi dito, caracterizamos apenas o objeto e o espírito da filosofia positiva. É necessário que Comte nos diga agora com maior rigor qual é a estrutura, ao menos esquemática, do universo na medida em que é conhecido positivamente.

O universo como conjunto de fatos é constituído por relações de duas ordens: semelhança e filiação, isto é, tem um duplo caráter: estático e dinâmico. E essa relação dupla tem uma estrutura precisa: seria absurdo e ilusório pôr um fato em relação com outro qualquer. Em seu duplo caráter, estático e dinâmico, os fatos têm uma estrutura precisa, de acordo com categorias naturais, em virtude das quais o universo em seu conjunto possui uma unidade própria com uma diversidade de ordens de fatos. Em virtude disso, só se podem comparar os fatos de uma categoria com outros da mesma categoria. Essas categorias são seis.

a) Antes de tudo, a categoria do que é matemático. A rigor, o matemático não é uma ordem de fatos. Pelo contrário: como diz Comte, é a base formal da unidade de todos os fatos em um universo. As leis matemáticas são a expressão da concatenação de todos os fatos do universo no tempo e no espaço. O universo tem formalmente uma estrutura matemática. Por isso a ciência matemática – a primeira ciência a se constituir com caráter positivo – é a ciência fundamental e básica de qualquer outra ciência. Nada é plenamente conhecido, nada é ciência plena, se de uma forma ou de outra não alcança caráter matemático. Ou, se se quiser, é o que confere plena objetividade ao fato científico. Esse universo em unidade espaciotemporal, matematicamente estruturada, tem diferentes ordens de fatos segundo categorias diversas.

b) Primeiramente, a categoria dos fatos que ocorrem no céu. Deles se ocupa a astronomia, sobretudo a mecânica celeste, que é uma espécie de matemática pura em marcha. Por isso Comte tem predileção especial pela astronomia. Trata-se de uma categoria de fatos absolutamente à parte dos fatos terrestres, diz-nos Comte: o que acontece nos astros nada tem a ver com a química da terra. Um século depois, no entanto, constitui-se uma ciência – a astrofísica – cuja base é justamente a identidade entre as químicas celeste e terrestre. Isso não é uma objeção contra Comte, mas uma ampliação de seu próprio ponto de vista: toda filosofia tem falhas de detalhes devidas ao estado do saber de sua época.

c) Depois, há os fatos terrestres, que se subdividem em diferentes categorias. Antes de tudo, as duas grandes áreas dos fatos inorgânicos e dos fatos orgânicos. A primeira abarca duas grandes categorias: a categoria dos fatos físicos e a categoria dos fatos concernentes aos corpos inorgânicos, aos fatos químicos. Temos, assim, duas ciências: a física e a química. A área do orgânico tem, para Comte, duas grandes categorias: a categoria do fisiológico, como ele a denomina, quer dizer, os fatos biológicos; e a categoria do humano, os fatos sociais. A biologia já é uma ciência positiva. Mas resta ainda por levar a efeito, como ele diz, "minha última grande operação intelectual": a constituição positiva da ciência dos fenômenos sociais. Comte forjou para ela o nome e o conceito de sociologia. Comte não admite uma ciência dos fenômenos psicológicos. Para ele, a psicologia é uma informação meramente subjetiva: é impossível submeter os chamados fatos psicológicos a um estudo objetivo. A introspecção é ilusória, como já dissemos, e sobretudo incontrolável. O psicológico só adquire objetividade por sua dupla relação com o fisiológico, de um lado, e com o restante do humano, do outro, nessa forma ao mesmo tempo concreta e objetiva que é o social. Só na conexão entre os homens o psíquico se expressa e se objetiva. Mas, por sua vez, é necessário fazer do social objeto de uma ciência positiva. Até agora, diz-nos ele, o social esteve sob a dupla tirania dos advogados e dos moralistas. É hora de fazer da sociedade objeto de uma investigação que ele chamou, no início, de física social e depois de sociologia. E a categoria do social não é apenas uma categoria própria, mas aquela categoria em que todas as outras categorias adquirem sua concreção final.

O conjunto de todas estas categorias (o matemático, o astronômico, o físico, o químico, o biológico e o social), estruturadas assim em seu caráter de fato, é o que constitui o *totum*, o ὅλον. E é com ele que a filosofia terá de se enfrentar de maneira positiva. O ὅλον de Aristóteles se torna agora o sistema inteiro dos fenômenos. Esse sistema tem uma unidade total de caráter matemático, e suas diversas categorias se acham fundadas umas sobre as outras até adquirir sua plenitude e concretude últimas na categoria do social. Esse todo substitui os dois todos característicos da filosofia teológica e da filosofia metafísica. Para Comte, tal sistema da realidade não está apoiado em Deus, como supunha a teologia, mas encontra-se assentado sobre si mesmo. Mas não constitui em si mesmo este todo que a metafísica chamou de Natureza. O todo é apenas um fato ou fenômeno geral: o sistema fenomênico como tal. Como esse próprio sistema é justamente o que a ciência reflete, tanto faz dizer que é o sistema real e objetivo dos fatos do universo ou dizer que é o sistema inteiro das ciências. E, efetivamente, Comte emprega as duas expressões como equivalentes. No entanto, o fator primário e decisivo está em que se trata de um sistema de fenômenos. Pretender que Comte fez da filosofia uma teoria da ciência e não uma teoria da realidade é uma caricatura para uso dos positivistas contemporâneos.

Todas as ciências já têm um caráter positivo. Mas não o alcançaram de uma vez e ao mesmo tempo. A lei dos três estados se aplica em diferente medida a cada ciência. Aristóteles e os alexandrinos, segundo Comte, constituíram a matemática como ciência positiva. Na Idade Média, deve-se aos árabes a constituição das ciências naturais como saberes positivos. E na Europa a positivação se deveu a três grandes impulsos: Galileu, Bacon e Descartes – de quem, como vimos, Comte nos diz que foi quem conseguiu restituir o espírito humano a seu estado de normalidade. Pasma pensar que a dúvida metódica possa merecer essa qualificação de estado normal – mas, para o que Comte pretende, seria assim, pois o que a dúvida faz é deixar o espírito reduzido ao que ele é por si mesmo e desde si mesmo, sem apelar para causas transcendentes.

A filosofia positiva já se instaurou nessa via. E pôde tornar patente para a razão humana a profunda homogeneidade de todos os seus saberes – tanto dos científicos quanto dos filosóficos. Em primeiro lugar, homogeneidade de método: a observação e a verificação. Além disso, homogeneidade de doutrina: cada ciência se apoia nas anteriores. Não se trata de pensar que essa homogeneidade significa a unidade de um princípio, pelo contrário, cada categoria de fenômenos tem suas leis próprias. Trata-se tão somente da unidade de sistema e da homogeneidade de seu caráter fenomênico. Finalmente, todos os saberes têm uma homogeneidade de espírito: saber para prever e prever para prover. É o que completa a ideia da filosofia positiva: a filosofia não é uma ciência positiva apenas da razão teorética, mas também da razão prática.

4º A ideia positiva da razão prática. Vimos que, para Comte, o estado positivo nasceu justamente de uma rebelião da razão prática contra a razão teorética no sentido da teologia e da metafísica. Mas o resultado dessa rebelião foi instalar a própria razão em sua situação normal: a observação e verificação dos fenômenos. Mas o interesse da razão prática não acaba aqui, senão que pede à razão teorética justamente a racionalidade positiva com que possa constituir a ação humana. E aqui aparece uma grande diferença com relação a Aristóteles. Aristóteles havia falado da razão prática no sentido de *tékhne*. Mas para ele a *tékhne* é um saber de cada mente. Agora, em contrapartida, diz-nos Comte, a *tékhne* adquiriu caráter social com um regime próprio; é a indústria. Nossa época, diz-nos ele, é a era industrial. A razão prática é, antes de tudo, essa razão social que se chama indústria. E aqui é que se implicam mutuamente a razão teorética ou contemplativa e a razão prática ou ativa. Por um lado, é a ação que vai medir as exigências de precisão da razão teorética. Mas, reciprocamente, é a ciência e apenas a ciência positiva que fornece à indústria sua precisão quanto à eficácia prática, para não se perder em iniciativas individuais ou volatizar-se em quimeras. A transformação do saber técnico dos gregos em era industrial é uma das grandes visões de Comte. Para ele, o advento da era industrial é fruto do estado positivo. A indústria, diz-nos ele, teria sido impossível nos dois estados anteriores – entre outros motivos, porque a indústria vive da ideia de que é o homem quem pode modificar o curso da natureza, e, portanto, esse sentimento é incompatível com a atitude de quem pede ao céu que modifique as coisas. No fundo, ainda que não de maneira aberta, a ciência e a indústria estão para Comte em oposição total à teologia.

Para que o quadro da ação prática esteja completo, basta acrescentar, diz-nos ele, que há uma coordenação entre a ciência e a indústria: é a engenharia.

Aí estão, portanto, as grandes linhas da ideia da filosofia positiva. Naturalmente, esta filosofia – mais que um conjunto fechado de doutrinas – é uma atitude e um espírito. Como conjunto de doutrinas, muitas falhas poderiam ser apontadas em Comte. Antes de tudo, a constituição da psicologia como ciência positiva diferenciada da sociologia, mas também a constituição de uma astrofísica, etc. Mais ainda: na própria matemática, pode-se apontar em Comte uma falta de compreensão de alguns problemas, como o do cálculo de probabilidades, considerado por Comte como um resíduo de metafísica na matemática, na medida em que é hoje uma das bases da física do átomo. Mas tudo isso é perfeitamente secundário. O espírito positivista permanece incólume porque é uma atitude intelectual, tal como o foi o nominalismo. Em que podem parecer-se dois nominalistas como Holkot e Buridan? E, no entanto, apesar das diferenças de conteúdo doutrinal, os dois têm uma mesma atitude, pela qual dizemos que ambos são nominalistas. Com o positivismo, acontece exatamente a mesma coisa.

Tomadas juntas em seu caráter racional e positivo, a razão teorética e a razão prática constituem a sabedoria universal, sobre a qual está assentada a sociedade. E o que Comte entende pelo positivismo como sabedoria universal? É este o último ponto que, ainda que rapidamente, devemos examinar.

III. A filosofia como sabedoria universal

Para Comte, a filosofia é a reflexão sobre a sabedoria que brota espontaneamente do espírito dos homens em sua vida coletiva. E, como tal, a filosofia não é apenas a ciência do mais geral, mas é também o saber supremo – é a forma suprema da sabedoria. É essa sabedoria que torna possível a vida social em sua dupla dimensão de ordem e progresso. Daí resulta que a filosofia é pura e simplesmente *la raison publique*, a razão pública. E, reciprocamente, essa razão pública, enquanto "positiva", é a filosofia como forma suprema de sabedoria universal. Aí está o que Comte buscava. Definitivamente, Comte se mantém fiel ao motor secreto de seu pensamento: a convivência social. A filosofia é apenas a forma racional de um estado geral do espírito humano. E, quando este atinge o estado positivo, a filosofia é apenas a razão social ou pública de caráter positivo. Comte se vê então impelido a justificar a filosofia positiva como forma de razão pública, e o faz em dois passos: mostrando que é a única saída possível para a crise que sua época padece e fazendo ver que é a única base possível para a moral humana.

1. O positivismo e a crise de sua época. Para Comte, essa crise resulta da convivência das três filosofias: a teológica, a metafísica e a positiva. E a solução da crise estará no triunfo da "filosofia do bom senso". Pois bem: é fácil, para Comte, ver que a filosofia positiva é a própria expressão do bom senso dos homens, porque é a única que durante séculos está em constante progresso.

Em sua época, diz-nos Comte, ainda está vivo o predomínio dos metafísicos, que levou a um resultado curioso. É a substituição da casta sacerdotal do estado teológico por outra, diferente: a casta dos professores universitários. Mais ainda: levou à criação de outra casta: o corpo de legistas, adversário do regime feudal. Com isso, a sabedoria – a razão pública – passou, ao fim e ao cabo, a ser coisa de simples literatos e advogados. E isso, diz-nos Comte, é extremamente grave, tanto no que se refere à ordem quanto no que se refere ao progresso, que são sempre suas duas grandes preocupações.

No que se refere à ordem, é claro, diz-nos ele, que, se metafísica tivesse ficado na mera crítica destruidora da teologia, teria deixado o espírito desamparado, quer dizer, em situação de máxima desordem pública. Efetivamente, todas as tentativas de reagir em face dessa situação se reduzem a duas escolas: uma escola negativa, que quer manter a metafísica em e por si mesma; e uma escola retrógrada, que se esforça por retornar à teologia. Mas nem o negativo nem o retrógrado têm futuro – só o tem o presente. Este presente conta, certamente, com bons conciliadores, que quiseram tornar a teologia compatível com a metafísica e com o saber positivo: são os ecléticos. Carecem de futuro porque se dissolvem no puro verbalismo, sem se dar conta da oposição e da incompatibilidade entre o estado positivo e os dois estados anteriores. É necessário, portanto, fundar uma "filosofia sã" em que todos os homens possam convergir, uma razão verdadeiramente pública, no que se refere às ideias, aos costumes e às instituições. Depois da crise metafísica, não resta outra saída além da razão positiva. E, para isso, há de se tentar uma tríplice conversão do espírito. Em primeiro lugar, uma conversão nas próprias questões. Trata-se de tirar a primazia das questões políticas, convencendo os homens de que o primordial não são as instituições políticas, mas as questões morais. Trata-se de se convencer de que a crise política é resultado de uma crise moral. Portanto, o principal é a reforma moral – e isso só pode ser obtido mediante uma moral racional. Em segundo lugar, uma conversão na maneira de tratar as questões: considerar sempre o estado presente como resultado necessário do estado passado. Só assim se supera uma crise meramente negativa e vazia. Finalmente, uma conservão na maneira de elaborar os novos princípios, a saber: fazer entrar as funções sociais no conjunto de todos os outros fenômenos. O saber positivo é, nesse triplo sentido, a única saída possível da crise para restabelecer a ordem do espírito.

A coisa não é menos clara no que se refere ao progresso. O progresso consiste em afirmar cada vez mais a humanidade em face da animalidade. E a diferença entre o homem e o animal se traduz, para Comte, em dois pontos: a inteligência e a sociabilidade. Tendo feito da razão o impulso máximo do espírito humano na era positiva, e tendo incluído o social entre os fenômenos positivos, o homem tem tudo aquilo de que necessita para estar de acordo com o passado e para se abrir ao futuro de maneira progressiva. Só uma filosofia que explique todo o passado tem assegurada a capacidade de presidir o futuro. E este é o caso da filosofia positiva, porque é a única que se assenta sobre a relatividade das grandes épocas. A filosofia positiva é, portanto, como razão pública, a única saída possível para a crise do espírito.

2. Mas a filosofia positiva é algo mais que uma solução para a crise: é também a única possibilidade de construir positivamente aquilo que constitui a forma como o espírito existe: a moral.

Para Comte, a ajuda teológica nesse esforço não é apenas inútil, mas positivamente nociva. Primeiro, porque desacreditou as bases racionais da moral. Segundo, porque o que faz é suscitar deliberadamente perturbações por dissensão. Terceiro, porque impediu tematicamente a sistematização natural dos princípios morais. O mero bom senso moral constata essas aberrações "cumprindo o grande ofício moral que o catolicismo já não exerce".[5] O bom senso moral desenvolve, em primeiro lugar, o sentimento social. Abandonado a si mesmo, o homem se volta para os demais como para iguais: é a gênese do sentimento do altruísmo e da benevolência, que desempenha um papel essencial na filosofia moral e na sociologia de Comte. Em segundo lugar, há não apenas a versão altruísta para os demais, mas também a

---

[5] *Disc.*, p. 83. [Ou seja: *Discours sur l'Esprit Positif*, ed. cit., p. 71. - N. E. esp.]

solidariedade de todos os homens. O homem não é uma realidade pessoal, mas membro de uma solidariedade social. O sujeito da moral não sou "eu": somos "nós". E "nós" é também o sujeito da filosofia positiva. Por isso a filosofia positiva, como razão pública, é a única base possível da moral. A moral proporciona a felicidade para o homem. Mas a felicidade não consiste em que o homem se "eternize" individualmente, e sim socialmente. E, para conseguirem isso, a moral e a filosofia positiva encontram suas possibilidades máximas em certos estratos sociais. A filosofia teológica era, mais propriamente, a filosofia das classes aristocráticas. A filosofia metafísica foi a filosofia da burguesia. A filosofia positiva é a filosofia de todas as classes sociais. Mas, por isso mesmo, encontrará seu primeiro apoio nas classes proletárias. Não que o positivismo se dirija especialmente a elas, mas sim porque são a única classe que permaneceu à margem das perturbações da era teológica e da era metafísica. É a verdadeira *tábula rasa*, a mais propícia, por sua incultura ancestral, para alcançar a filosofia positiva. É verdade, diz-nos Comte, que o proletário nunca realizará a utopia de alcançar o poder público, mas pelo menos será ele que vai ter a melhor e a máxima moral positiva: dos proletários, esta moral se irradiará para todos os demais.

Dessa maneira, o espírito elaborará uma moral positiva, não deduzida de princípios abstratos, mas de algo positivo: a grande experiência histórica da comunidade. Esta moral não foi para Comte uma ciência dos costumes, como Durkheim e Lévi-Brühl pretenderam. Comte nunca disse semelhante coisa. Comte falou de algo diferente: uma experiência histórica do espírito humano que passou por diversas morais. E essa experiência envolve não apenas costumes de fato, mas também estimações e valorizações. E o que Comte pretende é que essas vicissitudes morais constituam uma rigorosa e estrita experiência moral. A história vai depurando e sistematizando essa experiência. E seu resultado é a moral positiva.

O positivismo acredita estar abrindo para o homem uma perspectiva nova. Dizíamos que, para Comte, o social é a categoria suprema em que todas as outras categorias adquirem sua concreção última. E o sentido dessa concreção agora está claro. Tudo está envolto nessa imensa solidariedade social. O "nós" não é um grupo, nem uma classe, nem uma época: é, pura e simplesmente, "a Humanidade". A Humanidade é o *Grand être*, a versão positiva do que foi Deus para a teologia e ainda para a metafísica. Em sua grande experiência histórica, com o espírito chegando ao estado positivo, abre-se-lhe a tarefa de um imenso progresso para esta Humanidade. O espírito positivo inaugura definitivamente uma forma de religião, a religião positiva: é a religião da Humanidade. À sua exposição Comte consagra seu *Catecismo Positivista*. O *Grand être* não é uma realidade transcendente, mas um momento historicamente imanente à sociedade inteira, e com isso o universo físico é apenas o teatro do desdobramento da humanidade. Definitivamente, a ordem nas ideias sociais e o progresso pela experiência da relatividade são o grande motor e a forma suprema de saber: saber para prever e prever para prover. Para prover o quê? Para prover o melhor desenvolvimento de cada um nessa marcha progressiva para a Humanidade. A filosofia positiva é, assim, a base racional da sabedoria humana. É o espírito humano assentado sobre si mesmo tal como é de fato.

Nascida da destruição da teologia pela metafísica, a filosofia positiva tentou sistematizar a sabedoria comum do bom senso, levando-a a conhecer cientificamente o curso dos fatos e a estabelecer um regime social sobre o qual a Humanidade possa definitivamente se assentar. É o conhecimento científico do Universo como fenômeno observável e verificável. E essa razão científica, erigida em razão pública, é a filosofia científica como sabedoria universal – ou, como diz o próprio Comte: é "*la philosophie première*".

Lição IV
Bergson

Vamos falar hoje de como Henri Bergson (1859-1941) viu a filosofia. Bergson começou seu labor filosófico em pleno apogeu do positivismo. E o positivismo, como já dissemos, não é só uma doutrina, mas também, e principalmente, um espírito. Como tal, criou toda uma época. Dentro desse espírito, a doutrina positivista havia conquistado ampliações consideráveis em seu conteúdo.

Em primeiro lugar, a época de Bergson havia assistido, contra todas as afirmações de Comte, à constituição da psicologia como ciência positiva, por caminhos e direções muito diversos. Antes de tudo, a psicofísica da Fechner e Weber havia introduzido, pela primeira vez, a ideia de uma medida dos estados psíquicos, pelo menos no que diz respeito à intensidade deles. Com Wundt, a psicologia amplia seu conteúdo positivo: de uma psicofísica chega a ser uma psicologia fisiológica, inspirada, sobretudo, na tese do paralelismo psicofisiológico. Além disso, em Wundt mesmo e entre os ingleses, com Bain à frente, traça-se o caminho de uma psicologia pura: os estados mentais formam uma multiplicidade, em que a vida mental se constitui por associação de uns estados com outros. Foi o associacionismo. E essa associação é uma síntese temporal, mensurável, em princípio, por métodos objetivos. E, como complemento e base fisiológica do associacionismo, acontece a descoberta dos centros nervosos afeitos a funções mentais plenamente determinadas: é a ideia das localizações cerebrais. O cérebro seria o "depósito" de imagens, etc. Foi a época em que as afasias e as agrafias eram levadas e trazidas com ar desafiador e triunfante entre Salpetrière[1] e os laboratórios e psicologia e as cátedras de filosofia.

Junto com a psicologia, a sociologia – que tinha sido constituída como uma física social por Comte – adquire em dois discípulos seus, Durkheim e Lévy-Brühl, seu último toque de positivização. A moral social de Comte se torna uma ciência dos costumes, e a própria religião é interpretada sociologicamente: é um estado social.

A filosofia como tal se desenvolve dentro do espírito da época. Em primeiro lugar, Bergson assiste – como discípulo – ao apogeu do cientificismo, segundo o qual a matemática é a estrutura fundamental do universo e o paradigma de todo conhecimento. Junto com isso, aparece uma forma de positivismo sensivelmente diferente do preconizado por Comte. Herbert Spencer tem uma visão monista e materialista do universo – coisa completamente estranha a Comte, que insistia em que era uma quimera pretender encerrar o universo inteiro em uma só lei ou princípio. Spencer, pelo contrário, encontra esta lei no monismo, complementado pela ideia de evolução: o universo é a passagem do homogêneo ao heterogêneo por evolução. Foi o monismo materialista e evolucionista. Em terceiro lugar, a metafísica renasce em dupla direção: como atitude diante da realidade espiritual que subjaz aos estados mentais, e como afirmação de uma realidade absoluta além de todo o fenomênico, mas uma realidade declarada incognoscível. Foi o agnosticismo. Finalmente, há uma série de correntes díspares, mas que tiveram importância decisiva naquele momento. Antes de tudo, a restauração do neokantismo pelas mãos de Renouvier – um neokantismo algo tingido de

---

[1] Hospital parisiense que, a partir da Revolução Francesa, serviu de asilo e hospital psiquiátrico para mulheres. (N. T.)

leibnizianismo. Além disso, começam a despontar ideias novas que em seu momento farão época. Por um lado, a ideia da contingência das leis da natureza (foi a grande obra de Boutroux); por outro, a incipiente crítica das ciências, que vê no fato científico algo mais que uma mera constatação (o fato científico como oposto ao fato bruto, como se dirá depois). Finalmente, uma tendência à história da filosofia e à interpretação do pensamento aristotélico, devida a Ravaisson, personalidade de pouca relevância filosófica, mas de grande sensibilidade, mestre de Bergson e que teve sobre ele uma influência decisiva.

Bergson se encontra nesse complexo meio filosófico, fielmente devotado ao pensamento positivista e materialista, representado sobretudo na *École Normale*, onde foi condiscípulo de Durkheim. Bergson se propõe a descrever o universo inteiro em termos matemáticos, e para isso necessita fazer uma análise "científica" da ideia de tempo aplicável com precisão à sucessão dos múltiplos estados mentais. Eis o ponto de partida de sua filosofia: a análise do tempo. E aqui, como o próprio Bergson nos conta, ele fracassou. O tempo da ciência positiva é o tempo como "sucessão", em que cada estado mental se acha deterministicamente ligado aos outros estados. Aprofundando-se no tema, Bergson depara com o tempo como "duração" pura, que é essencialmente liberdade. É que, além dos fatos científicos e servindo-lhes de base, há os fatos ou dados imediatos da consciência. Para Aristóteles, o objeto da filosofia é o ente enquanto tal; para Kant, é algo mais estrito: o objeto enquanto tal; para Comte, é algo ainda mais estrito: o fato científico. Pois bem: para Bergson, é o fato imediatamente dado. Os fatos científicos não esgotam a realidade.

Vamos examinar, portanto, a ideia que Bergson faz da filosofia, em três estapas:

1º Qual é a origem da filosofia para Bergson.

2º O que é o saber filosófico em si mesmo.

3º Qual é o âmbito do saber filosófico.

I. A origem da filosofia

Bergson acusa fortemente a marca do pensamento de Comte com respeito à origem e ao sentido do saber científico. Tal como para Comte, segundo Bergson o senso comum elabora fórmulas mais ou menos toscas sem atender muito às coisas tais como são em sua plena realidade. Mas essas ideias são enormemente úteis para a vida corrente: sem elas, não poderíamos viver com firmeza.

Sobre essas ideias, vimos que Comte apresentava o saber científico definido em três termos: saber, prever, prover. Em última instância, Bergson mantém esta concepção de Comte. Efetivamente, pelas necessidades de sua vida, o homem, em primeiro lugar, seleciona os objetos sobre os quais fará recair seu saber. Em segundo lugar, atende nos objetos àquilo que há neles de mais fixo e estável, para poder se mover entre eles. Terceiro, averigua as relações estáveis que os objetos mantêm entre si, para poder prever o que acontecerá neles. Finalmente, todo esse resultado a que chega o homem ele transforma em fórmulas de fácil manejo, que são verdadeiros concentrados daquele penoso labor. Bergson chama o conjunto dessas quatro operações de "a prática", o saber prático.

Mas, para Bergson, a filosofia é algo completamente diferente. Em uma frase lapidar – como todas as suas – a filosofia, diz-nos Bergson, nasce de uma concentração de pensamento sobre a base de uma emoção pura. A questão está em Bergson nos dizer o que é essa concentração e qual é essa emoção pura.

Toda ciência nasce, naturalmente, de uma concentração do pensamento. Mas essa concentração tem um caráter muito especial na ciência: é a atenção à vida, a suas necessidades. E é isso o que produz esse tipo de conhecimento que Comte definiu. Vimos que Bergson chama isso de "prática". Aparentemente, Bergson coincide neste ponto não apenas com Comte, mas também com Aristóteles. Mas apenas aparentemente, porque este conceito de prática é sensivelmente diferente do de Aristóteles. Certamente Aristóteles tinha falado da *tékhne* a propósito da origem da ciência (*epistéme*) e da filosofia. Mas para Aristóteles se trata sempre, na *tékhne*, de um saber fazer; em contrapartida, a ciência está flutuando, acima da prática, no sentido de necessidade vital. Esta conduz à ciência, mas apenas "conduz"; em si mesma, a ciência é algo diferente da prática. Em contrapartida, para Bergson se trata de algo diferente. A prática é um ingrediente formal e constitutivo da própria ciência: é o saber prático, é a razão prática que é a própria razão científica. Prática significa, portanto, não a *práxis* grega, a ação que se basta a si mesma, mas a ação segundo a qual a vida maneja as coisas em vista de suas necessidades internas. A ciência não é *theoría*, e sim pensamento da realidade manejável.

Mas a concentração de pensamento da qual a filosofia surge é completamente diferente: é ir a contrapelo da prática. Isso, como o próprio Bergson nos diz, não parece nada especialmente novo. Bergson cita a frase de Plotino segundo a qual "a *poíesis* e a práxis são... um debilitamento da *theoría*" (ἀσθήνεια θεωρίας). Mas a diferença entre Bergson e Plotino é fundamental. Com esse debilitamento, o que Plotino defendia era a necessidade de um esforço para se desligar da prática e se lançar a um mundo essencialmente transcendente (ἐπιστροθή). Para Bergson, não se trata disso. Não se trata de ir a contrapelo da prática para elevar-se acima do mundo com que a prática lida, e sim, justamente ao contrário, para manter-se mais intimamente nele, retrotraindo-se a suas raízes últimas. É uma reintegração ou retroação à realidade imediata e plena – e essa é justamente a concentração do pensamento própria da filosofia. Trata-se não de se desprender do mundo em que se vive praticamente, mas de ficar nele sem os antolhos com que a necessidade vive nele. Com isso, a *theoría* não é senão a visão radical e autêntica do próprio mundo em que se vive praticamente. Está-se nas últimas coisas, mas de outra maneira.

Em que consiste essa operação? A resposta a esta pergunta será a lição inteira. Mas de saída Bergson estabelece sua posição diante de duas ideias importantes.

Em primeiro lugar, a ideia do que primariamente é o homem. O homem não é primariamente *homo sapiens*, mas *homo faber*. Veremos como Bergson concebe o *homo sapiens*. Mas o *homo faber* é sempre o primário, porque a inteligência é o que se nos deu como sucedâneo do instinto. Não é uma coisa fútil. O *homo faber* nos deu duas coisas da maior importância: a tecnicidade e a ciência, que nos introduzem na intimidade de uma matéria que a técnica manipula e a ciência pensa. E isso é essencial.

Em segundo lugar, a dimensão social do homem. O homem, sobretudo o *homo faber*, não vive sozinho. Daí sua segunda característica: a linguagem. O homem é originalmente *homo loquax*. E por esta função o homem entra em "co-operação" com os outros. Para isso, recorta os caracteres das coisas e as reduz ao perfil arestado do conceito. Graças a isso, pode se comunicar com os outros e tornar possível o manejo das coisas. Os conceitos são o esquema de nossa ação sobre as coisas. Nada de estranho, portanto, que em suas origens a filosofia tenha sido justamente diálogo, um διαλέγειν. Isso também é essencial. O que acontece é que essa atitude loquente pode degenerar facilmente. Bergson nos põe em guarda contra essa degeneração. Diante do *homo faber* e do *homo sapiens*, Bergson – como ele mesmo nos diz – curva-se com respeito. Mas o único que lhe é antipático é o *homo loquax*, este homem sempre fácil para falar, sempre disposto a criticar; no fundo, é a facilidade de falar das coisas sem as ter estudado. Mas a natureza, diz-nos ele, preocupa-se muito pouco em facilitar nossa conversa com as coisas e com os homens. Por isso ele se volta enérgico contra o que chama, em frase feliz, de socialização da verdade. A socialização da verdade foi a situação das sociedades primitivas; é a atitude natural do espírito humano, que não está destinado à ciência nem, menos ainda, à filosofia. É necessário reservar agora esta atitude para as verdades de ordem prática, para as quais o homem foi feito naturalmente.

Por isso – antecipando ideias – aquilo que vulgarmente se chama um fato não é a realidade tal como ela apareceria a uma intuição imediata, mas uma "adaptação do real aos interesses da prática e da vida social".[2] Acima do *homo faber* e do *homo loquax*, há algo completamente diferente: há o ir a contrapelo dessa fabricação e dessa conceituação esquemática, para nos instalarmos em suas próprias raízes e vermos se podemos assistir nelas ao orto de um saber diferente: será a filosofia.

Nesta concentração de pensamento, com efeito, subjaz uma emoção a que Bergson chama pura. A concentração de pensamento própria da ciência está montada sobre a emoção prévia do bem-estar e do prazer que a ciência pode nos proporcionar. Mas, na base da concentração de pensamento própria da filosofia, há uma emoção diferente que só ela pode dar: a *joie*, a alegria gozosa de possuir a realidade. Contra o que Bacon dizia – a saber, que se manda na natureza obedecendo a ela – Bergson afirmará que a missão do homem diante da natureza não consiste em mandar nem em obedecer, mas simplesmente em simpatizar com ela, em uma como camaradagem, em uma verdadeira *philía*. Isto é a filosofia. Mas, ao passo que para um grego a *philía* era a busca da verdade, para Bergson é algo muito mais profundo: é o amor em que se convive com a própria realidade.

Pela retroação da vida a suas raízes, impulsionados pelo puro amor à realidade, é que nasce a filosofia. Mas em que consiste este saber filosófico? Esta é a segunda questão.

II. O saber filosófico

O que é o saber filosófico para Bergson? Para caracterizá-lo com certa precisão, teremos de perguntar a Bergson, em primeiro

---

[2] *Mat. Mem.*, 201. [Ou seja: H. Bergson, *Matière et Mémoire. Essai sur le Rélation du Corps à l'Esprit*. 13. ed. Paris, F. Alcan, 1917. Este é o exemplar que se conserva na biblioteca de Zubiri. - N. E. esp.]

lugar, qual é, de modo preciso, o *objeto* da filosofia. E, em segundo lugar, qual é o *método* para saber esse objeto. E, finalmente, como ele concebe então a *relação entre a filosofia e a ciência*.

I. Em primeiro lugar, portanto, o *objeto da filosofia* para Bergson. O pensamento de Bergson força sempre à repetição constante das mesmas ideias, vistas de ângulos diferentes. A filosofia nasce de uma retroação da prática. Já vimos o que essa prática nos propicia: um conjunto de conceitos e de símbolos com que o homem apreende as coisas e as ensina aos outros. Pois bem: a retroação da prática nos leva a um saber que, por enquanto, se caracteriza negativamente por um prescindir de todo e qualquer símbolo. Não é que Bergson se negue a utilizar símbolos em filosofia. Muito pelo contrário. Mais ainda, é um mestre incomparável em utilizá-los, nessa forma especial que é a metáfora. Mas a metáfora, diz-nos ele, é uma forma de sugerir algo muito mais profundo do que o puro simbolismo prático. O símbolo substitui o simbolizado para facilidade da vida. A metáfora, em contrapartida, não substitui, mas sugere uma realidade a que a metáfora nos transporta. Metáfora é isto: transporte. Além do mais, o saber filosófico não só prescinde de símbolos, mas também de conceitos já prontos. Bergson também não se negará – como se negará a isto? – a utilizar conceitos em filosofia. Mas sua utilização é muito diferente da do *homo faber*. Todo conceito é um esquema da realidade. Pois bem: esse esquema pode ser utilizado de duas maneiras diferentes, assim como para conhecer uma cidade se podem utilizar de duas maneiras diferentes o mapa e as fotografias dela. Uma consiste em servir-se desses elementos para visitar a cidade; mapa e fotografias não têm então senão a função de orientação para conseguir um conhecimento imediato. Outra maneira consiste em ficar em casa e estudar atentamente o mapa e as fotografias. Estes elementos, então, substituem a cidade real, e me proporcionam apenas "certa ideia" dela. Pois bem: esta segunda maneira é a própria dos conceitos da ciência. A primeira é a maneira de utilizar os conceitos na filosofia. Os conceitos são guias preciosos, mas apenas guias, para o conhecimento imediato do real. Por retroação à prática e ao que há de prático na ciência, prescindimos de símbolos e de conceitos já prontos e nos instalamos na realidade. Qual é, positivamente, o caráter da realidade em que assim nos instalamos?

Com seus conceitos e símbolos de coisas recortadas em vista das necessidades práticas, o homem só conhece das coisas o que elas têm de relação umas com as outras. Em contrapartida, se nos reintegramos ao que são as coisas imediatamente dadas, prescindindo de toda e qualquer relação com as demais, então ficamos frente a frente com a realidade em e por si mesma, "solta" de toda e qualquer relação com outras: é a realidade "ab-soluta". Para Bergson, portanto, o objeto da filosofia é o ab-soluto. Bergson não entende aqui como absoluto algo que está para além dos fatos. Também não é a área incognoscível que possa haver nos fatos. É pura e simplesmente o fato tal como é por si mesmo, anterior a qualquer elaboração científica e prática, anterior a todo o empobrecimento segundo o qual não se atende nos fatos senão àquele momento pelo qual coincidem uns com os outros. Em uma palavra, o absoluto é o imediatamente dado, tomado em si e por si mesmo. Comparado com o que Comte imaginava – ou seja, que o objeto da filosofia é o fato científico – para Bergson o objeto da filosofia é o fato imediato. E isto é o absoluto. Absoluto significa o imediatamente dado, tomado em e por si mesmo.

Este saber do absoluto é, em primeiro lugar, o saber de um fato. Por isso, paradoxalmente, é um saber estritamente positivo. Sucede apenas que essa positividade não recai sobre um fato científico, mas sobre um fato prévio e elementar, sobre o fato imediato. Portanto, Bergson, por assim dizer, cinde a positividade da cientificidade. Enquanto para Comte o fato é sempre e somente o fato científico, para Bergson há fatos – os fatos imediatos – que são fatos, mas não são fatos científicos, no sentido das ciências. Daí que um saber científico possa ser, no entanto, positivo. Tal é o saber filosófico. A filosofia é um saber positivo da realidade.

Em segundo lugar, como o fato imediato é absoluto, e o absoluto é o que desde sempre se chamou de metafísico, sucede que a filosofia é formalmente metafísica. O fato imediato é um fato metafísico. Por isso, em face de Comte, que rechaçava a metafísica como um saber absoluto e inacessível a respeito daquilo que está para além dos fatos, para Bergson o absoluto é um fato e, portanto, a metafísica é um saber positivo. É a positividade da filosofia como metafísica.

Em terceiro lugar, este saber é absoluto exatamente porque, tomando o imediato em e por si mesmo, prescinde de aplicar a isso conceitos já prontos e tomados de outras áreas de fatos. A rigor, como veremos mais adiante, a ciência, a seu modo, também toca o absoluto enquanto se mantenha em sua linha. Ela só se transforma em saber relativo quando aplica a uma área da realidade conceitos tomados de outra. Daqui e só daqui parte a autêntica relatividade do conhecimento científico. A ciência não é relativa enquanto se mantém na linha das relações que estuda, mas quando extrapola seus conceitos para outras linhas. Bergson está pensando aqui, antes de tudo, no monismo de Spencer. Mas também em outras concepções. O mecanicismo é relativismo não quando se limita à mecânica, mas quando aplica os conceitos mecânicos à biologia e à psicologia. Pela mesma razão, a antiga física hilozoísta[3] era relativa, porque pretendia aplicar os conceitos da biologia ao domínio da matéria inanimada. Em última instância, como o próprio da vida e da consciência é o tempo, todo monismo resulta de aplicar ao tempo da vida e da consciência a ideia mecânica do tempo como sucessão, própria da física. Mas isso é impossível porque o que fazemos então com o tempo, em geral, é fazer dele o que a mecânica faz com o tempo: espacializá-lo. Definitivamente, eliminar o tempo. Isso é o que constituiu a dificuldade inicial com que Bergson esbarrou, quando quis aplicar o monismo spenceriano aos fenômenos da vida

---

[3] Hilozoísmo: doutrina filosófica, em geral atribuída à física pré-socrática ou ao estoicismo, segundo a qual toda a matéria do universo é viva, e o próprio cosmos é um organismo material integrado, com características como animação, sensibilidade ou consciência. (N. T.)

e da consciência. Em contrapartida, um saber absoluto, o saber dos fatos imediatos tomados em e por si mesmos:

a) seguirá em cada caso em e por si mesmas as ondulações próprias do real. Não abarcará de uma vez a totalidade das coisas, mas cada uma das coisas ou, pelo menos, cada uma das áreas dos fatos, concebendo-as em sua medida real e não com metros tomados de outras áreas. Como saber absoluto, a física tem de trabalhar em cada caso conceitos feitos à medida do imediatamente dado. Vê-lo-emos mais adiante;

b) apreenderá o real em sua continuidade interna, sem decompô-lo arbitrariamente em pedaços isolados. Esta operação é necessária para a vida e, em boa medida, para a ciência; mas a filosofia toma o real tal como ele se nos dá em e por si mesmo, como uma continuidade interna;

c) conceberá, no entanto, o imediato com toda a precisão. O saber do absoluto é tudo, menos impreciso. E essa precisão tem dois caracteres: é geral e clara. Antes de tudo, é geral. Quando Bergson eliminou da filosofia os conceitos, não se referia à função geral de "conceber", mas a essa maneira de conceber que consiste em generalizar para todo o real conceitos que só têm validez em uma área dele. Por isso, para Bergson é preciso distinguir a ideia geral e as generalidades. O que se obtém por extrapolação não são ideias gerais, mas generalidades mais ou menos vagas: "precisamente quando se trata de ideias gerais é que", diz-nos ele, "seria preciso guardar-se das generalidades". A verdadeira ideia geral é a que apreende com toda a precisão, e em sua medida própria, o imediatamente dado. E essa apreensão precisa não é nada nebuloso: é algo perfeitamente claro. Os conceitos feitos sob medida podem parecer obscuros, mas é tão somente porque se chama obscuridade à inaplicação de uns conceitos a realidades de outra área. Há dois tipos de claridade. Uma é a claridade dos conceitos já prontos e recebidos, combinados com rigor dialético, quer dizer, a claridade das evidências das proposições. Mas há outro tipo de claridade: a claridade de uma ideia nova quando as anteriores se tornaram inservíveis. Esta ideia nova, no início, pode parecer obscura; mas, se se tem coragem de aceitá-la para testar com ela, pode acontecer que, obscura em si mesma, essa ideia vá derramando luz e claridade ao seu redor. E esta claridade que ela difunde reflui então sobre a própria ideia. A ideia vai adquirindo, gradualmente, uma claridade que não tinha antes, e já se instala na mente do pensador. As ideias feitas sob medida têm generalidade e claridade próprias. Exatamente por isso são precisas. Mas não é a precisão de um jogo de conceitos, mas a da apreensão direta da realidade imediatamente dada. Esta é a verdadeira dificuldade da filosofia: ir com precisão ao fundo das coisas. Esse contraste entre as duas claridades pode ser percebido, por exemplo, quando um novato discute com um filósofo que admite a liberdade. O novato determinista parece ser sempre quem tem razão: o que ele diz é tão claro! Sim, mas é a claridade dialética, não a claridade da apreensão dos fatos imediatos.

O absoluto assim entendido é, em cada caso, algo infinitamente simples; e justamente por isso é tão difícil comunicá-lo aos outros. O máximo que se pode fazer é convidá-los e estimulá-los ao esforço de apreendê-lo por si mesmos. O absoluto, diz-nos Bergson, "é algo simples, infinitamente simples, tão extraordinariamente simples, que o filósofo jamais conseguiu dizê-lo bem. Por isso é que ele falou durante toda a sua vida". Todo verdadeiro filósofo, acrescenta ele, não disse mais que uma só coisa ao longo de sua vida. Seu discurso é uma frase única.

Este absoluto é sua primigênia simplicidade – como apreendê-lo? É este o ponto decisivo.

II. *O método da filosofia*. Naturalmente, Bergson quer apreender essa realidade absoluta com verdade. E isso o obriga a nos dar, em primeiro lugar, uma nova ideia da experiência da realidade; em segundo lugar, algo intimamente conexo com isso, uma nova ideia da realidade; e finalmente, em terceiro lugar, precisa nos dar uma nova ideia da verdade. Só assim fica justificado o método com que alcançamos o absoluto.

1º Uma nova ideia da experiência. Quando Aristóteles e Kant se enfrentaram, cada um a seu modo, com o problema do conhecimento das coisas, sempre deram por suposto que o homem está fora delas. Consequentemente, o que o homem precisa fazer é entrar em relação adequada com essas coisas. É verdade que para Aristóteles é o homem quem gira em torno das coisas para receber delas seus conceitos. E é verdade que para Kant são as coisas, enquanto objetos, que giram em torno do homem, que lhes impõe suas condições de sensibilidade e inteligibilidade. Mas para ambos os filósofos se trata sempre de um "girar", justamente porque o homem está fora das coisas. Pois bem, haveria uma terceira posição: o homem não está fora das coisas e, portanto, não se trata de girar, e sim de que o homem, por algum ato primário seu, já está dentro das coisas. "Dentro" é *intus*. Por isso, o ato radical da filosofia, o grande órgão mental para filosofar é, para Bergson, a *intuição*. É o ato que nos coloca, que nos instala dentro das coisas. Por isso Bergson repetirá até a exaustão que as filosofias intuitivas escapam à crítica kantiana, na exata medida em que são intuitivas. A intuição, certamente, não é um método exclusivo da filosofia; mas para Bergson é seu método específico. Mas o que Bergson entende por intuição?

Em primeiro lugar, ele chama de intuitiva a apreensão (Bergson não usa a palavra apreensão, mas podemos lançar mão dela) imediata, ou seja, a apreensão das coisas por métodos diretos, não simplesmente referindo-nos a elas com conceitos prévios tomados de outras realidades.

Em segundo lugar, esta apreensão imediata não é uma simples constatação. Na intuição – daremos em seguida alguns exemplos – há algo diferente, algo mais que uma mera constatação. Há uma espécie de simpatia ou simbiose, não apenas com os homens, mas com todas as coisas. Simpatia, tomado em sentido etimológico: *syn-pathein*, cossentir, sentir junto com as coisas, por uma estrita simbiose com elas que nos permite precisamente apreendê-las intuitivamente.

Em terceiro lugar, não se trata de uma simpatia que pudesse desembocar tão somente em uma constatação passiva, mas justamente o contrário: é uma atividade, uma violenta atividade do espírito pela qual é preciso despojar-se não apenas das ideias preconcebidas, mas também esforçar-se para conviver com o que se tem pela frente, que não é um estado quiescente e pontual, mas algo diferente – uma *durée*. É um esforço por conviver com essa *durée*, por ir a contrapelo do que se faz na prática com ela. É uma auscultação do real, na qual cada visão tomada sobre o intuitivo é mantida não para fixá-la, mas, justamente ao contrário, para a ir corrigindo com diferentes visões tomadas dentro da própria intuição. A intuição, portanto, não é passividade, mas atividade máxima.

Em quarto lugar: imediata, simpática e ativa, a intuição não recai sobre "coisas", mas sobre sua *durée*. Veremos o que é a *durée*. Mas, antecipando ideias, podemos dizer que não se trata do tempo como sucessão de estados (isto seria para Bergson um tempo espacializado), mas de um tempo puro.

Essa capacidade de intuição não é nada oculto e misterioso. Quem quer que tenha escrito um romance, por exemplo, a conhece por experiência própria. Para descrever um personagem, o romancista multiplica seus traços e suas vicissitudes; mas nada disso esgota o sentimento simples e indivisível que eu teria se por um momento cruzasse com o próprio personagem. O personagem me estaria dado, de uma vez, em sua integridade e seu modo de ser; talvez eu o tenha surpreendido em um único detalhe que mo revelou "de dentro", e então cada um de seus traços e reações não só não compõem o personagem, senão que, ao contrário, são apenas o desenvolvimento de seu modo interno de ser, um desenvolvimento que é o conjunto de relações que esse simples personagem tem com os outros. A mesma coisa acontece com o conhecimento. Para apreender as coisas, são necessários muitos conceitos e às vezes até muitos dados científicos. Mas esses conceitos e dados não têm outra função além de servir de orientação para submergirmos cada vez mais nessa simplicidade do modo de ser que é – como no caso do personagem do romance – algo infinitamente simples e pletórico. Por isso, diz-nos Bergson, intuição é sinônimo de perfeição.

Bergson chama nossa atenção, neste ponto, para o fato de que, apesar da alusão ao personagem romanesco, a intuição filosófica não é a intuição da arte. E isso por duas razões. Em primeiro lugar, diz-nos Bergson, porque a arte opera somente sobre o vivo, ao passo que a filosofia recai também sobre a matéria e apela, portanto, à inteligência conceitual, mas com um uso diferente. E, em segundo lugar, porque a arte opera com intuições, mas para expressá-las em símbolos. Pois bem: a filosofia pretende prescindir dos símbolos e das imagens, não no sentido de não fazer uso deles, mas para nos retrotrair, para nos reintegrar e nos submergir cada vez mais no modo de ser do imediatamente intuído. Não vai da intuição ao símbolo, e sim do símbolo à intuição.

Por isso, o intuitivismo de Bergson é tudo menos uma espécie de vaga sonolência em que o homem repousa passivamente para ver no que vai dar. É um esforço de atividade violenta. Também não é um discurso, no sentido de um discurso conceitual. Mas é um discorrer interno, é o espírito que discorre sobre o imediatamente dado para apreendê-lo em sua máxima simplicidade e elementaridade. O discurso contra o qual o intuicionismo de Bergson se volta é o discurso conceitual, o discurso ilativo, mas não o discurso do puro discorrer interno. O discurso ilativo vai de um conceito a outro, e de uma coisa a outra. Em contrapartida, o discorrer intuitivo tem o sentido contrário: é um esforço para permanecer no mesmo, mas de maneira mais completa e plenária.

É por isso que a intuição assim entendida é um novo tipo de experiência do real. Até agora, e sobretudo nas mãos de Comte, a experiência tinha sido meramente constatativa ou, no máximo, perceptiva do real. Em Bergson, trata-se de uma experiência completamente diferente. É a penetração, ou melhor, a compenetração que com toda a sua força simpática quer "coexperimentar" justamente o modo de ser das coisas tomadas tais como se dão em si mesmas. É estritamente uma experiência metafísica – a expressão que teria sido mais paradoxal e até contraditória na boca de Comte. A intuição como experiência metafísica: aí está o primeiro momento do método filosófico segundo Bergson.

Naturalmente, esta experiência é metafísica pela índole absoluta de seu objeto. É o segundo momento do método metafísico bergsoniano que é preciso caracterizar com mais rigor. Correlativamente à sua nova ideia da experiência, Bergson vai nos dar uma nova ideia da realidade.

2º A intuição, como dizíamos, nos submerge no modo misterioso de ser das coisas, ou seja, no absoluto delas, e não no relativo; pois, em vez de nos tirar da coisa, ela nos faz ficar cada vez mais dentro dela. Mas o que é esse ficar?

Do ponto de vista do próprio ato intuitivo, como já indicávamos, a intuição não é um ato pontual e único, como se fosse um simples abrir os olhos e contemplar passivamente o que se oferece a nós. Também não é uma sucessão de atos múltiplos, em multiplicidade numérica – veremos isso depois, com mais precisão. A intuição é um só ato, mas um ato de esforço, um ato que consiste em um contínuo desdobramento e recolhimento. A intuição não é uma sucessão de atos, e sim a *durée* de um mesmo ato, um ato cuja índole consiste em durar. Não é uma sucessão de atos, mas um ato durativo. O tempo da intuição não é o esquema da sucessão, mas o tempo puro da duração. Certamente Bergson sustentará explicitamente a ideia de que o tempo é sempre sucessão. Mas a *durée* é, para Bergson, uma sucessão qualitativa e não numérica.

Isso porque o próprio objeto da intuição é também pura *durée*. Por isso, entre a intuição e seu objeto há essa simpatia profunda graças à qual temos um conhecimento absoluto, isto é, um conhecimento do próprio modo de ser do real imediatamente dado. Para compreendê-lo, basta recorrer à maneira como apreendemos tanto a realidade externa quanto nossa própria realidade mental.

Por exemplo, quando estou em meu quarto com um amigo e o relógio toca, pode-se apreender esse som de duas maneiras diferentes. Uma, a que resulta do fato de que eu quero sair de casa às sete horas. Então, quando o relógio toca, eu fico atento para contar as badaladas. O tempo são as sete – esta é a hora. É o tempo como hora. É a percepção do tempo própria de minhas necessidades práticas; dela também sairá o tempo próprio da ciência, que quer saber quanto tempo demora a produzir-se um fato quando se produziu outro. O tempo da sucessão é essa linha imaginária em que vão se inscrevendo cada uma das sete badaladas. Mas talvez meu amigo não tenha de sair às sete. Está deitado. Ouviu o relógio, mas não sabe dizer quantas badaladas soaram, porque não as contou. Ouviu o relógio, certamente, mas o que ouviu é como a ondulação de um som único que se prolonga sem corte do começo ao fim. Esse som teve variações qualitativas, altos e baixos; mas não foi percebido como uma sucessão de sete batidas, mas como um único som que se prolonga sem corte, ou seja, sem multiplicidade numérica. Meu amigo não sabe que horas são, mas sabe que durou. É a percepção do tempo como pura duração. O tempo como sucessão é um corte prático do tempo como duração. O tempo puro é simples duração qualitativa.

A mesma coisa acontece quando queremos perceber o movimento. A ciência positiva concebe o movimento como uma mudança de lugares no espaço em função do tempo; opera com o complexo espaço-tempo. E isso, que tem vantagens essenciais para conhecer os estados do corpo móvel, tem, no entanto, o inconveniente essencial de não apreender o próprio movimento. Com efeito, como a ciência apreende o movimento? Para fazê-lo, ela toma o corpo móvel em um estado A e depois o vê em um estado B. Cada um desses estados é um lugar que o corpo ocupa no espaço. Mas esses dois estados não são o movimento. Então o cientista intercala entre A e B muitos outros estados em que o corpo foi estando. Ele os elevará inclusive a um número infinito: obterá uma diferencial, e, integrando-a, teremos o movimento para a ciência. Mas será que é isso o movimento? De maneira nenhuma.

O que obtemos é a trajetória, quer dizer, o que o movimento decanta no espaço. É o tempo espacializado. É o tempo decomposto em estados, cada um dos quais representa o lugar em que o corpo estaria se interrompêssemos ali o movimento. Mas o movimento e seus supostos estados não são algo em que o corpo esteja, mas, justamente ao contrário, algo em que o corpo não fica, mas passa. E esse estar passando é justamente o movimento, o que a ciência não apreende. Para percebermos o movimento mesmo, teremos de imaginá-lo não como uma sucessão de estados, mas antes como um ponto elástico que vai se distendendo sem corte ao longo do espaço. Prescindamos da forma espacial dessa distensão: vamos considerá-la simplesmente como uma espécie de esforço ou tensão interna, segundo a qual o ponto vai se desdobrando. É isso o que seria o puro movimento. A ciência da física chamou de tempo o tempo espacializado, e é por isso que concebeu o tempo e o movimento como sucessão; definitivamente, a marca que o tempo, como tensão que dura, vai decantando no espaço. É por isso que o próprio Bergson fracassou no início de sua filosofia ao querer considerar o tempo e o movimento como sucessão: é que com isso se havia eludido o tempo puro, que é pura *durée*. Valia a pena empreender o caminho inverso, partir da intuição da *durée* e ver então por que e como esse tempo é o fundamento do tempo sucessivo da física. Tomar essa sucessão como se fosse o próprio movimento é ser vítima do que Bergson chama de ilusão cinematográfica do movimento. O cinema, com efeito, faz passar com grande rapidez muitas imagens que nos dão a impressão de movimento. Mas o que a tela nos oferece não é o movimento: as imagens da tela não estão em movimento. Para que o estivessem, seria preciso que cada imagem saísse da anterior como um prolongamento interno, como uma tensão que vai se desdobrando em diversas outras imagens. Mas então o movimento já não seria sucessão no tempo, e sim *durée* pura, uma multiplicidade meramente qualitativa da própria tensão dinâmica. Tanto em seu aspecto qualitativo quanto em seu aspecto mecânico, a ciência da física espacializou o tempo, e com isso o próprio tempo escapou a ela. Escapada essencial: é justamente isso o que permite que nos movamos com segurança entre as coisas. Mas a filosofia não pretende isso, e sim apreender as coisas em sua realidade imediatamente dada. E as coisas físicas têm esse modo de ser que é a *durée*. Sua apreensão é objeto da intuição.

E isso, que é verdade em se tratando da realidade física, é ainda muito mais verdadeiro em se tratando da realidade do espírito, da consciência. A psicologia como ciência positiva tinha dois grandes pontos de apoios: a ideia de que os estados de consciência têm graus de intensidade mensuráveis quantitativamente; e a ideia de que a própria consciência é uma associação de estados múltiplos, numericamente diferentes. Pois bem: para Bergson, isso é completamente falso; e a falsidade provém de verter sobre a consciência o tempo como sucessão, próprio da física. Um estado de consciência – por exemplo, uma dor – não aumenta de intensidade: o que chamamos de intensidade é uma mudança de qualidade imperceptível, acompanhada talvez de uma extensão da área dolorida. Mas, na prática, prescindimos dessas minúsculas mudanças qualitativas, e então adscrevemos os momentos mais relevantes da dor a uma escala em que espacializamos as mudanças de qualidades: surge assim a ideia de uma mensurabilidade. E isso é mais claro ainda se atentamos para a própria consciência e seus supostos estados múltiplos. Os estados de consciência não formam uma multiplicidade numérica, pela razão elementar de que há apenas um estado que vai se revestindo de diferentes qualidades. A consciência não é uma multiplicidade numérica de estados, mas uma multiplicidade qualitativa de um só estado que, como um *elã* (uma torrente, dizia W. James), dura e se distende sem cortes. O tempo da consciência não é a sucessão de diversos estados, mas a *durée* de um mesmo estado. É por isso que os estados mentais não se acham determinados uns pelos outros segundo uma lei, mas, ao contrário, constituem uma realidade única e durativa, apreensível por intuição. Mais ainda, quando eu decido uma ação, não são os motivos que me determinam, senão que, ao contrário, isso que chamamos motivos sou apenas eu mesmo motivando minha ação. A essência da *durée* da consciência é o oposto da determinação: é liberdade. Só submergindo em nós mesmos pela intuição é que apreendemos a realidade imediata da nossa consciência.

Finalmente, a própria vida é uma espécie de elã, que vai abrindo caminho através da matéria. A ciência chama o organismo de vida. Mas o organismo é apenas a marca que a *durée* deixa na matéria, é a marca do elã em que a vida consiste.

Portanto, por onde quer que se tome a questão, a realidade é pura *durée*. Cada coisa é um elã, uma *durée*, um impulso ou tensão dinâmica interna. O restante é tempo espacializado para os usos da vida prática e da ciência que nasceu dela. Não se trata de uma vagueza. Muito pelo contrário. Intuir a *durée* é já conhecer o modo próprio de ser de cada coisa que dura. Pois a *durée* não é algo inqualificado, mas perfeitamente qualificada em cada caso. Justamente por ser uma tensão dinâmica, a *durée* tem três caracteres precisos. Antes de tudo, é uma *variedade qualitativa* diferente em cada caso. Em segundo lugar, é uma *continuidade de progresso*; em virtude disso, o esforço intuitivo nos leva a um conhecimento de outras coisas possíveis, diferentes das que estamos intuindo. Finalmente, a *durée* tem uma *unidade de direção* própria de cada coisa e que só pode ser apreendida em sua peculiar intuição. Por esses três caracteres, a intuição da *durée* nos abre o campo de um verdadeiro conhecimento do modo de ser das coisas em sua diversidade. Ser é sempre, de uma forma ou de outra, *durée*. Precisamente porque o real é *durée*, é que o único órgão mental para apreender a realidade em modo de ser, em seu caráter absoluto, é a intuição, que, em si mesma, é também durativa. A intuição não é alheia ao conceito. Como o poderia ser? A intuição é alheia, isto sim, ao uso de conceitos pré-fabricados, tomados, na maioria das vezes, da ciência positiva, que é feita para outra finalidade. Bergson não rechaça o conceito, mas propugna algo muitíssimo mais difícil: fabricar para cada intuição conceitos à medida dela. Só assim teremos uma estrita verdade filosófica. É o terceiro ponto a que nos devemos dirigir.

3º A coincidência entre intuição e *durée* é o ponto preciso em que, para Bergson, a verdade filosófica se inscreve. O que se entende por verdade? A verdade, como nos haviam dito a lógica clássica e a ciência, é, definitivamente, uma adequação entre uma representação e a coisa real. Minha inteligência tem alguns conceitos e enuncia com eles proposições a respeito de um objeto que está aí; há verdade se a proposição enuncia o que a coisa é, e erro em caso contrário. Naturalmente, Bergson não tem a intenção de invalidar essa ideia da verdade. E é preciso insistir energicamente neste ponto para evitar umas tantas caricaturas de sua filosofia quando querem refutá-la facilmente. Logo veremos que Bergson admite esse conceito de verdade, e com uma força muito superior a tudo o que a própria ciência pensou muitas vezes – e especialmente na época de Bergson. Mas essa verdade é válida tão somente em sua linha. E esta é a questão. Na linha da intuição da *durée*, tal ideia de verdade é inaplicável, simplesmente porque o real em sua duração não é uma coisa que "está aí", em face da qual cabia pura e simplesmente e *simpliciter* adequar-se com um conceito representativo. No momento em que enunciei essa "verdade", o objeto real já é diferente do que era antes, no sentido de que algo mudou pelo mero fato de durar. A duração incide sobre a própria realidade que dura. Em um ser vivo, a duração incide sobre sua própria realidade e, consequentemente, não se podem enunciar proposições abstratas que sejam a expressão "adequada" de sua realidade. Isso não significa que essas proposições não tenham nenhuma função. Dizíamos antes que uma cidade pode ser conhecida de duas maneiras: ou vendo fotografias ou passeando por ela. Agora acrescentamos que se pode ensinar a ver uma cidade de duas maneiras. Uma dizendo "onde" fica, por exemplo, o Bosque de Boulogne; diríamos a quem nos perguntasse que talvez ele fique na rua imediatamente superior e paralela a esta. Neste caso, a proposição serve como uma representação adequada da localização do lugar em questão. Mas posso convidar aquele que o pergunta a subir na torre Eiffel e lhe dizer: "O que o senhor vir olhando dela em tal direção, esse é o bosque de Boulogne". Neste caso, a proposição não teve por função representar adequadamente o lugar, e sim orientar a visão, a intuição. Este é o uso das representações e das proposições na filosofia: são orientações para a pessoa alcançar *por si mesma* a intuição, que é formalmente intransferível. Será que isso, como se disse milhões de vezes, é um anti-intelectualismo? Isso é simplesmente absurdo. É verdade que Bergson fala até a exaustão de que a inteligência falha quando se aplica à intuição. Mas de que inteligência Bergson está falando? Da inteligência científica, nada mais. Para Bergson, a inteligência, tomada pura e simplesmente, é a que, mesmo em se tratando da intuição, tem sempre a última palavra – até o extremo de nos dizer algum vez que não haveria inconveniente em falar sempre de inteligência. Mas neste caso, acrescenta ele, seria preciso distinguir dois tipos irredutíveis de inteligência. Uma, a inteligência *exterior* ao objeto, que é a da vida prática e a da ciência. Outra, a inteligência inserta intuitivamente *dentro* da *durée*. E, neste segundo caso, a inteligência não apenas é válida, mas é de extrema validez. Seus conceitos seriam feitos sob medida. Esta inteligência seria a intuição filosófica. Mas Bergson não adota esse modo de se expressar. Primeiro, porque as duas inteligências são de tipos estritamente inversos e opostos. E, segundo, porque o que se chama usualmente de inteligência é justamente a inteligência do primeiro tipo. O que Bergson defende é que não se pode passar da inteligência científica à intuição da *durée*, mas se pode e se deve passar dessa intuição a uma intelecção "feita sob medida". Daqui parte justamente a possibilidade do saber filosófico. A intuição bergsoniana não é um anti-intelectualismo: é simplesmente colocar a inteligência em seu lugar. E muitas pessoas creem que, quando uma ideia se coloca em seu lugar, nega as outras. É a operação fácil do *homo loquax*, nunca o próprio do *homo sapiens*. A filosofia, diz-nos Bergson, também tem seus fariseus.

O que é então positivamente a verdade da intuição para Bergson? Não é uma adequação, mas uma inserção simbiótica, simpática, na própria *durée*. E esse "sin-" é o que expressa a verdade – é a essência da verdade. Por isso, diferentemente da mera adequação, que é um caráter estático, a verdade da intuição é essencialmente ativa: a verdade é o caráter de uma ação. É a ação simbiótica, simpática. Consiste em esforçar-se por se colocar no seio mesmo da *durée*. E, como a *durée* é essencialmente imprevisível, por isso mesmo é quimérico representá-la em termos de mera análise conceitual. Nesse sentido, é impossível encerrar a verdade absoluta da *durée* em uma fórmula. É preciso ir convivendo com ela. Dessa maneira, talvez não cheguemos a conclusões absolutas, mas teremos a segurança de que nos mantivemos na própria realidade, e alcançaremos probabilidades crescentes, que no limite equivalem a uma certeza.

A verdade de que Bergson fala é, portanto, uma verdade nova. E por uma inclinação, de certa forma natural, associou-se então este conceito da verdade à vida. A filosofia da vida era, naquela época, patrimônio do que se chamou de pragmatismo. Para o pragmatismo, a verdade é uma função da vida, que era definida nesta filosofia pela utilidade. Com isso, dizia-se, a verdade é a utilidade intelectual. Então, Bergson foi chamado de pragmatista. Foi a falsa utilização do bergsonismo. Nada mais distante de Bergson, um dos homens mais antipragmatistas que já houve na Terra. Para Bergson, a verdade certamente é uma ação, mas uma ação insertiva no real para conviver, em simpatia com ele, com suas ondulações. A verdade é a própria convivência com a realidade. A verdade é útil porque é verdade – e não que seja verdade porque é útil.

Em resumo, Bergson nos dá: 1º, uma nova ideia da experiência, a experiência metafísica na intuição; 2º, uma nova ideia da realidade, a realidade imediatamente dada como *durée* – o que chamamos de "coisas" são antes "tendências", um elã que dura; 3º, uma nova ideia da verdade, não como adequação das visões que o homem tem de fora das coisas com estas, mas a convivência, o "sin" da simbiose ou simpatia com a própria *durée*.

Sendo assim, em que consiste a diferença – alguma há para Bergson – entre a ciência e a filosofia? Qual é o valor desses dois conhecimentos?

III. *Ciência e filosofia*. Até agora, as diferenças foram contundentes e principalmente negativas. Bergson nos disse da ciência por que ela não é filosofia, e por que a filosofia não é ciência à maneira da ciência positiva corrente. Agora se trata de nos dizer o que são, positivamente, a ciência e a filosofia, e qual é o valor desses dois modos de conhecimento.

Os cientistas de sua época insistiam em que o conhecimento científico é relativo: não diz respeito ao que as coisas são; dão-nos, tão somente, as relações em que elas se manifestam a nós. Como Bergson entende que a intuição nos dá o absoluto, parece que a questão já estivesse resolvida. Mas Bergson toma uma atitude diametralmente diferente, tanto no que se refere à ciência quanto no que se refere à metafísica.

1º *O valor da ciência*. Bergson não pode se limitar a constatar o conteúdo da ciência: deixaria de ser filosofo. Bergson tem de retrotrair-se até a própria raiz de onde a ciência emerge. E, nessa retroação à sua origem e fundamento, deparamos, antes de tudo, com o momento de simbolismo: a ciência é um sistema de símbolos que representam as conexões das coisas. Mas os cientistas da época de Bergson, e muitos dos filósofos que elaboravam a chamada "crítica das ciências", pensavam que entre o fato científico, a que os símbolos da ciência se referem, e o fato que chamavam de "bruto" há um abismo insondável. Daí resultava que a ciência é relativa porque é simbólica. Para Bergson, não se trata de nada disso. É verdade – ninguém o terá repetido mais que o próprio Bergson – que a ciência é simbólica. Mas entre o chamado fato científico e o fato bruto não há um abismo, como se fossem duas classes de fatos: são dois graus de precisão de um mesmo fato. A homogeneidade dos dois tipos de fatos é inegável para Bergson. Consequentemente, o fato científico não é o fato bruto simbolizado. A ciência é simbólica, mas não é ciência por ser simbólica, senão que é simbólica porque a própria índole de seu objeto a força a isso. Já veremos por quê. Em todo caso, na base do simbolismo científico se acham uns quantos fatos, umas quantas intuições fundamentais de que a ciência nasceu e de que recebe todo o seu valor. A ciência geralmente as esqueceu. É possível que crises periódicas de sua história façam com que torne a se lembrar delas. Mas a missão do filósofo consiste em iluminá-las de novo. Pois bem: contra toda a corrente científica e filosófica de seu tempo, Bergson afirmará rotundamente que essas intuições fazem com que a ciência, dentro de sua linha, toque o absoluto, quer dizer, o modo de ser das próprias coisas sobre as quais recai. O chamado relativismo da ciência significa tão somente que a ciência é incompleta, o que é evidente. Mas a parcela de realidade que conhece ela a conhece tal como é em si mesma. A ciência, de fato, nutre-se de umas intuições fundamentais que se chamam percepções. Ela elabora intelectualmente essas percepções em um sistema de conceitos. Pois bem: tanto pelas percepções quanto por suas conceituações, a ciência toca o absoluto.

Em primeiro lugar, as percepções. A psicologia corrente na época de Bergson tinha habituado a todos nós – e digo a "todos" porque todos os homens de minha geração viveram essa experiência sobre nossas costas – a dizer que as percepções, sejam elas ou não simples complexos de sensações elementares, são estados mentais que as coisas produzem em nós, coisas essas que ficam, portanto, muito além da própria percepção. A sensação e a percepção seriam a maneira representativa como as coisas estão em nós. Em face dessa concepção, Bergson sustenta energicamente uma espécie de realismo imediato: o percebido e o sentido não são representações subjetivas, mas são as próprias coisas, pela simples razão de que perceber não significa que as coisas estejam em mim, e sim que eu esteja nas próprias coisas. Não é receber coisas, mas ir para elas. O processo sensorial é apenas o caminho de inserção do espírito nas próprias coisas. Essa concepção tropeçou, naturalmente, em grandes dificuldades, tanto de ordem científica quanto de ordem filosófica.

Antes de tudo, dificuldades de ordem científica: a diferença entre os nervos sensitivos e os nervos motores, centrípetos os primeiros e centrífugos os segundos. Mas Bergson não nega essa diferença. O que Bergson nega é que o processo nervoso centrípeto seja a percepção. Perceber é estar mentalmente nas coisas. E o processo centrípeto sensitivo é apenas aquele que seleciona e determina em cada caso a coisa em que perceptivamente estamos. Em outras palavras, o processo sensitivo centrípeto é tão somente um "selecionador" do percebido, mas não é a percepção. A percepção é a presença do espírito nas coisas.

Ademais, dificuldades de ordem filosófica. Quando percebo a Lua, pode-se dizer que estou na Lua? No entanto, é mais fácil conceber que a Lua está em mim na percepção do que dizer que eu estou na Lua? Neste ponto, não se pode pensar senão que, no próprio exórdio da história da metafísica, ninguém menos que Parmênides – por mais paradoxal que possa parecer invocar um eleático a propósito justamente de Bergson – nos convida a considerar como, para a mente, tudo, até o mais distante, está presente. Positivamente, é claro que quando percebo a Lua não estou nela fisicamente – isso é evidente. Mas não se trata disso, e sim de que estou mentalmente na Lua. E esse estar, por mais mental que seja, é perfeitamente real. Como? Quando percebo a Lua, o processo que nos leva a ela não começa na retina, porque o que acontece na retina é tão somente o prolongamento de algumas ondulações luminosas que partem da Lua. Portanto, a integridade do processo vai da própria Lua para o cérebro. E graças a isso o espírito está presente no próprio termo inicial do processo, ou seja, na própria Lua. Perceber é, em termos filosóficos, estar mentalmente na coisa tal como ela mesma é. A percepção vai diretamente à realidade imediata; não há um estado representativo intermediário entre a Lua e a minha mente.

Portanto, por onde quer que se tome a questão, a percepção toca a própria realidade e, nesse sentido, é absoluta. Certamente, não abarca o todo das coisas nem o todo de cada coisa. Mas esse aspecto selecionado pelo processo sensitivo é um aspecto da coisa em sua própria realidade. Portanto, a ciência, em seu próprio ponto de partida, toca a realidade: é algo absoluto nesse sentido.

E isto que é verdade da percepção, é-o igualmente de sua elaboração conceitual. A inteligência científica se move entre conceitos arestados com rigor – conceitos claros e diferenciados. Trata-se de uma inteligência que elabora conceitos como se as coisas fossem sólidas, quase geométricas. Pois bem: isso não é uma deformação da realidade, porque a realidade sobre a qual a inteligência científica opera é justamente a realidade material, que é efetivamente um sistema de sólidos. Portanto, há uma afinidade natural, uma verdadeira simpatia e simbiose entre a realidade material e a inteligência. Quer dizer, trata-se de uma intuição da matéria. E justamente, por ser intuição, nos dá por simpatia um conhecimento absoluto. Há uma homogeneidade intrínseca entre a matéria geométrica e a inteligência. E é dessa intuição que a ciência parte. A ciência não sabe disso, mas é missão da filosofia tê-lo descoberto. É por isso que a ciência não é relativa, senão que toca o fundo absoluto da realidade material. A vida deu ao homem uma faculdade de simpatia com a matéria: é a inteligência. O que nesta linha a inteligência alcança sentido é uma série de verdades fragmentárias, mas verdades absolutas em sua linha. E é precisamente por isso que a inteligência científica é simbólica: a matéria, por sua fixidez e solidez, permite a simbolização e força a ela. Agora podemos compreender o que dizíamos antes: a ciência não é ciência por ser simbolização, mas por ser intuição simpática com a matéria, e por sê-lo, quer dizer, porque a matéria é algo sólido, é que a ciência pode e tem de lançar mão da simbolização. Com seus símbolos, seus conceitos e suas percepções, a ciência nos dá um conhecimento do absoluto na linha de seu objeto próprio. A ciência não é intrinsecamente relativa. O relativismo está apenas na utilização da ciência no domínio do espírito. É um domínio que pertence à metafísica.

2º *O valor da metafísica*. Assim como a ciência, a metafísica nasce e se move em intuição simpática. Mas não é a simpatia com a matéria, e sim a simpatia com a *durée*. E este novo tipo de intuição conduz a uma crítica da metafísica corrente. Não é uma crítica de tipo kantiano, porque, como lembrávamos antes –

e o próprio Bergson se compraz em repetir até a exaustão – a filosofia intuitiva escapa à crítica kantiana na exata medida em que é intuitiva. Portanto, a crítica bergsoniana não se refere tanto às soluções que a metafísica clássica deu para alguns grandes problemas, e sim aos próprios problemas, denunciando-os como verdadeiros pseudoproblemas aos olhos da intuição. Entre os vários problemas a que Bergson se refere neste ponto, escolhamos três: o problema da origem do ser, o problema da índole do conhecimento e o problema do eu humano. Bergson nos faz ver que são problemas que se apresentam à inteligência quando ela está fora das coisas e não dentro delas pela intuição. Esses supostos problemas "angustiantes", diz-nos ele, são pseudoproblemas.

A origem do ser, diz-se-nos, é o nada, justamente porque a origem é algo que está além do originado, e, como o originado é o ser, sua origem é o nada. Essa unidade do ser e do nada seria algo "mais" do que o simples ser, dado que, enquanto originado, o ser é algo mais do que simples ser. Mas este problema angustiante é posto por uma falsa atitude da inteligência. A inteligência se coloca em face do ser, ou seja, fora dele, e então apreende o ser justamente de além do ser, ou seja, desde o nada. Por esse caminho, ela nunca chegará a descobrir o ser. Para isso, seria preciso que ela se colocasse não fora do ser, mas dentro dele, pela intuição. E então, em lugar de saltar do ser para o nada, o que o espírito descobre é o ser em sua íntima condição. A inteligência, por se encontrar fora do ser, pensa que aquilo que tem diante de si poderia não tê-lo tido, quer dizer, a primeira coisa que ela pensa do ser é que ele poderia não ter sido como é. O procedente é instalar-se dentro do ser pela simpatia e ver como ele é em cada caso. Pretender que com o salto para o nada temos algo mais que o simples ser é, diz-nos Bergson, como pretender que uma garrafa de vinho pela metade tenha "mais" que uma garrafa cheia, porque tem o vinho e além disso o vazio. É um pseudoproblema nascido do colocar-se fora das coisas.

O mesmo se pode dizer da crítica kantiana do conhecimento. Colocado fora das coisas, o entendimento humano alcança ideias que constituem a condição de inteligibilidade das coisas. Mas as ideias estão separadas delas justamente porque são formadas de fora das coisas. Com isso, Kant tem de se pôr o mesmo problema com que Platão se debateu: como as ideias se realizam nas coisas. E sua solução é análoga à de Platão: as coisas participam das ideias, participam do próprio entendimento, mas são as coisas enquanto fenômenos. As coisas em si mesmas ficam de fora do entendimento. A crítica kantiana mostra, no fundo, que o espírito não pode dar mais de si, posto a platonizar; o que não mostra é que o espírito não possa fazer mais que platonizar. Posto dentro das próprias coisas pela intuição, o espírito obtém das coisas aquilo que o entendimento instalado fora delas jamais poderá dar.

E isso fica ainda mais claro se atendemos ao que é o eu. O empirismo entende por eu o complexo de estados de consciência. Quanto mais profunda for a análise, mais estados intermediários serão descobertos entre dois estados dados. O que fazemos então é multiplicar os estados mentais e no máximo pô-los em série, como as contas de um colar, com um fio. A crítica de Hume nos vem então à mente: o eu, esse fio, jamais está dado na experiência. O racionalismo faz o contrário: parte do fato de que o eu é uma unidade primária. Os estados mentais são como atributos desse eu que, em sua unidade impassível, salta, por assim dizer, de um estado para outro. Exatamente por isso a unidade do eu em si mesmo é meramente abstrata. Na realidade, entre os estados mentais o empirismo abre um túnel; o racionalismo estende uma ponte. Mas aos dois escapa a fluência do rio que corre pela terra. Esse rio é o eu, acessível somente à intuição, porque é a própria *durée*. É o eu profundo, à diferença do eu superficial dos estados.

A inteligência, portanto, situada fora das coisas conduz a esses e outros pseudoproblemas em metafísica. Em contrapartida, instalada pela intuição dentro das próprias coisas imediatamente dadas, obtém um saber delas completamente diferente. É a metafísica. A metafísica intuitiva é, por ora, o único saber que pode apreender a realidade do espírito. O espírito é essencialmente *durée*. E, para tornar plástica a diferença entre esta metafísica e as outras, lembremos – a título de exemplo – o famoso problema da imortalidade da alma. O argumento racionalista, com Platão à frente, consiste em dizer: a alma é simples, consequentemente não tem por que decompor-se ao se decompor o corpo. Mas o racionalismo se esquece de nos dizer o essencial, a saber: de que unidade se trata. Além disso, o que sabemos, por esta via, da relação que há entre a alma e o corpo para chegarmos a essa conclusão platônica? Em contrapartida, tentemos fazer ver intuitivamente que o espírito é uma *durée* que vai abrindo caminho pelas estruturas somáticas na medida em que elas o permitem – uma ação que vai se inserindo na matéria. Então, não há nenhuma razão para que essa ação cesse quando a matéria tiver cessado. Isso é tão verdadeiro intuitivamente, que justamente então quem teria de demonstrar a morte da alma seria justamente o mortalista. A imortalidade aparece como um fato imediato. Certamente, trata-se apenas de uma sobrevivência: não sabemos ainda da duração mesma dela. Mas, à força de acumular probabilidades intuitivas, chegamos assintoticamente a uma verdadeira certeza da sobrevivência para sempre. Por um raciocínio como o de Platão, ninguém jamais teria chegado a acreditar na imortalidade da alma. Pois bem: que o espírito seja algo cuja ação se insere na matéria é coisa que se pode ver analisando a consciência.

A essência da consciência é memória. Uma realidade que não tivesse a capacidade de reter o passado em um presente seria um espírito de estrutura pontual; cada ato começaria do zero, e, ainda que executasse atos iguais ou semelhantes aos anteriores, essa semelhança seria mera repetição. Seria justamente a inconsciência. Portanto, a consciência é essencialmente memória. Pois bem, a memória não é um ato do cérebro. O cérebro não é um depósito de imagens. Era a afirmação mais contrária a todo o sentir de sua época, em que a ideia dos centros cerebrais, perfeitamente localizados, era vista como um fato incontrovertível. Mas Bergson viu que uma coisa é a desconstrução de certos centros produzir a abolição da memória, e outra, muito diferente, é afirmar que os centros sejam depósitos de imagens. Isso não é um fato, e sim uma interpretação. Mas é possível dar uma interpretação daqueles fatos. Em vez de pensar que o cérebro é o órgão da presença das imagens, pode-se supor que o cérebro seja o órgão das ausências, quer dizer, o órgão que seleciona o que podemos recordar. Recordar é sempre e apenas uma função do espírito, que é quem conserva as imagens. O que acontece é que nos recordamos de uma coisa antes que de outras, segundo as disposições cerebrais. O cérebro é o órgão de atenção à vida, é o órgão que seleciona o que podemos recordar, mas não é o órgão que recorda. O mesmo acontece com o movimento voluntário. O movimento voluntário é uma função exclusiva do espírito; o cérebro é o órgão que permite e estabelece as condições da inserção da vontade na matéria. Nada mais. Com esse duplo condicionamento do mnemônico e do voluntário, o espírito se insere na matéria. "Ele recebe da matéria as percepções que constituem seu alimento, e as devolve a ela em forma de movimento em que imprimiu sua liberdade". São as palavras finais de seu livro *Matéria e Memória*. A atitude de Bergson gerou irritação entre os neurologistas. Mas, pouco tempo depois, Pierre Marie dava uma interpretação das afasias de acordo com as ideias de Bergson, e mais em consonância com os fatos clínicos. Finalmente, Monakow, em Zurique, elabora neste sentido uma teoria das localizações cerebrais completamente diferente da de Wernicke, inspirada em Bergson e Jackson. Consequentemente, o cérebro é apenas o sistema que permite a inserção do espírito na matéria. O espírito tem uma realidade própria irredutível à da matéria e acessível apenas à intuição.

A metafísica é, portanto, um estrito saber diferente da ciência, um saber que se nutre da intuição, que reverte à intuição e que é apenas a própria intuição conceituada com conceitos feitos à sua medida em cada caso.

Definitivamente, para Bergson a metafísica e a ciência têm o mesmo valor, porque as duas – cada uma em sua linha – tocam o absoluto do modo de ser do real. Têm, certamente, métodos diferentes: a inteligência abstrativa e a intuição simpática. Mas, no fundo, os dois métodos se nutrem de intuição: a inteligência é a simpatia natural pela solidez da matéria, e a intuição é a simpatia pela *durée* do espírito. A dualidade de métodos se funda tão somente na dualidade de seu objeto: a matéria e o espírito. E os métodos se comunicam e se encontram ali onde o espírito e a matéria se encontram. O relativismo só aparece quando uma ordem de conhecimentos quer se aplicar à outra.

Claro que, tendo chegado a esta conclusão, Bergson não pode fazer menos que se perguntar, de modo crucial: então a metafísica se ocupa apenas do espírito? Não se ocupa do restante da realidade? E, se se ocupa de toda a realidade, o que acontece com o que não é a *durée* do espírito? Como haver então uma metafísica, um saber, que se ocupe do todo do real por via intuitiva? É este o terceiro ponto que havemos de examinar: o âmbito da filosofia de Bergson.

III. O âmbito do saber filosófico

A resposta de Bergson a essas interrogações não é uma resposta conceitual e abstrata. Naturalmente, Bergson pretende que a filosofia seja, como já dizia Aristóteles, um saber do todo da realidade. Esse todo do real seria constituído, para Aristóteles, por aquilo em que todas as coisas coincidem, ou seja, o ser. A unidade do ser seria para Aristóteles o apoio do caráter total do saber filosófico. Para Bergson, isso é uma vacuidade: o que sabemos, por essa via, de se o mundo é realmente "uno"? Por puros conceitos, jamais chegaremos ao mundo real. Em contrapartida, instalados na experiência metafísica, deparamos com o fato de que o real é o imediatamente dado, o fato imediato dado à nossa consciência. Se todas as coisas coincidem em algo, este algo terá de ser também intuído na experiência metafísica. Pois bem: aquilo que constitui a totalidade concreta do real não é um conceito abstrato como o ser, e sim algo que tem dois caracteres apreendidos na intuição imediata – a saber, duração e evolução. São os dois caracteres cuja elucidação constitui o âmbito universal do saber filosófico. Como não tentamos aqui fazer uma exposição da filosofia de Bergson, mas apenas averiguar a ideia que ele veio a formar do saber filosófico, bastará fazer ver a realidade intuitiva daqueles dois caracteres. Isso justificará que se trata de uma verdadeira filosofia primeira.

I. *A duração*. Todas as coisas "são" em certa *durée*, uma espécie de tensão interna que constitui seu próprio modo de ser. Na intuição de nossa própria *durée* nos está dada a *durée* das coisas, e por isso nossa própria *durée* nos submerge por simpatia na *durée* delas.

A filosofia, portanto, não se limita ao espírito, mas abarca tudo, até a própria matéria. Como? Já dissemos que a *durée* não é uma linha abstrata, senão que em cada coisa tem uma qualificação interna, uma continuidade de progresso e uma unidade de direção. Graças a isso, cada coisa nos leva a todas as outras. Se tivéssemos apenas a intuição da cor laranja, observando-a em todos os seus matizes certamente não poderíamos provar a existência de outras cores, mas a intuição do laranja com todos os seus matizes nos colocaria intuitivamente na linha da intuição do vermelho e do amarelo, faria com que pelo menos barruntássemos um vermelho e um amarelo. Pela intuição abre-se para nós, portanto, o campo inteiro do real. É que o real não é constituído por meras relações de umas coisas com outras, mas por essa interna tensão de *durée*, segundo a qual, mais que coisas diferentes, o que temos são qualidades diferentes da *durée*. A realidade consiste justamente nessa mobilidade interna que é a *durée*.

Isso deu ocasião a outra grande caricaturização do pensamento de Bergson: Bergson teria afirmado o mobilismo universal. Mas, como diz o próprio Bergson, como se pode comparar a doutrina da *durée* com semelhante mobilismo ao modo do heraclitismo antigo? Certamente, Bergson afirmou até a exaustão que a substância do real é mobilidade. Mas não pretendeu dizer, nem jamais disse, que a realidade seja pura mudança. Ele disse que é *durée* – algo sensivelmente diferente. Chamou de mobilidade esse caráter durativo, mas não chamou, inversamente, a pura mudança de duração. Ele captou do movimento não o que ele tem de mudança, mas o que tem de duração, de tensão interna. Em segundo lugar, Bergson jamais negou a persistência de algo na *durée*. O que ele afirmou foi que a *durée* afeta a realidade por inteiro, de modo que o persistente não é forçosamente um sujeito que subjaz ao movimento.

As coisas têm, portanto, esse modo de ser próprio que é durar. E, como a duração é algo internamente qualificado e dirigido, o âmbito da filosofia é a totalidade do real, não simplesmente do espírito. O que acontece é que a intuição do espírito serve (assim como servia para Platão a matemática) como ação catártica para purificar-nos da pura matéria. Como toda grande filosofia, a de Bergson nos dá ao mesmo tempo uma nova concepção do espírito e uma nova concepção da matéria.

II. *A evolução*. Para Bergson, essas diferentes durações que constituem o todo do real não estão meramente justapostas. Possuem uma articulação interna extremamente precisa: é a evolução. Tentou-se dizer, na época, que Bergson é um transformista. É outra deformação em caricatura, porque para Bergson se trata estritamente do oposto de uma transformação. Bergson escreveu, certamente, que a vida é um elã, desde a mais modesta ameba até o espírito mais seleto, como o de Santa Teresa. Mas esse elã não é uma transformação, e sim justamente o contrário: é uma invenção em cada uma de suas fases, ou, como diz Bergson, é uma evolução "criadora" de algo novo, imprevisível por não se achar contido na fase anterior. E isso não apenas no que concerne ao espírito, mas no que concerne à vida em geral. Diante de um monte de limalhas de ferro com determinada configuração, o transformista se esforça por demonstrar que se trata de uma combinação casual de moléculas por choque. O finalista corrente vê nessa figuração a ordem que foi estabelecida de fora por uma inteligência ordenadora. A verdade, diz Bergson, é diferente e mais simples: no fundo do monte há uma mão que de maneira imprevista realiza um simples gesto novo que de uma vez produz de dentro a ordenação das moléculas. A ordem molecular é apenas a marca externa do simples gesto da mão. Esta é a evolução da vida: a invenção de um simples gesto do elã vital no seio da matéria. A evolução é inovação. É o elã que vai abrindo caminho através da matéria. A vida vai inventando por tenteios diferentes formas de abrir caminho através daquela. Obtêm-se assim alguns sistemas que fracassam, e outros que são viáveis e têm futuro. É assim que vai se constituindo aquilo que depois se chamou de biosfera. Nesse sentido de elã inovador, a evolução é algo imediatamente apreendido na intuição. Para a intuição, viver é ter esse elã, é criar, é inventar.

Esta concepção permite interpretar a totalidade do real. Antes de tudo, a diferença entre a matéria e a vida. O elã tem uma direção ascendente em que se vai inovando até a libertação completa do espírito humano. Mas tem uma direção descendente: se formos reduzindo o elã a repetir sempre o mesmo, teremos obtido justamente a matéria inerte, uma matéria que, por isso mesmo, carece de interioridade. A matéria é pura repetição, sem criação nem invenção.

Em contrapartida, se tomarmos o elã em direção ascendente como uma inovação, então veremos que esse elã inventor se manifesta antes de tudo por esse caráter elementar da vida que Bergson chama de *tourpeur*, o torpor vegetal. Junto com isso, surge essa forma de elã que se chama *instinto*, característico do animal: é o que permite encontrar com segurança certas reações da vida. Mas há uma invenção superior, a da *inteligência*. O instinto é a faculdade de encontrar; a inteligência, a faculdade de procurar. Há coisas que a inteligência procuraria perpetuamente e jamais conseguiria encontrar; o instinto as encontra de uma vez. Mas há coisas de que o instinto precisaria e que, no entanto, jamais poderá procurar. Para isso, é necessária a inteligência, que é a única que pode procurar sem limites. De invenção em invenção, a vida inova até culminar na inteligência. Com ela se constitui o homem. O homem, assim nascido, tem de atender antes de tudo à própria vida: é o *homo faber*. Mas, retrotraído à raiz primária de sua consciência na intuição, transforma-se em *homo sapiens*. Esta é a quase totalidade do real para Bergson. E digo a "quase" totalidade porque Bergson tem de dirigir a atenção não apenas para o *homo faber* e para o *homo sapiens*, mas também para o *homo loquax*, que expressa a condição social do homem.

Na sociedade é que os discípulos do positivismo – como Durkheim e Lévy-Brühl – tinham incorporado a moral e a religião. Moral e religião seriam um mero estatuto social. Mas Bergson vê no homem algo mais que um espírito socializado. No homem social há, certamente, um aspecto estático, por assim dizer: o aspecto de organização, cujo caráter essencial é a pressão. Mas há um segundo aspecto, o aspecto dinâmico: a aspiração. Durkheim foi completamente cego para esta dimensão do homem. Há uma moral e uma religião de pressão, mas também há uma moral e uma religião de aspiração. Não se trata de uma afirmação abstrata, mas de algo dado em uma intuição. Embora todos os homens a possuam, essa aspiração não se mostra em sua forma pura e relevante em todos eles, mas apenas em alguns. Mas isso não é obstáculo para a verdade da intuição. Uma só intuição única, devidamente constatada, é suficiente para a filosofia. Por isso Bergson nunca se opôs a admitir os fenômenos parapsicológicos, tais como a transmissão de pensamento: desde que essa transmissão estivesse adequadamente constatada em um só caso, seria suficiente. Pois bem: a existência, em forma extrema, daquela aspiração do espírito para algo superior está dada para Bergson em dois fatos: os profetas de Israel e a experiência dos grandes místicos cristãos. Neles, mostra-se-nos o espírito ascendendo para algo transcendente a todo elã, para um ponto final desse elã que é Deus. Os profetas e os místicos nos deram a realidade de Deus na experiência humana. Com isso, ao fim da evolução criadora, temos a experiência de um termo final que envolve a razão inicial da própria evolução – a realidade de Deus. Enquanto a degradação do elã em pura repetição nos submerge na matéria, o elã ascendente nos leva até a raiz e a meta final da vida. A matéria é sempre a mesma: é uma eternidade de morte. O espírito nos leva a algo que é sempre a mesma coisa, mas que é uma eternidade de vida: Deus. E n'Ele, diz-nos Bergson, repetindo São Paulo, *vivimus, movemur et sumus*.

***

Aí está o que é a filosofia para Bergson. É um esforço de intuição que começa por descobrir a realidade própria do espírito, que nos faz barruntar os diferentes prolongamentos da *durée*, e nos abre finalmente a seu princípio e termo transcendente. Esse esforço intuitivo se fixa em conceitos, mas em conceitos próprios, feitos sob medida, e que não são tomados das outras ciências nem da vida prática. É por isso que, apesar de utilizar todos os conhecimentos, a filosofia não é uma generalização de conhecimentos, mas uma instalação na *durée* primária, mediante uma intuição original, que nos dá o absoluto do modo de ser do real. A filosofia, a metafísica, é pura e simplesmente isto: experiência integral.

Lição V
Husserl

Vamos dedicar esta última lição à ideia da filosofia como ciência estrita e rigorosa que Edmund Husserl propugnava. Husserl é um contemporâneo de Bergson: nasceu no mesmo ano que o grande filósofo francês (1859) e morreu dois anos antes (1938). Isso já nos diz que o ambiente filosófico em que Husserl se encontra é, no fundo, o mesmo em que Bergson se desenvolveu. Mas esse ambiente tem matizes próprios na Alemanha. Husserl se encontra no âmbito definido por duas ou três direções da filosofia para além do Reno.

Antes de tudo, o domínio – ainda pouco decisivo em filosofia – das ciências do espírito. A filosofia de Hegel, com sua ideia do espírito objetivo, tinha levado, pelas mãos de Comte, à sociologia. Na Alemanha, a crise do hegelianismo teve nessa ordem de ideias um impugnador decisivo: Dilthey. Mas para Dilthey não se trata apenas de sociologia. Sua crítica do hegelianismo é mais profunda: vai diretamente aos próprios supostos de Hegel. Em lugar da Razão absoluta de Hegel, para Dilthey a base e o domínio completo da filosofia é a vida. E, do ângulo dela, Dilthey é um dos grandes teóricos das ciências do espírito. A literatura, a arte, a própria sociologia, tudo isso entra na filosofia nessa forma especial que é a de serem dimensões da vida do espírito. A história é, desse ponto de vista, essencial para a filosofia, por ser um momento formal da vida do espírito.

De outro lado, existe o apogeu das ciências da natureza, que filosoficamente teve uma repercussão típica naquele momento: o retorno a Kant. Foi o neokantismo. Desenvolvido em diversas direções, adquire seu maior vigor filosófico em Cohen e Natorp. Para esse neokantismo, a filosofia é – como Kant dizia – filosofia transcendental. Mas o que Cohen entendia por essa expressão era a teoria do método da ciência. O que as coisas são é assunto da ciência positiva. A filosofia teria como domínio próprio a teoria da ciência. O paradigma de todo conhecimento é a ciência físico-matemática, e a filosofia, como teoria da ciência, é apenas a teoria do conhecimento que abarca a ciência positiva. Além do neokantismo, também teve alguma influência naquele momento a filosofia de Lotze, aberta a certa metafísica de matiz leibniziano, com influências notórias de Fitche. Finalmente, certas formas de idealismo absoluto da consciência (Schuppe, etc.). Bastem essas alusões fragmentárias.

Junto com isso, houve o desenvolvimento extraordinário da psicologia como ciência, em direções muito variadas. Antes de tudo, a psicologia de laboratório, cujo expoente máximo era W. Wundt. Mas, além disso, veio de Dilthey uma concepção diferente da psicologia como ciência. Não se trata de uma psicologia "explicativa" dos fenômenos mentais, como se tentava nos laboratórios, mas de uma psicologia que se propõe a "compreender" a vida mental e seu sentido de modo quase meramente descritivo. Era a *verstehende Psychologie*, a psicologia "compreensiva". Finalmente, uma psicologia ainda incipiente, mas chamada a exercer a máxima influência na filosofia: a psicologia de Brentano, um escolástico temperado na psicologia moderna, que tenta esquadrinhar a índole própria do psíquico. Para Brentano, o específico de todo e qualquer fenômeno de consciência é o fato de que envolve, em última instância, a existência intencional de um objeto: visão é visão de algo, pensamento é pensamento de algo, estimação é estimação de algo, etc. A intencionalidade é, de uma forma ou de outra, a característica específica de um fenômeno psíquico: todo fenômeno psíquico ou é intencional em si mesmo ou se apoia em um fenômeno intencional. Brentano foi o iniciador de uma importante série de investigações psicológicas e filosóficas, devidas sobretudo a três grandes discípulos seus: Twardowsky, Meinong e o próprio Husserl.

A psicologia, portanto, mostrava-se em vária medida como o terreno sólido em que apoiar a filosofia em face do puro idealismo especulativo e até do pseudopositivismo neokantiano de Cohen. Certamente, a filosofia era uma teoria do conhecimento, mas apoiada na investigação da consciência. Dessa maneira, a psicologia, que era, por um lado, uma ciência junto às ciências da natureza, era, por um paradoxo singular, a ciência fundamental da filosofia. A própria lógica seria apenas a teoria das leis psicológicas do pensamento, etc. É o que se chamou de psicologismo. E, nessa função fundamental, a psicologia tinha como aliadas naturais as ciências do espírito.

Husserl se encontra nesse ambiente. Por temperamento e pela corrente natural da época, Husserl se inclina para a matemática, que vai deixar em seu espírito uma forte marca ao longo de toda a sua obra. Sua própria ideia da filosofia como ciência estrita e rigorosa está um pouco plasmada ao modo da matemática. Mas, graças à influência de Brentano, ele procura dar uma interpretação psicológica dos grandes conceitos matemáticos. Husserl se forma em Göttingen com um trabalho "Sobre o Conceito de Número, Análises Psicológicas". Daí nasceu sua *Filosofia da Aritmética*,[1] dedicada a Brentano e que era o desenvolvimento de seu primeiro trabalho. Saiu apenas o primeiro volume. Não foi um acaso. É que, assim como Bergson havia fracassado ao aplicar ao tempo as ideias de Comte,[2] Husserl também fracassou

---

[1] E. Husserl, *Philosophie der Arithmetik: Eine Logische und Psychologische Untersuchung*, 1891. Edição crítica com este título e que contém também o estudo anterior sobre o número, a que Zubiri se refere em *Husserliana*: E. Husserl, *Gesammelte Werke*: Bd. XII (Den Haag, M. Nijhoff 1970). (N. E. esp.)

[2] Provavelmente é um descuido: talvez devesse dizer "Spencer". (N. E. esp.)

ao querer dar uma interpretação psicológica dos conceitos matemáticos. Com isso, ele se perguntou sobre a própria ideia de filosofia. Sentiu a necessidade de empreender um novo caminho, de dar um novo rumo à filosofia. Precisou se libertar tanto do psicologismo quanto da ideia da filosofia ancorada nas ciências do espírito ao modo de Dilthey. Nessa tentativa, ele abre, portanto, um novo campo para a filosofia: a fenomenologia. E, assim como o pensamento de Husserl brota no campo aberto por Brentano, assim também no campo aberto por Husserl brota o pensamento de Heidegger. Dessa maneira, temos uma área filosófica determinada por três grandes pensadores: Husserl, Dilthey e Heidegger. Sem entrar na exposição de suas filosofias, vamos nos limitar à ideia de filosofia enquadrada por esses três nomes. Naturalmente, a maior parte da exposição será dedicada a Husserl.

Husserl

Diante do fracasso de interpretar psicologicamente as leis da aritmética, Husserl recorda a frase de Kant: "Não se aprende filosofia, só se aprende a filosofar". Pois bem, diz-nos Husserl, essa frase é tristemente exata por uma razão muito simples: porque a filosofia ainda não existe como ciência. Até agora, em filosofia, tudo é uma questão de pontos de vista, de opiniões discutíveis sem fim. Nada disso acontece em uma verdadeira ciência. É necessário, portanto, tentar fazer da filosofia uma ciência estrita e rigorosa, em que as questões possam ser decididas apelando às coisas mesmas. Naturalmente, essa tentativa o coloca imediatamente diante de duas frentes: a frente do psicologismo e a frente do historicismo. Para o psicologismo, a psicologia é a ciência fundante da filosofia; para o historicismo, o é da história como conjunto de movimentos por que o espírito humano vai passando de acordo com as épocas e as culturas. Mas, para Husserl, as duas concepções são um contrassenso. Toda teoria, com efeito, pretende ter validez absoluta. No entanto, o psicologismo e o historicismo são duas teorias que consistem em fundar uma validez absoluta em algo que não a tem – os fatos. São uma teoria da não validez absoluta de toda teoria. São, portanto, um contrassenso. O que acontece é que, ao porem em marcha a filosofia, tanto o psicologismo quanto o historicismo esquecem sua atitude meramente psicológica e histórica. Mas não se pode edificar uma verdadeira filosofia sobre semelhante esquecimento.

Portanto, a filosofia terá de empreender uma nova rota se quiser se constituir como ciência estrita e rigorosa. Para isso, Husserl recorre à reflexão crítica tal como tinha sido iniciada por Descartes. Descartes também queria dar novas bases seguras e firmes para o saber humano. Mas, diz Husserl, a única coisa que saiu dessa reflexão foi a constituição das ciências da natureza e do espírito. No entanto, a própria filosofia não conseguiu se constituir como ciência. É que em Descartes a relação da filosofia com as ciências da natureza e do espírito ficou por determinar: o filosófico é ou não uma nova dimensão do saber e qual? A filosofia, diz-nos Husserl, é uma aspiração indeclinável da humanidade a um conhecimento puro e absoluto. Mas jamais conseguiu satisfazer essa aspiração. Sem renunciar à reflexão cartesiana, mais ainda, apoiando-se nela em toda a sua pureza, é preciso empreender uma nova rota. Qual é essa rota? Onde está dada a possibilidade de segui-la? Em que consiste o problema filosófico radical? Eis os três pontos que Husserl terá de nos esclarecer sucessivamente:

1º A apresentação do problema filosófico.

2º A possibilidade de fazer deste problema uma ciência.

3º O problema filosófico radical.

I. Apresentação do problema filosófico

Não se trata de encerrar em uma fórmula escolar o enunciado do problema filosófico, e sim de esboçar a atitude filosófica radical de Husserl. Essa atitude é determinada por aquilo a que se propõe: um conhecimento, uma ciência absoluta, onde absoluto significa que seja um conhecimento que recaia sobre um objeto ao alcance de todos sem discussão, e que, ademais, sobre esse objeto se vão tendo conhecimentos justificados com plena evidência pela própria índole dele. Esse conhecimento há de ser alcançado justificadamente *desde de mim mesmo* – de maneira que o orbe inteiro dos conhecimentos filosóficos há de ser o orbe das verdades que eu alcance, quer dizer, há de ser um orbe de verdades que o eu, o *ego*, vá fundamentando com caráter absoluto desde sua condição de "eu". Toda verdade, portanto, fica enquanto isso em suspenso, e eu me encontro, por enquanto, apenas com o *ego*. Eis, em linhas gerais, a atitude radical em que Husserl vai se colocar: a atitude de um *ego* que quer fundamentar radicalmente desde si mesmo toda possível verdade.

Descartes já havia iniciado essa atitude. Para Descartes, tudo há de ser posto em dúvida alguma vez na vida (*semel in vita omnia in dubium esse revocanda*). A atitude radical de Descartes é a dúvida. A dúvida cartesiana é um método e, como método, está determinada também por aquilo que quer obter, ou seja, alcançar uma certeza acerca do que as coisas são em sua realidade. Daí que a dúvida conduza Descartes a reduzir todo o orbe das supostas verdades a ser, por enquanto, um conjunto de meros pensamentos meus, simples cogitações. Ele procura a realidade a partir deles. E a primeira realidade, a única que por enquanto se salva na dúvida, é a realidade do próprio eu cogitante. Redução dubitante, cogitação, realidade do *ego*: aí estão para Descartes os elementos, por assim dizer, sobre os quais o *ego* que filosofa apoia todo o seu saber filosófico.

Para Husserl, isso será um ponto de partida inamovível. Inamovível no que se refere à redução de toda possível verdade a uma operação do *ego* de cada um. Mas nada mais. Para Husserl, a marcha que Descartes segue está viciada *ab initio*: se tivesse sido fiel à sua tentativa, Descartes teria seguido outra via. E, de fato, o que Descartes chama de *cogitatio* é algo assaz vago. Toda *cogitatio*, ainda que posta em dúvida sua suposta verdade, tem um *cogitatum* próprio que, enquanto *cogitatum*, é um objeto *sui generis*. Pois bem: Descartes não repara nisso, senão que resvala sobre essa circunstância para ir da *cogitatio* ao *ego*. O *ego* de Descartes é um *ego cogitans*. Mas o que importa para Descartes nesse *ego*? O que lhe importa é ver se consegue encontrar nele aquilo que não encontrou em nenhuma cogitação sua: a realidade. O *ego* de Descartes é um *ego* existente, um *ego* real. Quer dizer, aquilo mesmo que o tinha feito resvalar sobre o *cogitatum* enquanto tal é o que o leva a ver no *ego* uma realidade. E este é o segundo ponto em que Husserl vai se separar de Descartes. Se Descartes tivesse reparado no *cogitatum* da cogitação, teria ido parar em um *ego* que não é uma realidade existente, mas o mero polo ideal da cogitação e do cogitado enquanto tal. O *ego* é apenas o polo "subjetivo" daquilo que o *cogitatum* é objetivamente enquanto tal. É a correlação *ego cogito cogitatum*. E essa mera correlação vai ser o ponto em que Husserl irá ancorar sua reflexão crítica. Com isso, o objeto sobre o qual vai filosofar tem um caráter diferente; e o tem também o ato com que tudo vai ser reduzido a essa peculiar condição de objeto cogitado. Dito tematicamente, o *cogitatum* enquanto tal é o que Husserl chama de fenômeno; e a atitude que conduz ao fenômeno não é dúvida, mas uma redução de tipo diferente: a redução fenomenológica. O que é fenômeno? O que é redução? Qual é o campo de investigação filosófica que essa singular redução nos abre? São os três pontos que Husserl deve elucidar.

1. O que Husserl entende por fenômeno? Antes de tudo, fenômeno não significa os estados mentais, esses estados reais que constituem meu psiquismo. Fenômeno não é um estado psíquico, como se vinha dizendo desde Locke e Hume. Pois, além de outras razões mais profundas, esses estados psíquicos, dir-nos-á Husserl, são estados reais; e, em razão disso, não sabemos se têm mais realidade que a que possa ter o objeto de uma percepção externa. Também não se trata de fenômenos no sentido de que sejam o aparente de uma coisa que está para além de sua própria aparência. Pois essa contraposição não nos diz positivamente nada sobre o que seja o aparente mesmo. Fenômeno,

portanto, não é para Husserl algo que se contraponha à coisa em si de Kant. Para Husserl, fenômeno é simplesmente o que é manifesto enquanto é manifesto. Ao fim e ao cabo, trata-se do sentido etimológico do vocábulo. E isso é o que Descartes não tinha percebido. O *cogitatum* enquanto tal é pura e simplesmente fenômeno, quer a cogitação recaia sobre o mundo externo, quer recaia sobre meus próprios estados psíquicos. Tudo, até minhas próprias cogitações reais, enquanto as conheço reflexivamente, são por enquanto meros fenômenos. Em virtude disso, todo fenômeno envolve necessariamente aquele diante do qual é fenômeno; todo "manifestar-se" é necessariamente manifestar-se para alguém. Correlativamente, todo fenômeno, todo *cogitatum*, só é fenômeno segundo os modos do cogitante e de sua cogitação. Essa cogitação é o que Husserl chama de consciência. Veremos depois de que consciência se trata. Mas desde já é claro para Husserl que fenômeno e consciência são dois termos correlativos: toda consciência é consciência de algo, e este algo é o fenômeno que se dá naquela consciência. Assim como fenômeno não é aparência subjetiva, assim tampouco consciência é um estado subjetivo. A correlação em questão está acima de todo e qualquer dualismo sujeito-objeto no sentido de realidades.

Pois bem: o *ego*, quando fica a sós consigo mesmo, reduz toda realidade à condição de fenômeno. Tudo está agora em que Husserl nos diga o que é essa operação, o que é essa redução.

2. Como se trata de uma redução de tudo a puro fenômeno, Husserl a chama de redução fenomenológica. Para entender sua estrutura, é necessário começar por esclarecer sobre o que opera a redução; só então conseguiremos determinar a índole da própria redução.

a) A posição de Husserl é clara: a redução atua sobre a totalidade do mundo enquanto tal. Para o homem que vive em atitude natural, mundo é a totalidade das coisas reais dentro das quais eu mesmo me encontro como uma realidade entre elas. O que chamamos de atitude "natural" consiste, justamente, em viver em um mundo. A naturalidade da vida natural consiste em crer (*Glaube*) na realidade do mundo e de mim mesmo. A vida natural, portanto, é suportada por uma "protocrença" na realidade de tudo; toda crença ulterior está montada sobre a protocrença. Pois bem: a redução opera sobre essa protocrença, quer dizer, sobre o mundo inteiro, e consiste em deixá-la em suspenso. Mas bem entendido: sobre o mundo "inteiro", ou seja, incluindo minha própria realidade como parte do mundo. Não se trata de que eu, como um ente real, exista em um mundo cuja validez fica em suspenso para mim, e sim de que eu mesmo, como sujeito cogitante real, pertencente ao mundo em minha condição de realidade, fico em suspenso justamente quanto ao que se refere a esse caráter de realidade, e apareço para mim mesmo como cogitante, puro de qualquer realidade, sem outra nota além da de ser o fenômeno da "eudade", por assim dizer. Nesta forma, tomando o *ego* mundano dentro do mundo natural e com os dois e suportados ambos em sua ação recíproca pela *Ur-doxa*, pela protocrença fundamental, temos a totalidade sobre a qual vai operar a redução. E em que consiste essa redução em si mesma?

b) Não se trata de abandonar pura e simplesmente esse mundo real – quer dizer, não se trata de crer que ele *não* tem existência. Trata-se, pelo contrário, de continuar a vivê-lo e a viver nele, mas de adotar, enquanto o vivo, uma atitude especial: pôr em suspenso a validez da crença em sua realidade. Não se trata de negar essa crença – isso seria substituir uma crença por outra – mas tão somente de suspender sua vigência no sentido de abster-se dela. É o que o vocábulo grego *epoché* (ἐποχή) expressa: detenção, abstenção. A vida real a vou vivendo, e vou executando os atos em que consiste; do contrário, não haveria possibilidade alguma de abstenção. Mas, enquanto vivo, vou-a "pondo entre parênteses" (*Einklammerung*): convivo com ela em pura abstenção de sua vigência real. Não abandono, portanto, a vida real; permaneço nela, em toda a sua riqueza e detalhe, nas variedades de cada vivência. Mas sem crer em sua realidade. A redução consiste, portanto, em reduzir o mundo real inteiro a algo que não é realidade; por essa operação, tenho um mundo reduzido. Não perco nada do que é real: perco apenas seu caráter de realidade. A que, então, o mundo fica reduzido? Justamente a ser apenas aquilo que aparece em minha consciência e enquanto me aparece – quer dizer, fica reduzido a puro fenômeno. A redução, portanto, é fenomenológica.

Essa redução e o fenômeno alcançado por ela têm uma estrutura precisa, ou, se se preferir, essa redução tem duas dimensões. Em primeiro lugar, no próprio ato de suspensão, tudo o que se apresentava como um fato deixa de ser fáctico. O fato é sempre e apenas a realização de algo em sua concreção individual. Se suspendo esse caráter de fato, o que me aparece é simplesmente a configuração intrínseca que o dado possui. Em lugar do puro fato, temos o *eîdos*. Se neste vermelho de fato prescindo de que seja "de fato" vermelho, fico apenas com "o" vermelho. Este *eîdos* não é pura e simplesmente um "conceito" geral. Não entremos, neste momento, na exposição do que seja a concepção husserliana de *eîdos* e de sua visão. Basta o já dito para dar a entender que a redução fenomenológica é, antes de tudo e sobretudo, uma redução eidética – uma redução do fáctico ao eidético.

Mas não é só isso. O mais importante é que a realidade é reduzida em seu próprio caráter de realidade. Com isso, o mundo reduzido a fenômeno se mostra perfeitamente irreal. Mas irreal não significa fictício ou coisa parecida. Significa apenas que prescinde, por *epoché*, de toda alusão à realidade. Para Husserl, isso não é uma perda, e sim, como veremos a seguir, um conseguimento definitivo, porque sabendo o que é "o" vermelho em si mesmo, irrealmente, tenho com isso o "metro" segundo o qual são, não são ou são em parte vermelhas todas as coisas vermelhas que há ou pode haver no mundo. Nesta dimensão, a redução não é apenas eidética, mas é transcendental. E isso em duplo sentido. Em primeiro lugar, porque este fenômeno, em sua irrealidade, só se dá em uma consciência e por esse ato de consciência que é a redução; de maneira que, em uma ou outra forma (veremos depois o que é essa forma), aquele metro da realidade se manifesta apenas em e por uma consciência subjetiva. Enquanto é esta subjetividade o que constitui as condições das coisas, é uma subjetividade transcendental. Deixemos consignado, mais uma vez, que não se trata da subjetividade transcendental em sentido kantiano. Em segundo lugar, a redução é transcendental porque desde os tempos mais remotos se chama transcendental àquilo que constitui a "propriedade" em que tudo coincide pelo mero fato de ser. Pois bem: pela redução, tudo é e somente é fenômeno. Daí que a fenomenalidade seja o caráter transcendental supremo.

Definitivamente, a redução fenomenológica é, ao mesmo tempo, redução eidética e transcendental. Daí a atitude radical que *a limine* Husserl vai tomar diante do psicologismo, diante de Kant e diante da metafísica clássica.

O psicologismo é um subjetivismo psicológico. Consiste em afirmar que tudo aquilo que chamamos de mundo e as coisas que há nele são, por enquanto, estados psíquicos meus, representações subjetivas. Para Husserl, isso é uma impossibilidade por dois motivos. Primeiro, porque os estados mentais são algo puramente fáctico. Pois bem: o fenômeno não é algo fáctico, mas eidético, e o eidético é o "metro" das coisas, quer dizer, é o metro do fáctico. Mas para o psicologismo se daria o contrário: o fáctico é que seria o metro do eidético, o que, para Husserl, é um contrassenso. E, em segundo lugar, o sujeito e os estados de que o psicologismo nos fala são um sujeito e uns estados reais: um sujeito dotado de estados e de processos psíquicos reais. Mas deste sujeito deve-se dizer o mesmo que dissemos das coisas. Este sujeito como realidade de fato faz parte do mundo. A redução opera sobre o mundo inteiro e, portanto, também sobre o sujeito real e seus estados. Em sua facticidade, o sujeito real pende do que eideticamente é o sujeito enquanto tal e não ao contrário. O sujeito psicológico pende do que seja o puro fenômeno "*ego*".

Husserl terá de dizer o mesmo em face de Kant. Kant transcende de todo ente às condições de inteligibilidade de todo objeto enquanto tal, condições que são a própria forma do entendimento humano. Nesse sentido, o transcendental é, em Kant, algo radicalmente diferente de todo o psíquico. No entanto, isso ainda é insuficiente para Husserl, por duas razões. Em primeiro lugar, porque o sujeito transcendental de Kant é um sujeito interno ao mundo, e é dentro do mundo e em face das outras coisas que ele adquire sua categoria central e fundante. Pois bem: enquanto mundanal, esse sujeito fica submetido à redução fenomenológica exatamente como todas as outras coisas. Mas, em segundo lugar, essa categoria central do *ego*, da consciência, não consiste, como pretende Kant, no fato de que seja o eu o que conforme o objeto enquanto objeto. Muito pelo contrário: a consciência não conforma aquilo sobre o qual recai. A consciência e seu objeto não estão em função de "conformação", mas de mera "correlação". A redução toma o mundo e a vida natural do homem e os deixa perfeitamente intactos em seu conteúdo. A única coisa que a redução faz é suspender a crença em sua realidade. Com isso, a consciência não faz o objeto: a única coisa que ela "faz" é ter o objeto como algo manifestado em mim – nada mais. É um "fazer", mas *sui generis*: é fazer com que o objeto fique manifesto diante de mim no que ele é; de maneira que só enquanto manifesto em mim o objeto mostra aquilo que ele é. Consciência significa apenas que só desde mim, e enquanto manifesto, aquilo que chamamos de o ser das coisas tem validez. O objeto é, portanto, independente da consciência, mas só se manifesta em e para uma consciência. É justamente a correlação. Voltaremos detidamente a esta ideia. Pela redução, portanto, ascendemos, transcendemos do eu mundano a um *ego* puro, em pura correlação com seu objeto enquanto fenômeno. Não são dois eus, mas um mesmo eu, e umas mesmas coisas, vividas em duas atitudes diferentes: a natural e a reduzida.

A metafísica clássica tinha falado até a exaustão de transcendência. Mas entendia que transcender é ir da realidade do mundo a uma causa transcendente que o explique. Pois bem: essa causa transcendente, se algo havemos de saber dela, precisaria se manifestar em uma consciência. E, ainda que fosse assim, a função da fenomenologia não consiste em "explicar" o mundo com essa causa, mas tão somente em "compreender" o que é. A fenomenologia não explica nada pela simples razão de que toda explicação é interna ao mundo, e a fenomenologia transcende o mundo inteiro não para sair dele, senão justamente o contrário, para permanecer nele, mas de outra maneira: vendo como ele se manifesta para nós.

A nova atitude que Husserl defende se traduz, portanto, em um único conceito: redução, redução a fenômeno puro. Reduzido o mundo inteiro a mero fenômeno, qual é o campo de investigação filosófica que essa atitude nos abre, quer dizer, em que consiste mais precisamente o objeto da filosofia?

3. Essa pergunta está respondida virtualmente no que foi dito. Consideremos esta pasta verde. Naturalmente, sempre é discutível se esta pasta é verde ou até que ponto não o é. Em todo caso, o verde admite na realidade matizes de verdor muitos diferentes; é o que justifica aquela discussão sobre se esta pasta é ou não é de fato e realmente verde. Mas suspendamos nossa crença na realidade desta pasta verde. Automaticamente, aquela discussão perde o sentido, porque perde seu objeto: a realidade do verdor. Já não sabemos se a pasta é verde. Ficamos somente com o fenômeno "verde". O que é que sabemos então? Não sabemos se a pasta é verde, mas sabemos o que é o verde, o que é ser verde. Pois bem: o que desde o tempo dos primeiros gregos até nossos dias constitui o "quê" de algo é o que se chamou de sua "essência" (*Wesen*). E a essência é aquilo que uma coisa "é". Essência é o ser das coisas. Por isso o resultado da redução fenomenológica é a descoberta da essência, do ser. Em sua dupla dimensão eidética e transcendental, o fenômeno puro é essência, é ser: ser homem, ser pedra, ser cavalo, ser astro, ser verde, etc. Em troca de haver colocado entre parênteses a realidade das coisas sustentada pela crença fundamental, o que ganhamos é nada menos que o próprio ser das coisas: sua essência. E este é o objeto da filosofia. O ente de Aristóteles, o objeto de Kant, o fato científico de Comte e o fato imediato da consciência de Bergson dão passagem, por redução a fenômeno, à pura essência, ao ser como essência.

Este objeto tem um caráter absoluto. As coisas, dizíamos, são mais verdes ou menos verdes, triangulares, etc. Mas "o" verde, "o" triângulo são plenariamente o que são em si mesmos. Toda realidade de fato é relativa à sua essência, mas em contrapartida a essência mesma não é relativa ao fato. Posto em suspenso o caráter da realidade, temos diante de nós algo absoluto. Todo relativismo advém da realização fáctica da essência.

É absoluto não só este objeto, mas também sua manifestação para a consciência. Quando percebo algo como realidade, sempre há a possibilidade de um erro, uma alucinação ou ilusão. Mas, quando suspendo esse caráter de realidade, então fico com o percebido tal como se manifesta e na medida em que se manifesta a uma consciência. O possível caráter alucinatório ou real do objeto da percepção é perfeitamente indiferente. O que "é" o verde é indiferente a que a coisa seja ou não realmente verde. A consciência em redução basta a si mesma; é o único ente que não precisa de nenhum outro para ser. É, portanto, o único ser absoluto.

A realidade, como dizíamos, é relativa à essência. Daí que todo saber de realidades precise de uma justificação estrita. Pois bem: o que é justificar? Justificar é simplesmente demonstrar que alguma coisa "é" tal como cremos saber que é. Toda justificação é sempre e apenas um apelo ao saber da essência. É o saber da essência o que constitui o metro do saber da realidade. Todo saber de fatos encontra sua possível justificação apenas no saber absoluto da essência. O célebre "problema do conhecimento" não consiste em excogitar uma ponte entre a consciência e as coisas, mas em saber o que é conhecer; só sabendo-o podemos verificar se o que pretende ser um conhecimento real e verdadeiro o é de fato. Daí que o saber fenomenológico como saber absoluto da essência seja a justificação de todo saber de fato. O saber filosófico não é "empiriologia", mas "fenomenologia".

Mas isto é ainda apenas uma afirmação vaga. Ter descoberto esse objeto absoluto que é a essência ainda não é o mesmo que ter demonstrado como é possível um saber absoluto a respeito dela. Só mostrando a possibilidade deste saber teremos ao mesmo tempo o saber filosófico como saber absoluto e o princípio de justificação de todo saber de fatos, quer dizer, de toda a ciência, e de todo o saber da vida corrente. É o que Husserl precisará mostrar-nos agora. À questão de como se apresenta o problema filosófico, Husserl respondeu com um conceito: o conceito de redução. Agora, Husserl tem de recorrer a outro conceito que encerre a possibilidade do saber filosófico como ciência absoluta da essência.

II. A possibilidade da filosofia como ciência

Trata-se de ver como o fenômeno ou essência pode dar lugar a uma ciência estrita e rigorosa. Para isso, procedamos passo a passo.

1. Dissemos que o fenômeno ou essência se manifesta à consciência por um ato de redução. Ao suspender a crença no mundo real, fico com esse mesmo mundo tal como ele se manifesta e enquanto se manifesta à minha consciência – quer dizer, o mundo inteiro enquanto manifesto o é tão somente como termo da consciência. Reciprocamente, cada modo de consciência tem correlativamente seu objeto, segundo o mesmo modo de consciência. Consequentemente, a primeira coisa que Husserl nos há de dizer é o que ele entende por isso que chama da consciência.

Antes de tudo: não se trata da consciência no sentido da psicologia. Para a psicologia, a consciência é uma atividade mental que tem seus momentos e mecanismos próprios. A atividade mental quer, pensa, sente, recorda, percebe, tem paixões, emoções, etc. Como modos da atividade, cada um desses fatos tem seu mecanismo próprio; o mecanismo de perceber não é idêntico ao de desejar, e assim por diante. Esses mecanismos envolvem também componentes somáticos da mais diversa ordem: receptores, como hoje diríamos, processos cerebrais, etc. Pois bem: conquanto tudo isso seja verdade, não é, no entanto, o mais importante para o problema da consciência. Tudo isso, com efeito, são os "mecanismos" da consciência, mas não a própria consciência. Pois, por enquanto, esses mecanismos pertencem ao domínio dos fatos, ao domínio da ciência natural, um domínio que pusemos entre parênteses. Mas sobretudo porque esses mecanismos são justamente os mecanismos pelos quais tenho consciência; mas nada mais. O que é a consciência que com esses mecanismos consegui ter é algo que a psicologia como ciência natural sempre eludiu. Pois bem: sejam quais forem os mecanismos psicofisiólogicos que produzem a consciência, esta é, em sua pureza primária, um mero "dar-se conta" de algo: a consciência é sempre e apenas "consciência de", precisamente enquanto puro dar-se conta de algo. Daí o erro fundamental que neste ponto Husserl reprocha ao psicologismo: a naturalização da consciência, o haver transformado o simples momento de me dar conta de algo em um sistema de mecanismos que no máximo poderão explicar como chego a me dar conta. Reduzida a atividade mental a esse momento de puro dar-me conta, encontro-me instalado na consciência pura. A essa consciência pura é que é manifesto o fenômeno ou essência. Consequentemente, o problema de Husserl consiste agora em nos dizer qual é a estrutura dessa consciência pura.

2. A consciência pura, a "consciência-de", é algo que só é consciência enquanto o é "de" algo. Toda consciência está dirigida para algo. E esse "dirigir-se para algo" é o que desde tempos imemoriais se vinha chamando de *intencionalidade*. Já sugerimos que o mestre de Husserl, Brentano, havia caracterizado o psíquico, em uma ou outra forma, por ser algo intencional, por envolver em si mesmo a referência ou direção para algo diferente da própria consciência. A análise estrutural da consciência pura há de determinar com exatidão o que é essa intencionalidade.

a) Antes de tudo, a intencionalidade é esse momento segundo o qual a consciência é algo que só o é "de" outro algo. Neste aspecto, a consciência é uma *intentio*, ou, como diz Husserl, é uma *noese*. A questão consiste em como Husserl entende essa *intentio*. Por enquanto, não se trata de uma "relação" entre um ato e seu objeto. Não se trata de que a consciência como *intentio* seja algo concluso como ato meu que é, e que depois se estabelecesse uma relação com algo que não é ela mesma, e que está para além dela, relação que se expressaria no "de". Não se trata disso, porque o dirigir-se ao objeto não é um momento acrescentado à consciência, mas pertence formalmente à consciência enquanto tal; de maneira que a *intentio* não é um ato concluso em face do objeto, senão que só é conclusa como ato em sua referência mesma a este. Dito em outras palavras: o "de" não é uma relação da *intentio* ao objeto, mas a própria estrutura da *intentio*. Em virtude disso, toda consciência envolve intrinsecamente a "existência intencional" de seu objeto. Não se trata de uma existência e de um objeto reais, mas de algo diferente: de uma existência e de um objeto intencionais.

Mas isso ainda não é suficiente. Ao redescobrir a intencionalidade, Brentano tinha se limitado ao que acabamos de dizer. A intencionalidade, para Brentano, é um puro *Faktum*, o *Faktum* de que a consciência envolve *intrinsecamente* o momento do "de": todo perceber é um "perceber-de", todo recordar é um "recordar-de", todo querer é um "querer-de", etc. É a intencionalidade como mera "correlação". Husserl não duvida que isso seja verdade. Muito pelo contrário: já vimos que Husserl o sustenta energicamente. Mas, apesar de verdadeiro, isso não é suficiente para Husserl. Pois, por enquanto, todo objeto da consciência nos está presente a ela, somente segundo modos próprios da consciência, como o perceber, o recordar, etc. Em virtude disso, o objeto tem o caráter modal de ser percebido, de ser recordado, etc. De maneira que a consciência prefixa *de antemão* o modo de apresentação do objeto; não é uma mera correlação, mas uma prefixação. Mais ainda (e isto é o essencial), a consciência é o que faz com que haja objeto intencional para ela; a consciência não só *tem* um objeto, mas *faz* com que haja objeto intencional para ela, e o faz *a partir dela mesma*. Isso significa (uma vez mais) que os modos da intencionalidade, da *intentio*, não se encontram em mera correlação com seu objeto, senão que este se funda naquela.

Não é que a *intentio* produza desde si mesma o conteúdo do objeto – seria um subjetivismo que Husserl rechaça energicamente. Mas o que a *intentio*, e só a *intentio*, faz é fundar a possibilidade da manifestação do objeto intencional tal como ele é em si mesmo. A intencionalidade é o fundamento da possibilidade de toda manifestação objetiva para mim. A *intentio*, portanto, o "de", é com respeito ao objeto não uma mera correlação subjetiva, mas um *a priori* de sua manifestação. Esta é a criação de Husserl: a intencionalidade não é apenas "intrínseca" à consciência, mas um *a priori* com respeito a seu objeto, onde *a priori* significa que a consciência *funda desde si mesma* a manifestação de seu objeto. E este fenômeno de intencionalidade é o que tematicamente Husserl chama de vivência.

b) Precisamente porque a consciência é intencionalidade, ela tem como termo seu um objeto que é seu *intentum* próprio, o que Husserl chama de *noema*. O noema não é o que a psicologia e a filosofia da época chamavam de "conteúdo da consciência". O noema não está contido na consciência como parte dela. Uma montanha, um triângulo, um edifício não fazem parte de minha consciência. O noema não é "conteúdo", mas mero "termo" intencional da consciência, algo que é manifesto nela, mas que não é ela mesma nem parte dela. Esse termo intencional tem três características. Antes de tudo, o que acabamos de dizer: é algo "independente" da consciência. Na consciência, seu noema se manifesta a nós tal como é e em si mesmo, quer dizer, com plena objetividade. Objetividade não é realidade: toda realidade ficou entre parênteses em seu caráter de realidade, mas permaneceu intacta no que é em si mesma. Esse permanecer intacto é o que constitui a objetividade. Mas, em segundo lugar, o noema, objetivamente manifesto à noese da consciência, só pode dar-se nela. Posta a realidade entre parênteses, o fenômeno só pode ser o que é como termo objetivo da consciência. Finalmente, como dissemos antes, o noema não só se dá na minha consciência, mas se dá em virtude da própria consciência, fundado nela. A consciência como *intentio* e como *intentum* não é apenas de índole cognoscitiva; todo modo de consciência tem seu noema próprio. Assim, o modo de consciência que chamamos de "estimar" tem como correlato noemático, objetivo e independente dela, o "valor". Daí partiu a teoria dos valores de Scheler.

c) Como não se dão um sem o outro, esses dois momentos de noese e noema têm uma *unidade intrínseca* peculiar. Precisamente porque a consciência é *intentio*, vai "dirigida" para seu noema, o que constitui, portanto, o "sentido" de tal intenção para mim. A unidade noético-noemática tem, assim, um caráter extremamente preciso: é unidade de "sentido". É claro que, nessa unidade, os dois termos não funcionam, por assim dizer, em pé de igualdade, porque a noese é algo que desde si mesmo faz com que seja dado o noema. Como a intenção é sentido, a aprioridade da intencionalidade consiste então concretamente em que a *intentio* é o que abre a área do sentido objetivo do noema, o qual é, então, o sentido objetivo da *intentio*. A consciência é um ato que desde si mesmo abre a área do sentido – é, como diz Husserl, um *sinngebender Akt*. O sentido do noema não depende da consciência, mas do próprio noema. Mas que o objeto seja sentido noemático, isso se deve à consciência. E nisto consiste o *sinngebender Akt*, o ato de "dar" sentido. A unidade de sentido objetivo do noema é justamente o que, segundo Husserl, é o "ser". Ao dizermos que o que nos é manifesto é de uma maneira ou de outra, o que estamos dizemos é que esse e não outro é seu sentido objetivo. Ser é unidade de sentido objetivo. Vimos antes que o noema, o puro fenômeno, é ser como essência. Pois bem: a essência da essência é "ser" como sentido objetivo. Como tal, o ser se funda na própria consciência.

Essa é, delineada em traços gerais, a estrutura da consciência pura, segundo Husserl.

3. Mas Husserl não pode por deter-se aqui: ele precisa buscar nessa consciência pura a possibilidade de um saber absoluto. Para isso, precisa entrar nos modos de consciência em que se pode constituir esse saber. Husserl leva a efeito uma fina análise

da intencionalidade. Não vamos entrar nela –limitar-nos-emos ao mais importante para nosso tema. Há intenções muito diferentes. Há intenções vazias, intenções em que seu objeto não está dado presentemente à consciência; por exemplo, o simples "mencionar" um objeto ou aludir a ele. Temos aqui um "de" sem que seu correlato esteja presente. Outras vezes, o objeto está presentemente dado à consciência, mas pode estar de diversas maneiras. Se reconheço um amigo em uma fotografia, tenho presentemente dado o amigo. Mas, neste caso, o termo do "de" é "mediato": minha intenção vai *in modo recto* ao amigo, mas através da própria fotografia. Outras vezes, o objeto está "imediatamente" presente – por exemplo, quando recordo um objeto que vi antes. Mas essa imediatez não é o fundamental. Há vezes, de fato, em que o objeto está imediatamente dado, mas "originalmente"; é o objeto presente "em carne e osso" por assim dizer (*leibhaftig*). É o que acontece agora mesmo se eu considero todos os senhores reduzidos a puro fenômeno. Pois bem, a intenção de um objeto imediata e originariamente dado à consciência é o que Husserl chama de *intuição*.

Intuição é uma palavra que tem múltiplas ressonâncias na filosofia – a última, como já vimos, em Bergson. Mas para Husserl não se trata da intuição como simpatia ou simbiose da consciência com as coisas. Para Husserl, essa intuição seria "mundanal", porque é a simpatia real com objetos igualmente reais. Husserl pôs "entre parênteses" todo o mundo real. A intenção é então pura e simplesmente o ver o manifesto originalmente manifestado, e tão somente enquanto manifestado, quer dizer, como mero correlato intencional da consciência pura.

Esta intuição não se acha limitada, como para os empiristas e para o próprio Kant, à chamada intuição empírica. Como fato mundano, a visão de um amigo me dá apenas esse amigo. Mas, reduzida a fenômeno, essa visão me dá algo mais: dá-me a visão, por exemplo, d*o* humano, assim como a visão desta cor vermelha, reduzida a fenômeno, me dá não apenas "este" vermelho, mas *o* vermelho, etc. É uma intuição "ideacional", porque me dá o *eîdos* do objeto. Essa intuição é imediata. É verdade que para isso preciso também intuir "esta" cor vermelha, mas nela vejo não só "este" vermelho, mas também *o* vermelho. Naturalmente, neste ponto Husserl tem de enfrentar-se com pensadores como Leibniz, para os quais a intuição intelectual é a visão em uma ideia inata. Para Husserl não se trata disso, porque nenhuma intuição ideal se dá senão ser em e por uma intuição "concreta". O que significa tão somente que a intuição ideal é uma intuição "fundada" em uma intuição concreta; mas seu caráter de fundada não impede que seja imediata. É por isso que é sumamente difícil, para não dizer impossível, referir ou contar em proposições abstratas o que é essa intuição. Acontece o mesmo que a toda filosofia intuitiva, incluída a do próprio Bergson; não se pode fazer outra coisa além de incitar o leitor a realizar por si mesmo o ato de intuição; as proposições servem apenas para orientar esse esforço.

Todas essas intenções não se encontram apenas justapostas. Pois as intenções que não são intuitivas podem, no entanto, ser preenchidas com uma intuição. É o ato que Husserl chama de "repleção"[3] (Erfürllung). Pois bem: a repleção de uma intenção intuitiva com a intuição correspondente é justamente a "evidência". E, justamente por isso, o correlato intencional da evidência é a verdade: na intenção intuitivamente evidenciada, o ser e a intenção coincidem. A evidência não é para Husserl – como não tinha sido para o racionalismo – uma propriedade exclusiva dos atos "lógicos"; não é apenas a inclusão de um predicado em um sujeito. A evidência é a repleção de uma intenção em seu objeto intuitivamente dado. A evidência lógica é apenas um minúsculo caso particular da evidência intencional. Todo ato de consciência, da índole que seja, se está repleto por uma intuição, é evidente; há assim uma evidência dos valores, etc. A evidência é um momento estrutural da consciência e não apenas do pensamento lógico.

Suposto isto, Husserl já tem nas mãos todos os elementos de que necessita para chegar a uma ciência estrita e rigorosa da

---

[3] Repleção: estado ou condição daquilo que está repleto. (N. T.)

essência, isto é, do ser das coisas – essa ciência que é o saber absoluto em que consiste a filosofia para Husserl.

4. A evidência como repleção em uma intuição é uma possibilidade radical – apenas radical – de toda forma de consciência. Mas a intuição tem um alcance e um valor absolutos. Daí que toda consciência evidente possua uma verdade inconcussa, absoluta. É, para Husserl, o "princípio de todos os princípios": a intuição direta e originária de todo o dado enquanto dado, e apenas enquanto dado, é uma evidência absoluta do que "é" o dado. Pois não se trata de objetos transcendentes, mas dos objetos intencionais enquanto manifestos a uma consciência pura. E, como a intuição do assim reduzido eidética e transcendentalmente é uma intuição da essência, sucede que a evidência em questão é a evidência absoluta da essência. A diferença com respeito a Kant é radical. Para Kant, o princípio supremo é o "eu penso", uma faculdade cega de síntese. Para Husserl, em contrapartida, o princípio radical da filosofia é uma intuição evidente e evidenciadora.

Pois bem, a filosofia não é uma intuição passiva do que tenho dado em um momento na consciência. Muito pelo contrário, é esforço ativíssimo. Precisamente porque a intuição recai sobre objetos não transcendentes, mas intencionalmente imanentes à consciência pura, "eu posso" (*ich kann*) sempre executar livremente sobre eles toda classe de atos; posso variá-los intencionalmente. Toda consciência, além de manifestar seu objeto, é um "eu posso" torná-lo mais manifesto. A consciência não apenas manifesta, mas faz manifestar-se o objeto. Esse "poder" é de índole intencional. Não é o poder ter intenções, mas o ter a intenção de poder tê-las. O "poder" (*können*) intencional é essencial ao eu; todo eu é não apenas um "eu intuo", mas um "eu posso intuir". É que todo objeto, além de nos dar o que atualmente nos dá, é algo que por sua própria índole prefixa suas possíveis manifestações ulteriores. Dito em outras palavras: junto às intenções "atuais", há as intenções "potenciais", que prefixam os sentidos implícitos que competem a cada tipo de objeto determinado. A intenção potencial não é a possibilidade de uma intenção *qualquer*, mas a intenção de possibilidades *determinadas* pela índole do objeto. Cada intenção atual prefixa as intenções possíveis, e por sua vez cada intenção possível prefixa o curso de sua repleção em ulteriores intenções atuais. Dessa maneira, cada intenção e cada intuição é ao mesmo tempo o correlato de um "eu posso". O correlato objetivo do "eu posso" é o que Husserl chama de *horizonte*. Todo objeto, além de nos dar o que nos dá em um momento, abre um horizonte próprio de possibilidades de manifestação. Com isso, abre-se diante de nossa consciência um campo infinito de investigação, de esforço intuitivo ativo. E, como, dentro desse horizonte, se prefixa o âmbito das ulteriores intenções atuais do próprio objeto, sucede que as intenções constituem um sistema e não um caos arbitrário. O caráter sistemático das vivências intencionais tem como correlato objetivo a estrutura sistemática do objeto e de sua conexão com outros objetos. E esse sistema objetivo é o que propriamente constitui a essência, o ser do objeto. Voltaremos a essa ideia no ponto seguinte.

Esse poder de variação do objeto pode aplicar-se a ele das maneiras mais diversas, inclusive de forma meramente imaginária. Para a consciência fenomenológica, um objeto imaginado é suscetível de nos dar consciência do que ele é, tal como um objeto percebido. A imaginação é, para Husserl, uma "quase experiência".

Dessa maneira, abre-se diante de mim um campo infinito de saber absoluto, em que vou adquirindo progressiva e dificultosamente a versão de toda intenção à sua forma intuitiva e ao enriquecimento da própria intuição. O contrário de uma passividade. O conseguimento de evidências absolutas e cada vez mais adequadas é um esforço penoso. É uma verdadeira experiência: a experiência fenomenológica.

Nela consiste a filosofia. É uma ciência estrita e rigorosa da essência. A filosofia não é um sistema racional e lógico de proposições e demonstrações: é evidenciação intuitiva, uma evidenciação que não se fundamenta em pontos de vista pessoais, mas em um apelo objetivo à intuição, no qual nosso saber encontra sua última e estrita verdade absoluta. Esta ciência é sistemática, mas é um sistema do manifesto enquanto manifesto, o sistema das manifestações que competem às coisas pelo que elas "são". Esta ciência absoluta dos fenômenos em seu sistema é a filosofia. A filosofia é sempre e apenas "fenomenologia transcendental". Aí está o que Husserl buscava.

Por aqui se vê que a fenomenologia não é psicologia descritiva, como a princípio Husserl chegou a pensar no começo de suas investigações. A psicologia descritiva nos daria no máximo uma intuição eidética de realidades. No entanto, a redução fenomenológica não é apenas eidética, mas transcendental no sentido explicado anteriormente. Por isso é que a fenomenologia não é em nenhum sentido psicologia descritiva.

Definitivamente, ao problema da origem e apresentação do problema filosófico como termo de uma ciência absoluta Husserl respondeu com um só conceito: *redução*. Ao problema da possibilidade da filosofia como ciência estrita Husserl respondeu com outro conceito: *intuição*. Mas, como a filosofia não é uma simples estratificação de problemas, Husserl precisa nos dizer qual é, para ele, o problema filosófico radical. A esta pergunta Husserl vai responder com um terceiro conceito próprio. Vamos vê-lo.

III. O problema filosófico radical

Husserl quer justificar o mundo; e justificação não é senão descoberta do ser essencial. Essa descoberta é alcançada mediante a redução e a evidência intuitiva. Esse labor, esse esforço da experiência fenomenológica foi levado a efeito em três etapas sucessivas.

Em primeiro lugar, Husserl levou a efeito a análise fenomenológica dos atos fundamentais da consciência: a percepção, a recordação, a significação, a razão, o juízo, etc. Cada um desses modos de consciência tem seu modo peculiar de obter seu objeto correspondente. Reciprocamente, cada objeto tem seu modo peculiar, segundo o qual é dado à consciência, se "constitui", em um modo próprio de consciência.

Mas esse não foi senão o primeiro passo da fenomenologia. Com este instrumento nas mãos, Husserl empreendeu a análise fenomenológica das grandes estruturas essenciais do mundo: o que é a materialidade, o que é a animalidade, o que é a realidade humana e o que é a intersubjetividade. Trata-se, como ele mesmo o chama, da constituição das grandes ontologias regionais. Compreendemos por que ele as chama de "ontologias". Ontologia é a ciência do ser, e para Husserl o ser é a essência, aquilo que a coisa "é", seu "quê". Daí que a fenomenologia dessas grandes regiões de coisas seja uma ontologia regional.

A quase totalidade da obra publicada de Husserl se cinge a esses problemas. Mas com isso Husserl ainda não tocou o problema filosófico radical, porque considerou o objeto tão somente como "correlato" noemático da intenção noética. Quer dizer, moveu-se na intencionalidade como uma mera "correlação" entre *intentio* e *intentum*. Mas esse plano é, por assim dizer, meramente constatativo. No entanto, desde o princípio Husserl afirmou, energicamente, que se trata de algo mais que de uma correlação. Pois a intenção é o que desde si mesma abre a área do sentido do noema possível para ela; a intenção é um ato de "dar sentido" (*sinngebender Akt*), e em razão disso é um *a priori* com respeito a seu objeto noemático. Portanto, os dois termos da correlação não são da mesma categoria. Em outras palavras, a consciência é uma "constituição" produtiva. Dela, Husserl até agora tomou apenas a consciência já "constituída", e é nela que, uma vez constituída, se encontra a correlação. Mas a consciência já constituída é resultado da consciência, enquanto "constituinte", da própria intenção como constituinte do sentido noemático. O que situa Husserl em face do problema decisivo da "constituição". É a fenomenologia constituinte. Nela, o sujeito, o *ego*, abre para nós a área do objetivo: o *ego* é subjetividade transcendental. Eis o problema filosófico radical: a subjetividade, o *ego*, como constituição transcendental da objetividade.

Ao problema do objeto da filosofia, Husserl respondeu com o conceito de *redução*. Ao problema da possibilidade da filosofia, Husserl respondeu com o conceito de *intuição*. E, ao problema da questão radical da filosofia, Husserl responde agora com o conceito de *constituição*. Redução, intuição e constituição são, assim, os três conceitos em que toda a filosofia de Husserl se resume. Em que consiste mais concretamente essa "constituição"?

A constituição é constituição da vivência intencional enquanto tal; é a constituição do próprio sistema das vivências nas quais e somente segundo as quais há um mundo para mim. Para não induzir a erro, advirtamos que aqui Husserl chama de mundo não o mundo real em que vivemos, mas o mundo "reduzido" a puro fenômeno. Como não estamos tentando expor a filosofia de Husserl, limitar-me-ei às indicações imprescindíveis para esclarecer este problema da constituição, o problema filosófico radical para Husserl.

Todas as vivências, e tudo quanto é dado nelas, têm um caráter preciso. A cada instante, tem-se uma vivência e um noema objetivo que vão se modificando de instante em instante. A consciência é um fluir constitutivo. E esse fluir é o que chamamos de *tempo*. O tempo é a forma da constituição da consciência enquanto tal. Mas o que é este tempo? Não é o tempo do transcurso das coisas, porque este tempo é o tempo do mundo real e aqui pusemos entre parênteses todo o mundo real enquanto tal. Também não é a *durée* de Bergson. Pois, além do fato de ser também algo mundanal, a *durée* não é o tempo, e sim um fluir. Pois bem: o tempo não é o mero fluir, mas o fluir "reduzido", quer dizer: a própria fluência do fluir. Mas também essa fluência não nos basta, porque com ela teríamos um "passar" das vivências, e isso não é o tempo: o passado, por ser passado, já não "é", e o futuro, por não ser ainda, tampouco "é". De nada nos adianta também acrescentar que, ao passar, a consciência retém suas impressões passadas, porque o que disso resultaria é um presente acumulado dessas impressões, mas não seu caráter de passado – quer dizer, a retenção pura e simples não constitui o tempo. É que o tempo puro é de índole intencional: é o tempo fenomenológico. Esta é a questão.

Cada intenção se esgota em seu "agora". A mera duração da consciência seria uma continuidade de "agoras"; e isto não é o tempo. O tempo não é uma continuidade de agoras que deixam de ser. Mas reparemos em que "agora" tem dois sentidos. Um é o sentido de "agora eu tenho uma intenção". É o agora que poderíamos chamar de pontual. Outro é o sentido de: eu tenho agora a intenção de um "agora". Neste segundo caso, o "agora" tem caráter intencional. E esse caráter é sempre o mesmo. A intenção tem sempre um sentido, e, embora o ato e seu objeto deixem de ser, o sentido da intenção continua a ser o mesmo. Essa mesmidade da intenção do agora, ao recair retentivamente sobre algo que passa, é o que faz com que, para mim, esse algo que já não é agora (no agora pontual) seja algo que intencionalmente "é agora", em seu caráter novo: "agora é passado". O passado recebe o caráter formal de um "antes". O "antes" não o é senão com respeito a um agora intencional. O agora não é constituído apenas pelo agora pontual do fluir, senão que é um agora intencional, no qual o que passou "é agora" um "antes". O antes "é" agora, e o que agora "é" é justamente algo que agora já foi. O mesmo se deve dizer do futuro. O futuro é o que "agora" ainda não é; "é agora" o "por ser", o depois. Antes, agora e depois são três modificações de uma mesma intenção do agora. E essa unidade das modificações no agora "intencionado" é justamente o tempo. O tempo é um "agora" em que tenho a intenção do antes e do depois. Por isso, enquanto a consciência flui em *durée*, o próprio tempo não flui, senão que é a fluência, o âmbito temporal constituído pela intenção do agora. Só a *durée* assim "abarcada" na mesmidade de uma intenção do "agora" é tempo.

O tempo, assim fenomenologicamente entendido, é a forma da constituição. E nessa forma se constitui tanto a possibilidade de ter um noema objetivo quanto o sistema das próprias vivências.

1. O tempo fenomenológico é, em primeiro lugar, o que permite a constituição de um noema objetivo. O noema está dado como algo presente à noese da consciência. Sua objetividade é

presencialidade. Pois bem: tomado como impressão, vai constantemente mudando em incessante fluir. Mas a unidade do tempo como estrutura intencional de um mesmo "agora" torna possível que, apesar da instantaneidade fluente da consciência, tenhamos intencionalmente o âmbito de uma presencialidade permanente. A intenção para seu *intentum* é "ao mesmo tempo" intenção retinente e protendente. E na unidade desses momentos temporais se constitui o âmbito da presencialidade na consciência. O que passou e o que ainda não é estão presentes em um mesmo agora, o mesmo agora que constitui o sentido da intenção por instantânea que seja. O fundamento da presencialidade do noema é a estrutura temporal da noese intencional. Não apenas isso, senão que temporalidade torna possível, além do mais, que apesar do fluir do termo de cada intenção pontualmente considerada possamos falar de um mesmo objeto. Só pela temporalidade pode haver um objeto que seja "o mesmo" para mim. A temporalidade funda, portanto, a presencialidade e a mesmidade do objeto.

2. Essa temporalidade fenomenológica é a forma de constituição não apenas do objeto, mas também das próprias vivências enquanto vivências minhas. Toda vivência flui e deixa de ser em um agora pontual. Mas no agora intencional todas as vivências são "minhas", seja como presentes, seja como passadas ou futuras. Não se trata apenas de que cada vivência seja minha, mas de que a série inteira de vivências enquanto série é "minha" vida vivencial, a vida de um mesmo eu, que é justamente o mesmo graças exatamente a essa identidade temporal. No tempo fenomenológico, constitui-se, pois, a identidade formal do eu em minhas vivências. Todas as vivências são *minhas*, quer dizer, são vivências do meu *ego*. O *ego* não é um suporte extrínseco das vivências: é seu polo subjetivo. Um *ego* e suas vivências são termos correlativos: todas as vivências são minhas, isto é, de um *ego*, e, reciprocamente, o *ego* é sempre e apenas um "eu sou vivencialmente isto ou aquilo". Consequentemente, o problema da constituição é também, e sobretudo, o problema de como vai se constituindo a série de vivências do *ego*.

Essas vivências não formam uma mera "série", senão que umas vão se constituindo a partir das outras. A constituição das vivências é genética: constituição é *gênese transcendental*. Veremos depois, uma vez mais, o que esse adjetivo significa: por ora, atenhamo-nos ao caráter genético da constituição.

Esta gênese tem três aspectos. Em primeiro lugar, um *ego* não pode ter em um momento uma vivência qualquer. Dadas determinadas vivências, o *ego* só pode ter aquelas que sejam compatíveis com as anteriores. A compatibilidade constitui um caráter formal das vivências enquanto vivências. O primeiro aspecto de sua determinação é, portanto, a *copossibilidade* com as vivências que "já" se tiveram. E esse "já" expressa a temporalidade da constituição vivencial.

Mas há um segundo aspecto na determinação constituinte: a gênese constituinte é sistemática. As vivências constituem um sistema: é o *sistema* da consciência. Já o indicávamos a propósito das intenções potenciais. Mas o sistemático não se limita a elas, senão que é um aspecto da série inteira de todas as vivências. Dentro das vivências compatíveis, as vivências são função umas das outras: cada uma determina intencionalmente as seguintes. Essa determinação, e não o fluir psíquico, é o que constitui o caráter unitário da consciência.

Finalmente, como essa funcionalidade sistemática é temporal, a gênese transcendental é de caráter histórico: é uma *história* transcendental do *ego*.

Determinada por copossibilidade, de caráter sistemático e histórico, o que é essa gênese constituinte das vivências, em sua própria essência? Naturalmente, gênese não significa aqui origem causal; não se trata de uma gênese ou história de alma, como dizia Locke. A fenomenologia, como já dissemos, ao reduzir toda a realidade a fenômeno, renuncia às explicações: limita-se a compreender. Portanto, na gênese transcendental não tenho causas, mas algo totalmente diferente: *motivos*. Cada vivência é motivada por outras. Gênese transcendental é motivação intencional. Por isso tem estrutura temporal e é história.

A motivação tem duas formas fundamentais: há uma motivação passiva, em que o motivo é a índole do objeto, e uma motivação ativa, em que eu mesmo tenho meus motivos. Este ponto é essencial. Com essa unidade de motivação, vai-se determinando geneticamente a unidade vivencial do eu. Resta apenas acrescentar que essa motivação nem sempre é dada atualmente à consciência, mas pode ser, e comumente é, habitual: a *habitualidade* é a forma como se dá a unidade vivencial do eu.

Esse sistema de vivências é o sistema graças ao qual tenho para mim isso que chamo de mundo, algo completamente diferente de um mosaico de objetos. O sistema vivencial, portanto, é o *logos* radical e universal de todo ser concebível (*alles erdenklichen Seins*). A lógica tradicional é uma lógica mundana. Mas o *logos* vivencial é uma nova lógica, mais radical: é um *logos* constituinte. Junto com a lógica já constituída, há uma lógica genética. Só por ela tenho um mundo. Mundo é o correlato intencional constituído pelo *logos* constituinte que é meu sistema de vivências. E é por isso que a gênese é uma gênese transcendental.

A motivação das vivências, como eu dizia, pode ser de índole muito diversa. Mas há um tipo de motivação especial: aquele em que uma vivência se funda na evidência de seu objeto, tomando a evidência no sentido de repleção. Pois bem: o sistema de vivências determinado por evidência é o que Husserl chama de *Razão*. A constituição é, neste ponto, constituição genética da razão. Eis o conceito fenomenológico de razão. Não é uma razão racionalista por evidências de conceito, mas sim uma razão nova, a razão das evidências vivenciais. Com ela, Husserl vai dar a fórmula rigorosa do problema filosófico radical. Mas antes convém insistir no sentido dessa unidade vivencial constituinte.

3. Esta ideia de constituição é uma nova ideia de subjetividade. Em face do subjetivismo psicológico e antropológico, a subjetividade que Husserl concebe é radicalmente diferente: o sujeito não faz o objeto, nem este é uma simples representação minha. Também não se trata de um sujeito transcendental no sentido de Kant, porque, como já dissemos, o sujeito não impõe

suas formas ao conteúdo do objeto. Também não se trata de um eventual objetivismo, primeiro porque não se trata de uma objetividade dos conceitos, mas de todo correlato intencional, e, segundo, porque esse correlato não é algo que simplesmente "está" constituído diante da consciência, senão que o está porque a própria consciência é constituinte. A subjetividade é constituinte. E este é um novo conceito do sujeito. Subjetividade é fazer com que as coisas vão se manifestando e se oferecendo à consciência tais como são em si (em uma fórmula difícil de traduzir, é um *entspringen-las-sen-aus*). Trata-se de um fazer desde mim mesmo, mas de um fazer manifestar-se. A partir do sistema de minhas vivências, o mundo vai se constituindo e fica constituído como sentido de meu *ego* nele.

4. Suposto isto, para Husserl a filosofia é somente a ciência estrita e rigorosa do mundo e de mim mesmo. Seu problema radical é justamente a constituição do meu *ego* e do mundo em que este *ego* vive. A rigor, é o problema da autoconstituição. É a tentativa suprema de levar a constituição à evidência, quer dizer, é a tentativa suprema do que Husserl chamou de razão: é a reconstituição evidencial do que eu sou como *ego*, e do que é o mundo deste *ego*. Essa reconstituição é a suprema vivência. Por isso a filosofia é para Husserl vida transcendental ou essencial. Não é uma segunda vida junto à natural, mas um segundo modo de viver a mesma vida: vivê-la não em atitude de crença em sua realidade, mas de evidenciação de sua essência. Neste sentido, e apenas neste, a filosofia para Husserl é a razão absoluta. Não que Husserl seja um racionalista ao antigo estilo, para o qual as coisas são puramente racionais, sem nada de "irracional". Muito pelo contrário. Pois a evidenciação fenomenológica deixa as coisas tais como elas são. E, se elas são irracionais, deixa-as em sua irracionalidade. A evidência de que algo é irracional é para mim a razão de sua irracionalidade. O irracional tem seu lugar na filosofia de Husserl.

Como a razão assim entendida é algo transcendentalmente constituinte, Husserl chama sua filosofia de idealismo transcendental. Não se trata de um idealismo no sentido corrente, mas de um idealismo de tipo novo, assim como também é novo, como vimos, seu conceito de subjetividade. É um idealismo apenas no sentido de uma aprioridade do ser essencial com respeito à realidade de fato, uma aprioridade que se constitui para mim tão só manifestamente na e pela intenção da consciência pura. Quer dizer, a consciência pura é o ser absoluto, e todo outro ser objetivo se funda intencionalmente no ser da consciência pura. Trata-se, portanto, de um idealismo de tipo radicalmente diferente de tudo o que se costuma entender por esta palavra.

Concluamos. Husserl se perguntava qual é o objeto da filosofia como ciência estrita: respondeu com o conceito de redução, cujo correlato é a essência. Depois, perguntou-se como é possível uma ciência estrita dessa essência: respondeu com o conceito de intuição. Finalmente, pergunta-se qual é o problema filosófico radical: como já vimos, é a constituição. E a "reconstituição" evidencial dessa constituição, isso e não outra coisa é a filosofia. É a vida absoluta do *ego*.

Naturalmente, no momento em que Husserl fala de vida do *ego*, surge diante de sua mente a outra frente com que tem de enfrentar-se, oriunda de uma concepção diferente da vida do espírito: a vida como história. É o historicismo. Depois de ter lutado contra o psicologismo, Husserl tem de enfrentar-se com o historicismo, representado por um grande pensador um pouco mais velho que ele, mas em última instância contemporâneo seu: Dilthey.

Dilthey

Wilhelm Dilthey nasce em 1833 e morre em 1911. Por um lado, começa sua filosofia poucos anos depois da morte de Hegel; por outro, embora não alcance a constituição sistemática da fenomenologia de Husserl, recebe, porém, a impressão que produzem nele as *Investigações Lógicas*, especialmente a última delas. É o que leva Husserl a se enfrentar com a concepção de filosofia de Dilthey.

Dilthey, grande cultivador da História, enfrenta-se com a filosofia a partir de um ponto de vista histórico relativamente novo – mas só relativamente, porque a concepção sociológica de Auguste Comte influi profundamente em seu espírito. Esse ponto de vista é completamente oposto ao de Hegel: a filosofia não é obra da razão absoluta, mas da vida humana. Dilthey é o grande teórico da vida. Em sua concepção da vida, Dilthey acusa a influência da filosofia e da psicologia francesas. Mas o que Dilthey entende por psicologia não é o que ele mesmo chama de "psicologia explicativa", mas uma psicologia de outro tipo, a "psicologia compreensiva" (*verstehende Psychologie*), cujo propósito recai não sobre a estrutura psíquica, e sim sobre algo muito mais vasto: a vida anímica inteira. A vida, nesta outra dimensão, que Dilthey haverá de caracterizar de forma precisa, é a chave de sua ideia da filosofia. Para caracterizá-la com a brevidade que nosso propósito exige, agruparemos suas ideias em torno de quatro pontos fundamentais: a origem da filosofia; o objeto da filosofia; o problema filosófico; o valor último da filosofia.

I. *A origem da filosofia*. Como acabamos de indicar, para Dilthey a filosofia não nasce da estrutura de uma razão absoluta, mas da condição intrínseca da vida humana. Aqui, vida significa a vida tal como é realmente vivida e sentida por cada um dos homens, sejam quais forem os mecanismos psicobiológicos que estejam em jogo. A vida humana é, antes de tudo, uma *unidade* que se encontra em constante *mudança de estado*. Nessa mudança, há um momento de unidade subjetiva, por assim dizer: a consciência da mesmidade da pessoa que vive essas mudanças. Por outro lado, essa vida se constitui e se desdobra em interdependência com o mundo exterior. Esse todo em que se desdobra uma mesma pessoa que vai mudando de estado em interdependência com o mundo em uma forma unitária é o que precisa e formalmente Dilthey entende por vida. Sua compreensão é a descoberta da estrutura da própria vida.

Cada estado dela é um acontecimento ou sucesso (*Vorgang*), cujo duplo correlato é, de um lado, a mesmidade da alma e, de outro, o mundo objetivo. A forma de todo acontecimento é o tempo. Em cada um de seus instantes, o campo da consciência é o que constitui o estado dela. Em sua conexão total estrutural, cada estado tem três momentos: um *momento representativo* do mundo exterior ou interior, um momento de *estímulo afetivo* e um *momento volitivo*. Cada estado é sentido ou vivido como tal estado; e esse modo peculiar do estado da alma é o que Dilthey chama de *vivência*. A transição de um estado a outro, a fluência do tempo, é igualmente uma vivência. Nessa estrutura total, há um momento decisivo. É que a conexão unitária das vivências e seu transcurso temporal têm um caráter estritamente *teleológico*. Em cada instante, a vida é um todo, e a estruturação das partes por um todo é justamente a teleologia. Em virtude disso, a vida não apenas é vivida como um estado em que se está, mas também é algo que tem um sentido, também vivido como determinante, ao menos parcial, do transcurso de seus estados.

Tomada em seu conjunto unitário, a vida oferece, portanto, dois caracteres essenciais. É, antes de tudo, um *processo* em que a alma adquire certa firmeza no que diz respeito aos três momentos de representação, estímulo e volição. Mas, além disso, esse processo tem um caráter *evolutivo*. A vida evolui por uma tríplice condicionalidade: a condicionalidade evolutiva do corpo, a influência do meio e, sobretudo, a conexão da vida de cada um com o mundo espiritual circundante. Por esta última condição, a vida é constitutivamente social e histórica. A vida não é apenas a vida de uma alma isolada, mas a vida de uma alma que convive social e historicamente com a vida das outras almas.

Nessa unidade, ao mesmo tempo pessoal e histórica, o processo evolutivo da vida vai constituindo elementos essenciais da consciência humana, que são ao modo de precipitado daquela vida. O momento representativo de cada estado de consciência conduz, no indivíduo e na sociedade, a uma *imagem objetiva do mundo*. Os momentos afetivos constituem uma experiência do valioso ou não valioso na vida, uma experiência dos valores, que Dilthey chama de *experiência da vida*. E os momentos volitivos vão iluminando *princípios de ação* com que reger a vida. Estes três aspectos (imagem do mundo, experiência da vida e princípios de ação) se acham inexoravelmente envoltos no sentido teleológico da vida. Mas essa inclusão é obscura e dificultosa. Aqueles três momentos, que estão constitutivamente ancorados na estrutura profunda da vida, hão de ser teleologicamente unificados também em seu sentido. E o impulso vital com que o homem tem de levar a efeito essa unificação é justamente a origem da filosofia. A filosofia não é um movimento puramente intelectual da razão, mas um movimento que emerge da estrutura integral da vida, incluindo nela não apenas os momentos objetivos de um conhecimento do mundo, mas também a experiência vital dos valores e a experiência dos princípios de ação. A filosofia é, assim, uma propriedade pessoal da vida. No entanto, não se trata de uma propriedade estritamente individual. Em seu grande decurso histórico, o processo vital adquiriu a experiência da *homogeneidade* do pensamento humano e da *identidade* de um mundo independente de nós. Daí a filosofia não ser apenas uma reflexão individual, mas a realização de uma possibilidade em determinadas condições, individuais e históricas, dadas.

Mas tudo isso constitui apenas uma vaga indicação: incorpora de antemão a filosofia no impulso para um sentido unitário do mundo, dos valores e da ação; mas ainda não nos diz em que consiste precisamente. É o que Dilthey terá de nos dizer agora.

II. *O objeto da filosofia*. A vida, como acabamos de dizer, vê-se impelida a uma concepção unitária do mundo, dos valores e das ações. Essa concepção unitária pertence à vida pela própria estrutura dela. E essa concepção é o que Dilthey chama tematicamente de "concepção do mundo" (*Weltanschauung*). Toda vida reclama, portanto, desde si mesma, uma concepção do mundo. Mas não confundamos essa ideia da concepção do mundo com o que antes chamamos de imagem do mundo: enquanto esta última concerne apenas ao conhecimento objetivo do mundo circundante, tanto interior quanto exterior, a concepção do mundo se refere à totalidade da vida.

Toda vida, como eu dizia, impele a uma concepção do mundo. Mas esse movimento é enormemente problemático e dificultoso. É que a vida, do ponto de vista de sua estrutura total, se encontra afetada por dois caracteres que se opõem à sua própria unidade. De um lado, a vida tem cesuras ou lacunas intrínsecas; de outro, tem momentos que se contrapõem irredutivelmente entre si. E, tomada em sua própria totalidade, a vida se encontra inscrita entre um nascimento e uma morte que não podem ser compreendidos facilmente desde a própria vida. Essas dificuldades, inscritas na própria estrutura da vida, constituem um enigma. Os enigmas são justamente aquilo que por um lado impele a uma concepção do mundo, mas por outro lado a dificultam. O objeto da concepção do mundo não é o enigma do conhecimento objetivo, e sim o enigma da vida. Na concepção de mundo, suscitada pelos enigmas da vida, o homem busca firmeza, eficácia, domínio da vida. Pois bem: a filosofia é um tipo de concepção do mundo. Daí que seu objeto próprio seja o *enigma da vida*. Aí está o que Dilthey buscava.

Mas, como eu já indicava, isso não é suficiente. O homem pode resolver os enigmas da vida, ou pelo menos pode situar-se em face dos enigmas da vida em atitudes muito diversas. Toda concepção do mundo emerge de uma experiência da própria vida. E, como tal, envolve sempre os três momentos de imagem do mundo, experiência da vida e princípio de ação. Pois bem: em sua vida, o homem se acha constitutivamente rodeado pelo invisível e em constante trato com o invisível. O comportamento em que isso acontece é, para Dilthey, a experiência religiosa. Nessa experiência, a vida humana se acha vertida para poderes transcendentes, uns adversos, outros favoráveis. E o sistema de vida inspirado nessa experiência religiosa é o que chamamos de *concepção religiosa do mundo*. Toda religião envolve determinada concepção do mundo. Mas o homem pode enfrentar os enigmas da vida com outra atitude. O homem pode se fixar em momentos singulares de sua própria vida, desconectados dos outros momentos. Naqueles o homem pode depor o desfrute dos valores da vida e das coisas, nos quais alcança as alegrias da vida. Esses momentos extraídos da vida são assim elevados à categoria de ideal de vida, no sentido que acabamos de indicar, e constituem o conteúdo da arte. Na arte, o homem não se evade da vida para um mundo transcendente, mas repousa idealmente em alguns de seus valores intrínsecos. Em virtude dessa idealização, o homem adquire o livre jogo de seu espírito, desde o qual o conjunto da vida adquire uma significação especial. É a *concepção artística do mundo*. Toda arte, e especialmente toda poesia, envolve, a seu modo, esta concepção do mundo. Tanto na religião quanto na arte, o homem se liberta de seus vínculos com o imediatamente dado, e desde o termo alcançado por essa libertação confere um sentido próprio à totalidade da vida. Mas o homem pode tomar ainda uma terceira atitude. O homem pode abarcar a totalidade da vida no esforço de um saber universalmente válido fundado na razão. Esse esforço é justamente a filosofia, isto é, a *concepção filosófica do mundo*. Diferentemente da concepção religiosa, a concepção filosófica é universal e tem validez geral. Mas, diferentemente da concepção artística, a concepção filosófica pretende atuar sobre a vida para reformá-la.

Daí que se deva distinguir cuidadosamente entre o objeto e a função da filosofia. O objeto da filosofia não é o conhecimento do mundo, mas o enigma da vida. E sua função é, sempre e somente, conduzir a um saber racional de validez universal para a vida individual e histórica. Não se trata do ente, do objeto kantiano ou dos fatos científicos: trata-se do enigma da vida enquanto dominável por um saber racional de validez universal. Aí está, para Dilthey, o objeto da filosofia, incluindo na palavra *objeto* tanto o objeto quanto a função. Com isso, Dilthey se verá forçado a nos dizer em que consiste o problema da filosofia.

III. *O problema filosófico*. Para Dilthey, o problema da filosofia não deve ser tomado em abstrato, mas em termos concretos, quer dizer, em sua concreção histórica. Quando falamos da filosofia como problema, pensamos normalmente nos problemas que seu objeto pode suscitar. No entanto, acima desses problemas que provêm de seu objeto, a função da filosofia na vida é sempre a mesma. Mas isso nos indica, reciprocamente, que a função da poesia pode conduzir a filosofias diferentes em razão do conteúdo de seus problemas objetivos. E neste sentido não existe "a" filosofia, mas tão somente "as" filosofias. Daí que a única forma em que a filosofia se apresenta como problema é a *historicidade*. A historicidade é essencialmente o caráter de uma situação temporal. E, em nossa época, o conteúdo da filosofia, depois da longa experiência de todos os séculos, plasmou-se em muitos sistemas filosóficos, que para Dilthey se reduzem a três. Antes de tudo, o *naturalismo* (materialismo antigo e moderno, positivismo). Em segundo lugar, o que Dilthey chama de *idealismo objetivo* (estoicismo, Spinoza, Leibniz, Schelling, Hegel, etc.). Finalmente, o *idealismo da liberdade* (Platão, a filosofia helenístico-romana, a especulação cristã, Kant, Fichte, Maine de Biran, etc.). O choque dessas três concepções filosóficas do mundo é formalmente para Dilthey o *problema filosófico* de nossa época.

O *método* para enfrentá-lo é determinado por essa estrutura antinômica do conteúdo da filosofia. Os três tipos de concepção filosófica do mundo pretendem ter realidade objetiva. Pois bem: justamente por isso a situação em que a filosofia se encontra é a impossibilidade radical de resolver essas antinomias por uma discussão dialética ou metafísica de suas afirmações objetivas. Cada sistema tem suas razões e opõe aos outros suas objeções, as quais tentam resolver-se objetivamente desde os outros sistemas, com o que não se deu um passo para a frente. Para Dilthey, as antinomias entre os três sistemas são lógica e metafisicamente irredutíveis. Seus problemas, portanto, não têm tratamento nem solução objetiva universalmente válida. Mas, se consideramos não exatamente esse caráter objetivo do conteúdo dos sistemas, e sim a função da filosofia na vida humana, então cabe tomar diante daqueles três sistemas uma atitude diferente: ver neles a expressão de três tendências da vida. Neste caso, o método de tratamento do problema filosófico daquelas antinomias será um *método hermenêutico*. Não se trata de uma discussão de razões objetivas, mas de tomar a filosofia e sua diversidade de conteúdo objetivo como um fato histórico que é preciso compreender desde a própria estrutura da vida. E essa compreensão é justamente o que Dilthey chama de interpretação ou hermenêutica.

Essa atitude hermenêutica, diante do problema da antinomia histórica do conteúdo da filosofia, precisa encontrar na vida seu *princípio* próprio. Esse princípio é o fato de que a vida não só é fragmentária e internamente contraposta em seus diversos momentos, mas também, por sua própria índole, é *polifacética* (*mehrseitig*). E esse polifacetismo da vida é justamente o princípio supremo da hermenêutica da filosofia. Com isso, aparece claramente a fórmula do problema da filosofia para Dilthey. Em nossa situação histórica, a filosofia não pode ser uma discussão das verdades objetivas propugnadas pelos diferentes sistemas filosóficos, mas algo diferente: uma *filosofia da filosofia* como descoberta das raízes hermenêuticas de toda filosofia. Em sua tentativa de constituir a função racional universal em que assentar a vida, a filosofia conduz intrinsecamente a diferentes visões objetivas que é inútil pretender superar. Por isso, apesar de sua objetiva irredutibilidade de conteúdo, a filosofia é sempre uma e a mesma em sua função como concepção do mundo. Que valor tem então o conhecimento filosófico?

IV. *O valor do conhecimento filosófico*. Se consideramos cada sistema da filosofia, como nos diz Dilthey, como um organismo vivo mais ou menos fechado em si mesmo, parece que submergimos em um ceticismo ou relativismo. No entanto, diz-nos Dilthey, não é bem assim. Pois não se trata de ignorar o aspecto de verdade objetiva que subjaz em cada um daqueles três sistemas filosóficos, mas de reconhecê-lo em sua plena objetividade e verdade. Trata-se, isto sim, de compreender como, segundo as diversas facetas da vida e as tendências dominantes de cada pensador ou de cada época, se iluminaram verdades objetivas diferentes e irreconciliáveis. Com isso se afirma, de um lado, a existência de uma realidade objetiva independente do homem, e, de outro, a primazia do espírito sobre qualquer outra forma de realidade. A existência de uma mesma realidade objetiva, e, dentro dela, a primazia da realidade do espírito, é justamente o resultado dessa filosofia da filosofia, e não um relativismo cético que dilua toda verdade. Toda verdade e toda objetividade se acham incorporadas na vida do espírito.

É o ponto preciso que incidirá a reflexão de Husserl. Esta reflexão se centrará em dois pontos: a ideia da filosofia como emergência da vida do espírito e a ideia da filosofia como concepção do mundo.

a) Apesar de todos os esforços de Dilthey, sua filosofia é, para Husserl, um ceticismo radical. É verdade que toda filosofia está em contraposição, às vezes irredutível, com outras filosofias. Mas esta verdade, de fato, deixa intacta a questão da verdade de princípio. Não só a filosofia, mas a própria ciência, se encontra naquela situação de fato; no entanto, ninguém, nem o próprio Dilthey, negaria à ciência um valor objetivo e a possibilidade de resolver objetivamente seus problemas. Dilthey, como vimos, não nega que na vida do espírito, tomada como de fato é, emerjam verdades objetivas. No entanto, em vez de atender à verdade objetiva que de fato ilumina a vida do espírito, ele atende e dá primazia ao fato de que aquela verdade é um momento da vida do espírito. Em última instância, toda afirmação objetiva se reduz, para Dilthey, ao fato da objetividade, mas não à objetividade do fato. Pois bem: aplicado isto a qualquer verdade, tudo, até o princípio de contradição, seria um simples fato. Não haveria nenhuma verdade que fosse verdade, ainda que não tivesse existido uma humanidade histórica capaz de conhecê-la. É verdade que a relação entre o valor objetivo e o fato fluente de sua validez na consciência constitui um problema grave. Mas isso não obsta a que a distinção exista e a que existam princípios cuja verdade objetiva domina o fato de sua afirmação pelo homem. Toda ciência – incluída a matemática – está submetida a uma condição histórica de fato. Mas a verdade das teorias matemáticas não depende dessa condição histórica. Reciprocamente, o estudo dessa condicionalidade jamais poderá lançar a menor luz sobre a verdade objetiva. De razões históricas só podem resultar consequências históricas. Mais ainda: a própria ciência histórica seria incapaz de existir se se limitasse a puras condições fácticas. O historiador, como quer que seja, apoia-se em certos princípios que como tais impõem suas condições de verdade ao conhecimento histórico. Daí que a negação histórica de toda verdade de princípios seja pura e simplesmente um contrassenso. A marcha da ciência é dificultosa e muitas vezes se encontra eriçada de contradições; mas nada disso impede o valor objetivo da verdade de uma ciência. A fragilidade de um momento cultural do espírito nada tem a ver com a invalidez objetiva de uma verdade. O historicismo é um extravio tão grande quanto o naturalismo. Que os fatos sejam naturais ou históricos é algo que não altera sua condição de fatos. E com puros fatos nunca se obteria mais que um conglomerado de fatos, jamais uma filosofia da natureza nem do espírito. É certo que toda verdade objetiva se constitui desde uma vida do espírito, mas não desde uma vida empírica, e sim desde uma vida transcendental, quer dizer, desde uma vida que ilumine uma verdade objetiva, cuja validez é absoluta para o próprio espírito. O espírito empírico pende do que seja *essencialmente* a estrutura do espírito enquanto tal.

b) Mas, mesmo prescindindo desse grave e radical erro de Dilthey, a ideia da filosofia como concepção do mundo é insustentável. A filosofia, entendida como um saber universal e racional, envolve um equívoco que é necessário dissipar. Uma coisa é o saber da vida; outra, a ciência estrita e rigorosa que pode iluminar-se nesse saber. O primeiro pode conduzir a uma concepção do mundo que será, definitivamente, uma sabedoria. Só o segundo conduz a uma ciência filosófica. É verdade que ambos os aspectos se encontram muitas vezes turvamente entremesclados. No entanto, a diferença é clara: desde que há homens, houve concepções racionais do mundo; no entanto, essa forma de racionalidade chamada ciência é uma criação extremamente recente. É verdade que, muitas vezes, uma ideia e uma verdade foram iluminadas pela sabedoria. Mas, enquanto a sabedoria passa, a verdade iluminada por ela pertence já eternamente à ciência da humanidade. É possível que os homens a esqueçam, mas esse esquecimento nada tem a ver com uma reabsorção na sabedoria que a iluminou. Quando uma verdade é enunciada, é a razão quem tem a palavra e não a sabedoria. Não se pode confundir jamais a ciência filosófica com uma concepção do mundo e da vida. Ali aonde a verdade não chega, a razão, como ciência, emudece, mas não deixa passagem para a linguagem da sabedoria. Diante de um problema matemático não resolvido, de nada nos serviria recorrer à concepção do mundo na qual foram formuladas as verdades que constituem o problema. As questões técnicas têm de ser resolvidas pela técnica e não pela sabedoria; o mesmo acontece com as questões científicas e com a filosofia. O que acontece é que a vida pressiona, e, quando a ciência filosófica não resolve o problema com eficiência apodíctica, dá-se voz à sabedoria. Em seu lugar, é necessário urgir cada vez mais o esforço científico da ciência positiva e da filosofia. Pode haver litígios entre as concepções do mundo, mas só a ciência pode decidir sobre a verdade. Para uma concepção do mundo, é essencial saber se uma verdade foi enunciada por Aristóteles ou Kant, por Santo Tomás ou por Paracelso, ou por Darwin. Para a ciência, essa conexão é absolutamente irrelevante. O decisivo não é o pensador nem a concepção do mundo vigente em sua época ou em sua sociedade, e sim pura e simplesmente a verdade estrita. A filosofia deve renunciar à sabedoria para se transformar pura e simplesmente em ciência filosófica estrita e rigorosa. A filosofia, como concepção do mundo, é uma sabedoria em que uma personalidade ensina a outra e a conforma. Mas a ciência é impessoal: seus colaboradores – diz-nos Husserl – não necessitam de sabedoria, mas de talento para a teoria. Por isso o conhecimento científico carece absolutamente de profundidade, porque não se move no caos da obscuridade, e sim em um sistema que idealmente pretende ser claro e evidente. A profundidade – diz-nos Husserl – é coisa da sabedoria; o rigor conceitual e a clareza são coisas da estrita teoria. Por isso nossa época, que se encontra tão carente de clarezas, necessita principalmente de uma filosofia como ciência. É verdade que nem por isso renunciamos à história. Mas não como uma ciência empírica que descreve as épocas e as culturas, e sim tão somente como recordação que sirva de estímulo espiritual ao nosso próprio esforço científico. O estímulo para a investigação não pode vir de outras filosofias, nem pode consistir em discutir outras filosofias: tem de vir das coisas, e deve consistir em discutir objetivamente os problemas que elas põem. E essas coisas não podem ser identificadas com os fatos da ciência natural nem com os fatos históricos. Todo psicologismo e todo historicismo são um contrassenso. As coisas de que a filosofia há de se ocupar são os princípios essenciais de toda realidade empírica, e seu método não é nem pode ser outro senão uma fenomenologia. Só assim é possível a filosofia como ciência estrita e rigorosa.

Com essa crítica de Husserl, no entanto, não se resolvem os próprios problemas de que Husserl quer se ocupar. Por um lado, a obscuridade da relação entre o saber filosófico e a vida natural, por assim dizer, do espírito e, por outro, a radicalidade insuficiente do próprio problema fenomenológico são dois pontos sobre os quais incidirá a reflexão de um discípulo de Husserl: Heidegger.

Heidegger

A posição de Heidegger em face de Husserl concerne, ao mesmo tempo, ao próprio objetivo da fenomenologia, quer dizer, ao problema filosófico, e ao ato radical de redução em que este problema se abre. E este último ponto o leva a enfrentar-se também com Dilthey.

I. *O problema filosófico fundamental.* Husserl tentou esclarecer isso que chamamos de ser. Mas o que ele entende por ser? Husserl nos diz: ser é, por exemplo, ser homem, ser pedra, ser animal, quer dizer, ser é essa unidade de sentido que chamamos de essência. Para Heidegger, isso é insuficiente, porque o que se esclareceu dessa maneira foi, por exemplo, o que é o homem. No entanto, resvalou-se então sobre o "é", mesmo quando dizemos de algo que é homem. Quer dizer, no estrito rigor dos termos, Husserl não se pôs o problema do sentido do ser. Heidegger recorda, a esse propósito, uma passagem do *Sofista* de Platão em que ele se enfrenta com todos os físicos anteriores a ele e com contemporâneos seus, que dizem que o ser é o quente ou o frio, ou o úmido ou o seco. Platão os reprocha porque com isso confundem o ser (εἶναι) com "o que" é o ser em cada caso. O quente "é", mas "é" não determina o quente, porque o frio também "é". Falam do ser como se fosse as coisas que são. Por isso, acrescenta Platão, parece que estão contando um mito, o mito do ser. O ser é algo diferente da essência. A essência é o ente, mas não é o ser. A diferença entre o ser e o ente é o que Heidegger chama de *diferença ontológica*. Não apenas as realidades, mas até as essências de Husserl pertencem ao domínio do ôntico; as essências de Husserl são, para Heidegger, meras "generalidades ônticas". Só o ser é o ontológico, e, reciprocamente, o ontológico concerne ao ser em sua diferença com respeito aos entes. O sentido do ser é, portanto, o problema radical da filosofia; seu objeto formal é o ser e não o ente. A filosofia é pura e simplesmente ontologia.

Husserl havia chegado às essências ônticas mediante uma redução transcendental da realidade fática, mediante uma transcendência que nos levou de todo o real à sua essência. Mas esse ato não é suficiente, porque o ser não é mais uma coisa ou essência. Não se trata do objeto supremo, ou da essência suprema entre todos os objetos, porque isso seria fazer do ser um ente. O ser é sempre e apenas ser do ente. Consequentemente, é preciso prolongar, de certa maneira, a transcendência em uma linha diferente: a transcendência que nos leve de todo ente ao ser. Só assim entenderemos qual é o sentido do ser em si mesmo. Pois bem: Husserl conseguiu fazer-nos ver que o tempo é aquilo que se constitui todo o sentido. Para a constituição do ser diante de nossa mente, o tempo desempenha também essa função constituinte: nele, constitui-se o sentido do ser. Mas de que tempo se trata? Trata-se do tempo como mera fluência ou de um tempo mais radical? O ser e o tempo, em sua unidade radical, transformam-se então para Heidegger na estrutura do problema ontológico. Fica assim formulado seu problema: Ser e Tempo. Como enfrentá-lo?

II. *A raiz do problema filosófico*. Husserl se eleva transcendentalmente da vida natural ao problema filosófico mediante um ato de redução. Mas, nesse ato, Husserl atende apenas ao termo a que nos conduz, à esfera do transcendental. Por isso, a redução é um ato que, para Husserl, repousa de certo modo sobre si mesmo. Pois bem: Heidegger se põe o problema da redução como um ato executado. E, desse ponto de vista, a redução é um ato da vida natural do homem. Certamente não é a própria vida natural, mas também não é algo meramente sobreposto a ela, e sim um ato que emerge dessa vida natural, simplesmente como *uma* possibilidade que lhe pertence por sua própria índole. Será preciso determinar, portanto, a estrutura da vida natural para ver em que ponto dela brota, e como brota, a filosofia como uma possibilidade humana. Husserl ignorou esta investigação. Esta investigação ainda não é uma ontologia, porque o homem não é naturalmente um ontologista. No entanto, pode sê-lo. E, por isso, esta análise da vida é uma pré-ontologia. Heidegger a chama de ontologia fundamental, em que fundamental significa fundante da possibilidade da antologia. A filosofia, isto é, a ontologia, é uma possibilidade que parte da pré-ontologia, inscrita no ser do homem.

III. Determinados assim o problema filosófico e sua raiz, Heidegger se vê retrotraído a uma análise estrutural do homem e de sua vida natural. É o ponto em que Heidegger há de enfrentar-se com Dilthey. Dilthey – e toda a filosofia da vida de um modo geral – toma a vida como algo que transcorre em suas diversas vivências. E aqui está a radical insuficiência de Dilthey. É preciso caracterizar a vida como modo de ser do homem, e não limitar-se a descobrir suas estruturas vivenciais, que são sempre meramente ônticas.

IV. Suposto isto, como Heidegger enfrenta a caracterização ontológica daquilo que onticamente chamamos de vida? Heidegger parte do fato de que o homem, em qualquer ato de sua vida, está sempre constitutivamente aberto às coisas e a si mesmo, compreendendo nessa abertura, de maneira mais ou menos obscura e imprecisa (de maneira justamente pré-ontológica), que aquilo a que o homem está aberto, e com que tem de se haver, "é" de tal ou qual maneira; a compreensão do ser é o acesso a todo ente. Isto é, o homem, em sua vida, tem esse modo de ser que Heidegger chama de "compreensão do ser" (*Seinsverständnis*). Essa compreensão não é um mero ato que recai sobre um objeto chamado ser: é, digamos assim, um momento do próprio ser do homem, um momento de seu modo de ser. Portanto, em um modo em que o próprio ser se encontra presente para o ser do homem. A compreensão como modo de ser pertence ao próprio ser do homem.

O que é essa presença? O homem é um ente em que cada uma de suas ações procura ser de uma maneira ou de outra; cada uma de suas ações é executada, portanto, com vista ao ser que se vai ser. Esse "em vista de" é justamente a compreensão do ser do próprio homem. E nessa compreensão está envolta, portanto, de maneira imprecisa e pré-ontológica, a compreensão do ser. Daí que o homem é o ente que consiste em que lhe está presente (*Da*) o próprio ser (*Sein*). Por isso, o ente humano é o que Heidegger chama de *Da-sein*. O homem é, portanto, aquele *ente* cujo ser consiste na presença do ser. Por isso não se pode entender o ser desde o homem (é o erro de toda antropologia filosófica corrente), senão que se há de entender o homem desde o ser, pois o homem vive com vista ao ser. O homem é o que é pelo e desde o ser. Pois bem: ser, *sistere*, desde (*ex*) algo é justamente o que chamamos de *ex-sistência*. A essência do *Dasein* é, portanto, *ex-sistir* desde o ser, existir com vista ao seu ser próprio para ser si mesmo. Aqui, existir não significa o fato de ter existência real, e sim o modo como o homem vem a ser o que é. O homem não pode se caracterizar por ter existência real nem por ser *o que é*, mas pelo modo *como* é o que é, isto é, existindo. Definitivamente, o homem como ente é *Dasein*, e o *ser* desse ente, que é o *Dasein*, envolve como momento seu a compreensão do ser. Por isso, a ontologia fundamental é análise ontológica do *Dasein*, é uma análise existencial. A vida real e efetiva dos homens tem caráter ôntico: todas as suas vivências – a única coisa a que atendeu Dilthey – são algo ôntico; a maneira de vivê-las e o tipo de ser que se plasma nelas são um assunto da vida pessoal de cada um que há de resolver-se onticamente. Mas o caráter ontológico dessa vida ôntica é a existência, porque a vida inteira é apenas algo vivido com vista ao ser. Enquanto "vida" é algo ôntico, "existencialidade" é algo ontológico. Para simplificar esta exposição, vou tomar a liberdade de chamar o *Dasein* simplesmente de existência.

Pois bem: a existência se encontra entre as coisas esboçando seus projetos e suas possibilidades para existir. E o horizonte desse esboço de possibilidades é justamente o que Heidegger chama de *mundo* – algo completamente diferente do mundo como totalidade das coisas ou entes. À existência humana compete, portanto, essencialmente, o ser em um mundo. A compreensão do ser, em vista do qual e desde o qual o homem existe, é, portanto, também uma compreensão do mundo. É a partir dessa compreensão do mundo que minha existência tem o "cuidado" (*Sorge, cura*) de descobrir e compreender o que são todos os entes que há nesse mundo. Ou seja, a compreensão do ser desde o qual existo para mim mesmo é, ao mesmo tempo, a compreensão do ser que não é a própria existência. Nessa e por essa compreensão, são patentes para a existência os entes intramundanos e seu ser; essa patência é o que Heidegger chama de "verdade" (*alétheia*).

Dessa maneira, a compreensão de mim mesmo e de todos os entes intramundanos só é possível porque minha "ex-sistência" *precede* ontologicamente a tudo isso. De fato, existo previamente desde o ser para realizar onticamente minha vida; e, para a busca e o encontro de todos os entes intramundanos, é também minha existência que esboça previamente um mundo, no qual de antemão está cuidando de descobrir as coisas e o ser delas. Minha existência, portanto, é de certa forma algo "pré-cursor", no sentido etimológico da palavra – algo que, de certo modo, vai à frente antecipando-se tanto ao que eu mesmo vou ser quanto à patentização das coisas intramundanas. É porque sou ex-sistente que sou pré-corrente.

A caracterização ontológica da existência envolve, como um momento ontológico dela, a compreensão do ser em forma de mundanidade e de cuidado. Mas tudo isso são apenas momentos do ser da existência; não são o sentido total e radical dessa existência em si mesma. Para descobrir o sentido do ser inteiro da existência, bastará atender ao que subjaz na exposição anterior. Existimos, com efeito, desde o ser e esboçamos desde o ser o que vamos ser. Isso significa que o modo de existir desde o ser envolve formalmente a possibilidade de vir desde o ser ao que ainda não somos, mas viremos a ser. Esse "por-vir" pertence intrinsecamente ao sentido do ser desde o qual existimos; o ser da existência tem, portanto, intrinsecamente, esse sentido de futurização. Aqui, futuro não significa simplesmente o que ainda não é, mas que em algum momento ulterior será: significa o modo de ser segundo o qual o ser, desde o qual existimos, tem o caráter de ser nossa própria possibilidade de existir. O ser como pré-núncio de nossa existência é o que chamamos de futuro. O ser da existência é, neste sentido, o próprio ser como futurização. O futuro não é, portanto, um momento posterior do tempo, mas um momento do ser da própria existência. Só porque compreendemos o ser como nossa própria possibilidade é que conseguimos esboçar nosso projeto de ser; e só porque esboçamos esse projeto é que, onticamente, se pode dar esse transcurso que chamamos de vir a ser no futuro.

Precisamente porque o ser da existência é futurição, a existência compreende também seu ser como algo que "já" é. Com isso, a existência adquire esse caráter de preterição. Pretérito não significa o que foi e já não é, mas esse modo de ser da existência segundo o qual compreendemos que seu ser é "já". Nada pode ser compreendido como um "já" senão desde a futurição. O pretérito está essencialmente fundado no futuro, tomadas as duas expressões não como pontos sucessivos na linha do tempo, mas como determinações intrínsecas do próprio ser de nossa existência.

Finalmente, só o que desde a futurição é compreendido como "já" sido é o que torna possível a compreensão do que atualmente somos – quer dizer, o ser, por ser uma futurição que determina um "já", é (e só por isso é) um presente atual.

Tomadas como três determinações intrínsecas do próprio ser desde o qual existimos, essas três determinações constituem a unidade do que é o ser desde o qual existimos. E essa unidade desse ser desde o qual existimos é o que Heidegger chama de *temporeidade*. Não se trata do tempo, nem como sucessão nem como *durée*, nem como fluência, mas da unidade do ser desde o qual existimos: é a tridimensionalidade intrínseca do próprio "ex". A temporeidade é o tempo originário; o restante é tempo vulgar e impróprio, é apenas "*ser no tempo*". O homem, como ente, é *Dasein*, e o ser desse ente é temporeidade. É a essa temporeidade que pertence, como um momento intrínseco seu, a compreensão do ser. E por isso a temporeidade é o sentido do ser de nossa existência.

Essa temporeidade é a estrutura concreta da existência, e, consequentemente, por ela somos pré-correntes no sentido já explicado, quer dizer, estamos além de nós mesmos, estamos nos transcendendo. A transcendência só é possível porque a existência é tempórea; é por ela ser tempórea que estamos, antecipadamente, acima de todas as nossas determinações ônticas. É, portanto, o que torna possível o que antes chamamos de diferença ontológica: a compreensão do ser, à diferença da compreensão do ente. Meu ser é transcendental porque é tempóreo.

Mas nessa compreensão de nosso ser está envolta ao mesmo tempo a compreensão do ser dos entes que não são minha própria existência. Isso significa que a temporeidade, que é o sentido do ser de minha existência, é, ao mesmo tempo, o *horizonte* desde o qual compreendo o ser do que não é a existência: é o tempo como horizonte do ser. Graças a isso, compreendemos também nos outros entes a diferença entre o ser e o ente. Por onde quer que se tome a questão, a diferença ontológica está fundada em uma transcendência, e essa transcendência tem estrutura tempórea. É nela que se constitui o sentido do ser.

É nessa forma ainda pré-ontológica que a transcendência e a compreensão do ser, à diferença do ente, pertencem à existência humana.

Que isso seja uma estrutura puramente pré-ontológica significa que nela estão envoltas possibilidades diferentes de enfrentar-se com o ser. Para esclarecê-lo, Heidegger apela a esse estado de espírito fundamental que é a angústia. Na angústia, diz-nos ele, parece que todas as coisas nos escapam, e ficamos flutuando em um puro ser vazio de todo ente, sem nada a que se agarrar. Essa perda dos entes é o fenômeno do *nada*, e aquilo em que ficamos flutuando é um puro *ser* sem ente a que se agarrar. A patência do nada é assim a patentização do ser. A angústia só é possível pela temporeidade. Pois bem: isso acontece a todos os homens, não é nada peculiar à filosofia. Mas nesse fenômeno da angústia se contêm possibilidades muito diferentes. Uma, por exemplo, a de fugir do ser e lançar-se à busca de um ente que nos salve da angústia. Mas há outra, que consistiria em nos mantermos expressamente no ser, à diferença do ente. Pois bem: esta possibilidade é justamente a filosofia. A filosofia, portanto, é apenas *uma* possibilidade pré-ontológica de nossa existência, e livremente escolhida e aceita pelo homem. A filosofia é apenas a tematização expressa da transcendência que pré-ontologicamente constitui a existência. "Filosofar", diz-nos Heidegger, "é transcender explicitamente"; quer dizer, é questionar o ser que de maneira não questionada, pré-ontológica, está compreendido pelo mero fato de existir o homem. A filosofia não surge, portanto, como Husserl pretendia, por um ato de redução da vida natural, mas, justamente ao contrário, por um ato de tematização da estrutura ontológica da existência natural.

No horizonte da temporeidade, compreendemos que o sentido do ser é muito mais vasto do que tinha parecido até agora. Até agora, entendia-se por ser um caráter das coisas "que estão aí" (*Vorhandernheit*). Mas este caráter é apenas um modo de ser entre outros, e, além do mais, nem sequer é o modo primário. Há um modo de ser primário que Heidegger chama de

Zuhandenheit, neologismo alemão difícil de traduzir: as coisas enquanto estão à mão, seja para nos servirmos dela, seja para vivermos com elas no sentido mais amplo da palavra. É o que acontece, por exemplo, ao sapateiro com o couro com que fabrica seus sapatos. Quando, ao lidar com o couro, vejo que não me serve por algum defeito, então o que era *Zuhandenes* se me apresenta como algo que apenas está aí, *Vorhandenes*. Neste segundo caso, o ser como algo que está aí tem grande amplitude. Um de seus modos é o que chamamos de realidade. Mas realidade é somente um tipo de ser dentro das coisas que estão aí; nem tudo o que está aí é real no sentido com que, por exemplo, as ciências estudam a realidade. Mas, além disso, vemos que o próprio estar aí tampouco é a forma primária do ser, mas se apoia, em sua manifestação, no ser como *Zuhandenheit*. Há outros modos de ser. Antes de tudo, ser no sentido de consistir (*Bestehen*). Além disso, há outro modo de ser que é a vitalidade (*Lebendigkeit*). E há, finalmente e sobretudo, o tipo de ser que é o *Dasein* no homem. Como esse *Dasein* ou existência é tempóreo, o ser da existência não faz deste algo que simplesmente está aí, mas algo que acontece. O ser da existência é historicidade.

Definitivamente, o ser é o que pré-ontologicamente e ontologicamente determina e descobre o que são os entes – o ser é "como a luz", como dizia Aristóteles. A metafísica clássica, segundo Heidegger, tinha considerado as coisas como elas são; mas nunca se havia perguntado sobre o ser em e por si mesmo. Para além da metafísica, é mister, portanto, uma ontologia. O objeto da filosofia é o ser enquanto tal. E nela o homem tem a possibilidade intelectual de entrar plenamente em si mesmo. Aristóteles nos havia dito que a filosofia se pergunta o que é o ente. Por uma substituição da palavra "ente" pela palavra "ser", Heidegger reassume quase todas as fórmulas aristotélicas em sentido puramente ontológico.

Husserl sempre considerou a filosofia de Heidegger como uma recaída no antropologismo. Manteve energicamente sua posição de que a filosofia é – e só pode ser – fenomenologia transcendental.

Conclusão

Nestas cinco lições, vimos passar umas quantas ideias da filosofia caracterizadas, antes de tudo, por seu objeto.

Primeiro, para Aristóteles, o saber filosófico é o saber que recai sobre o *ente*. Segundo, para Kant, recai sobre algo mais circunscrito: o *objeto*. Terceiro, em Auguste Comte, a filosofia recai sobre algo mais circunscrito ainda: os *fatos científicos*. Quarto, em Bergson, trata-se de fatos, mas dos *fatos imediatos* de uma consciência. Quinto, para Dilthey, o objeto do saber filosófico é a *vida*. Sexto, para Husserl, o objeto da filosofia é a vida inteira e seus objetos reduzidos à *essência fenomênica*. Sétimo, finalmente, Heidegger pensa que o objeto da filosofia é o *ser puro*.

Em cada pensador, o objeto que ele designou para a filosofia configurou de diversa maneira sua mente. Com isso, pensarão os senhores que os filósofos não se entendem entre si. Depende do que se quer dizer por entender-se. Se por entender-se quisermos dizer estar de acordo, evidentemente os filósofos não se entendem, porque eles não estão de acordo. Mas, se por entender-se quisermos significar não saber mais ou menos de que se trata, então é preciso dizer que, pelo contrário, os filósofos são homens que não estão de acordo, mas no fundo se entendem entre si. E esta unidade estranha entre entender-se e não estar de acordo em nada é o que, positivamente, constitui um conflito. Eu quis desenhar diante das mentes dos senhores esse conflito em que estamos submersos – um conflito do qual não se pode sair por combinações dialéticas, mas pondo em marcha, cada um dentro de si mesmo, o penoso, o penosíssimo esforço do labor filosófico.

O SISTEMA DO REAL
NA FILOSOFIA MODERNA

Introdução

Este ano, vamos dedicar duas lições a tratar do sistema do real na filosofia moderna. Ainda que o título pareça um tanto barroco, ele indica algo extremamente simples, e vamos ver imediatamente por quê. Usei a expressão *O Sistema do Real na Filosofia Moderna* – expliquemos, portanto, brevemente o que o título quer dizer.

Em primeiro lugar, falamos de *filosofia moderna*, entendendo por tal a que vai desde o começo – mais ou menos – do século XVI até o começo do século XX. Portanto, não estou falando de uma filosofia atual ou contemporânea, da qual haveria muitas coisas por dizer e discutir.

Em segundo lugar, vamos confrontar essa "filosofia moderna" com o que chamo de *o real*. Não é necessário dizer que não dou aqui à palavra "real" nenhum sentido concreto ou técnico, nem, muito menos, o sentido muito especial que, com razão ou sem ela, atribuí a essa palavra em alguns de meus escritos; tomo aqui a palavra "real" no sentido mais óbvio e mais trivial das coisas existentes. Que fique bem entendido que não me refiro aqui a "real" no sentido mais geral da palavra, ou seja: aquilo que é existente em face do que não é existente; refiro-me a algo sumamente preciso, a saber: o real é o conjunto, a *congeries*, o sistema das coisas concretamente existentes.

Vamos tomar o real, portanto, no sentido do concretamente existente. E tentamos perguntar-nos qual é a forma sistemática em que a filosofia moderna concebe ou conceitua essa realidade. Aparentemente, dizer que se trata do conhecimento sistemático do real em uma filosofia – neste caso, a filosofia moderna – parece uma perfeita trivialidade: de que outra coisa pode se ocupar a filosofia moderna ou qualquer outra filosofia que tenha havido na história, a filosofia antiga, os gregos, os medievais, etc.? Isso é verdade; mas, como acontece com frequência, trata-se de meias verdades. É verdade o que acabei de dizer, mas observemos que em toda filosofia é preciso distinguir dois momentos ou dois planos. De um lado, estão as grandes ideias com que se conceitua a realidade do ponto de vista da filosofia em questão; por exemplo: se nos referimos a Aristóteles, deparamos com os grandes conceitos já canonizados de causa, substância, potência, ato, movimento, etc.; se formos à filosofia de Descartes, certezas verdadeiras; se formos a Hegel, a dialética da razão, etc. São as grandes ideias. Mas há um segundo momento em que a filosofia, com essas grandes ideias, tem pelo menos de tentar se aproximar do concretamente existente. Pois bem: não são dois momentos iguais, e a razão é bem clara. Um mesmo sistema de ideias pode conduzir a formas diferentes de se aproximar do real e coexistir com elas. É disso que vivem sofisticamente todos os *neos* que povoam a história. A neoescolástica, o neokantismo, o neo-hegelianismo e o neopositivismo vivem de que as grandes ideias, de uma forma ou de outra, podem ser compatíveis com essas interpretações concretas que, ao fim e ao cabo, às vezes se pensa que são um pouco acidentais a um sistema de filosofia. Mas, além do mais, não só acontece isso, senão que uma mesma aproximação à realidade poderia ter lugar em diferentes sistemas filosóficos – quanto a isto também não há a menor dúvida. Há, portanto, certa diferença entre esses dois momentos, em virtude do que são parcialmente dissociáveis.

Pois bem: a dissociação entre as grandes ideias filosóficas e a conceituação concreta da realidade contém um grave perigo. É o grave risco de que se pense que as grandes ideias podem flutuar, sem detrimento de sua validez, com mudanças de detalhes na maneira de interpretar as coisas da realidade – é o que acontece no caso mencionado dos "neos", e, seja como for, a verdade é que uma filosofia é um corpo unitário de pensamento e de doutrina, de modo que não se pode, sem grave deformação histórica, transplantar uns sistemas de ideias gerais para outros modos de conceber a realidade, nem, muito menos, ao revés. Esses são artifícios para os apologistas do pensamento, e aqui se trata de tomar em sua unidade perfeita e histórica a maneira efetiva como uma filosofia concebeu concretamente a realidade com que tem de se enfrentar.

É disso que estamos falando quando nos perguntamos o que aconteceu na filosofia moderna.

Há dentro de toda filosofia em seu modo de apreender a realidade concreta – à margem das últimas concreções, nas quais não podemos entrar aqui – algo que não coincide com as grandes ideias gerais. Poderíamos chamar esse algo, se se quiser, em termos de bordado, o *cañamazo*[1] de como, com efeito, se conceitua a realidade concreta que temos diante de nós.

Isso é enormemente importante. Tentar responder à pergunta sobre o *cañamazo* com que a filosofia moderna apreende o real sugere, de imediato, algo que parece aceitável: pensar que esse *cañamazo* não é o mesmo com que, por exemplo, a filosofia medieval tentou fazê-lo. Isso é verdade, e tanto é verdade que, ainda que houvesse identidade nos conceitos materiais das duas filosofias, o *cañamazo* seria diferente. Naturalmente, poder-se-á acentuar a continuidade de grandes ideias fundamentais, mas isso não obsta a que o *cañamazo* em que se apreende a realidade concreta em Leibniz ou em Malebranche com toda a sua teologia seja completamente diferente daquele com que a apreenderam Santo Tomás, São Boaventura ou Santo Anselmo.

---

[1] *Cañamazo*: tela de trama algo espaçada, própria para receber bordados de seda ou lã. O seu equivalente em português, "canhamaço", não inclui esta acepção. Como é óbvio, Zubiri usa a palavra de modo metafórico. (N. T.)

Perguntamo-nos, portanto, qual é esse *cañamazo*. Um tratamento, um problema sumamente incômodo. Em primeiro lugar, porque obriga a pensar coisas muito diferentes daquelas a que estamos habituados. Além disso, porque, se os autores a que vamos nos referir estivessem presentes, se levantariam indignados porque nenhum deles se reconheceria no quadro que podemos traçar desse modo concreto de apreender a realidade. Eu disse que o espaço é *a priori*? Mas se afirmo expressamente que é *a posteriori*! – replicaria Leibniz. O espaço é um conceito? Mas se digo que é uma intuição! – queixar-se-ia Kant. Isto é verdade: ninguém se sentiria devidamente representado. E, no entanto, todos mais ou menos entram – mudemos de metáfora – nessa espécie de onda geral que conduz a filosofia de determinada época.

Umas vezes com a ideia do *cañamazo* e outras com a ideia da onda, tentemos, portanto, com toda a incomodidade típica do caso, ver em que medida e de que forma essa onda geral da filosofia moderna, que vai do começo do século XVI ao começo do século XX, e com a filosofia ao mesmo tempo que a ciência positiva, apreendeu a realidade circundante; afinal de contas, os interessados não estarão aqui para nos refutar. Para desenvolver esta questão, nós a dividimos em duas partes fundamentais.

Na primeira, procuraremos quais são as peças e os fios desse suposto *cañamazo*. Na segunda, tentaremos ver como se encontram entremesclados de forma sistemática para apreender de modo concreto o real.

Primeira parte

Sem entrar em grandes justificações históricas, que exigiriam um curso muito longo, vou enunciar esses conceitos de maneira puramente enumerativa.

1º Em primeiro lugar, e como é óbvio, nenhuma filosofia cai do céu, mas se apoia em coisas mais elementares. Dizemos que todas as coisas – dando à palavra "coisa" um sentido vulgar, o mesmo em que um alemão falaria de *Sache* e não exatamente de *Ding* – estão em algum lugar, em alguma parte. Quer dizer, deparamos com a ideia, com o conceito de espaço.

2º Em segundo lugar, todas as coisas acontecem, ocorrem ou existem alguma vez: é a ideia do tempo.

3º Em terceiro lugar, todas as coisas, diante de uma elementar elaboração intelectual, aparecem como "sendo". Sendo o quê? Aquilo que são. Quer dizer, temos o conceito e a ideia do ser.

4º E dessa ideia do ser o homem não poderia falar se de alguma forma não se desse conta dela: é a ideia de consciência.

O espaço, o tempo, o ser e a consciência são as quatro grandes peças com que a filosofia moderna tentou apreender o concretamente real. Com a ressalva de que voltarei a falar mais detidamente disso, devo antecipar que esses quatro conceitos formam o *cañamazo* da filosofia moderna.

Dirão os senhores, no entanto: e de toda filosofia. Sim, mas há uma diferença. Qualquer conhecedor da história da filosofia moderna diria que, sem dúvida, há uma diferença muito grande entre esta filosofia e a filosofia medieval, por exemplo; alguém dirá que a história da filosofia moderna é a história do idealismo, um neokantiano marburguense dirá que é a história do método com que se conhece a realidade, e cabem muitas outras interpretações. É possível que tudo isso tenha seu grau de verdade, e não vamos discuti-lo aqui, mas há uma verdade radical e anterior a essas interpretações.

Temos o caso do espaço, de que vamos tratar imediatamente. Kant dirá que o espaço é uma intuição, que é essa espécie de grande abóbada, que vemos, na qual estão colocadas as coisas, e por isso a chama de intuição. Outro – Leibniz, por exemplo – dirá que se trata de um conceito, um conceito *a posteriori*, porque é a ordem das partes coexistentes, diferentemente de outros contemporâneos seus, que pensavam que fosse *a priori*. Kant se sentiu incomodado com esse conflito porque sua famosa "intuição pura" foi a solução para o problema da antítese que acabo de citar entre o *a priori* e o *a posteriori*; em sua época pré-crítica, Kant[1] disse que o espaço é um conceito fundamental (Grundbegriff), embora nunca tenha sabido esclarecer em que consistia a fundamentalidade desse conceito; depois, uns onze ou quatorze anos mais tarde, ao escrever a *Crítica da Razão Pura*, Kant afirmou, como se sabe, que o espaço é intuição pura.

Por menos que reflitamos sobre essas posições diante do problema do espaço, compreenderemos imediatamente que todas essas interpretações que constituem a história da filosofia moderna em torno da ideia do espaço são conceituações, naturalmente, do espaço – mas é aí que reside a diferença. Há algo

---

[1] Zubiri se refere ao curto texto de Kant (1768), *Von dem Ersten Grunde des Unterschiedes der Gegenden im Raume*, incluído no volume II, p. 376-83, da edição da Academia. No último parágrafo, com efeito, pode ler-se: "O espaço absoluto não é objeto de nenhuma sensação externa, mas um conceito fundamental (*Grundbegriff*) que tornava possível em primeira instância todo esse tipo de sensações". (N. E. esp.)

radical e prévio, que todas as filosofias supõem: o espaço tem uma entidade própria. Isso é verdade? É aí que é preciso ancorar a reflexão em torno da filosofia moderna, se é que esta filosofia, mais que nas respostas que ofereceu às questões que acabei de enunciar, não se estriba no fato de ter concebido ou tomado esses quatro pontos – espaço, tempo, consciência e ser – como se fossem realidades substantivas. Essa substantivação desses quatro conceitos é tudo menos óbvia e talvez seja em torno dela que se desenrola a história da filosofia moderna, e não em torno de seu suposto idealismo ou de sua metafísica peculiar.

Comecemos por expor rapidamente o que entendo por esses quatro conceitos como o *cañamazo* do real: a substantivação do espaço, do tempo, do ser e da consciência.

I. O espaço

Comecemos pelo espaço. É uma trivialidade dizer que as realidades – se não todas, pelo menos as que são puramente mentais ou espirituais – estão em algum lugar. Isto é obvio: há a ideia de um "onde", de um *ubi*. No entanto, ocorreu uma grande vicissitude na história do pensamento humano. Essa ideia trivial de que todas as coisas estão em algum lugar conheceu uma versão completamente diferente e profunda para os efeitos do saber usual: trata-se do pensamento que o cristianismo desencadeou.

O cristianismo também diz do Pai Eterno que "está nos céus". Naturalmente, isso não é entendido no sentido de que esteja no espaço. Mas desse Deus que está fora do espaço, que não é espacial, dizem-nos que está presente em todas as coisas, em todos os espaços; tem seu atributo extrínseco, mas real suposto que o mundo material seja real, de que com efeito está em todo o espaço, em todas as coisas sem estar circunscrito a nenhuma, nem definitivamente recluso em nenhuma delas, nem no próprio conjunto do mundo. É o que se chama de imensidão divina – o que não significa que seja uma coisa muito grande, e sim que é i-mensurável, que não faz parte do espaço. Isso pode parecer uma concepção meramente teológica.

Deixemos de lado o que isso tem de teológico: ainda assim, a consequência é grave. Pois então o que aparece é que isso que chamamos de o "onde" das coisas é, antes de tudo e sobretudo, essa espécie de grande oceano, de grande pélago em que a divindade existe como imensa... Onde? No mundo inteiro, no mundo que ela criou. Pois bem, isso muda radicalmente o sentido da palavra "onde", como veremos em seguida. Não que os medievais tirassem as consequências dessa mudança, pois geralmente uma mudança não é muito patente para os que a produzem, senão que só depois se vê todo o seu alcance.

Recordemos, por exemplo, o que ocorria na especulação filosófico-teológica lá pelo século II de nossa era. Às coisas, enquanto existentes, pertence como primeira estrutura formal o lugar, o *tópos*. É uma realidade porque, devido à sua presença nele, todas as coisas adquirem sua própria realidade particular. O lugar não é simplesmente o espaço físico, mas o "lugar" das coisas no conjunto da criação. O pensamento grego se debateu tenazmente para esclarecer esta ideia singular. Deus está acima de todas as coisas, mas também está presente em todas elas dando-lhes seu ser e mantendo-as nele; portanto, estará radicalmente presente no lugar sem ficar circunscrito a ele. Os primeiros gregos expressaram esse modo de presença apelando à ideia de refluência, φῶς, à ideia de luz; Deus é a luz que, sem divisão nem circunscrição, se encontra presente no κόσμος inteiro. Por sua vez, o modo de presença das coisas no lugar, quer dizer, sua realidade, os gregos o chamaram de σῶμα, corpo. As duas expressões, luz e corpo, devem ser tomadas como algo mais que simples metáforas e de modo menos estrito que como identidades quando se trata de Deus. Deus não é a luz física nem é, na verdade, um corpo físico, mas, se despojamos a luz e o corpo físico daquilo que têm de física, resta-nos algo por cujo esclarecimento se esforçou titanicamente o pensamento cristão primitivo, tanto o ortodoxo quanto o gnóstico; basta lembrar os esforços de Santo Irineu ao dizer que Deus é a luz que o preenche completamente, ou os de Tertuliano ao dizer que Deus é corpo, embora insistindo em que "corpo" não significa carne. A articulação entre a luz e a corporeidade explica e expressa, portanto, a articulação metafísica entre a realidade e sua fonte divina. Desde Deus, a emanação é luminescência ou reluzência, mas luminescência agente: a luz se expande e produz o espaço. O lugar é o lugar que cada coisa ocupa nessa reluzente expansão divina.

Como se pode observar, aí começa a mudar de maneira grave a estrutura do conceito de espaço. O "onde" as coisas se encontram não é a ideia trivial de "em algum lugar", porque... que lugar é esse? Aqui seria justamente essa espécie de grande pélago da divindade imensamente presente no mundo.

Se prescindimos dessa origem teológica, que historicamente é importante, e amputamos a versão ou vertente que nesse pensamento conduz a Deus, para ficarmos com o que tem de momento estrutural do mundo, então deparamos com algo que constituirá um dos conceitos fundamentais da filosofia moderna. A imensidão de Deus se transforma em algo diferente, torna-se o receptáculo espacial e vazio em que colocamos todas as coisas. Essa é uma mudança radical e fundamental, motivada e produzida por essa intromissão na história interna do pensamento dos primeiros teólogos cristãos.

Até então, se se perguntava onde as coisas estavam, respondia-se dizendo que estão neste quarto, que está na cidade de Madri, que por sua vez está na Terra, etc. Mas, em contrapartida, a partir de agora, se se pergunta onde uma coisa está, a resposta será direta: em determinado ponto do espaço. Aquilo a que se refere o "onde" não são as outras coisas, mas o espaço.

Alguém poderá imediatamente perguntar: e se considerarmos o mundo em sua totalidade? Ele está no espaço? Seja como for, essa ideia do espaço como receptáculo absolutamente vazio é de todo nova na história da filosofia e, embora tenha tido uma raiz teológica, sua elaboração como teoria do espaço chegou à filosofia e à ciência modernas. Pierre Gassendi, um contemporâneo de Descartes, dizia: "Ainda que efetivamente não existissem corpos, mesmo assim sobreviveriam o espaço constante e o tempo fluente. E por isso parece que o lugar e o tempo não dependem dos corpos e que, consequentemente, não são acidentes dos corpos... De onde resulta que o ente, tomado em sua generalidade máxima, não se divide adequadamente em substância e acidentes, e daí resulta que o espaço e o tempo têm entidade real e verdadeira".[2] Esta última frase indica uma tese de grande alcance metafísico, pois significa um enfrentamento com Aristóteles e toda a escolástica medieval, o que quer dizer que esse homem, maltratado pela História, pensou algo. O que pode ser essa entidade que não é substância nem acidente? Este é o primeiro passo para o que chamamos de substantivação do espaço.

Meio século[3] depois, no começo de sua mecânica, Newton nos dirá expressamente o que entende por espaço, no qual se desenvolvem e se inscrevem os movimentos que ele estudará em seu livro *Philosophie Naturalis Principia Mathematica*. Ele nos diz: "O espaço é absoluto por sua própria natureza sem nenhuma relação com nada exterior a ele. Permanece sempre igual a si mesmo e sem movimento. O espaço relativo é a medida desse espaço absoluto por meio de corpos que se movem nele".[4] Newton não duvida nem por um segundo que o espaço a que a ciência

---

[2] "Etsi nulla essent corpora superforet tum et locum constantem et tempus decurrens. Ideo videntur locus et tempus non pendere a corporibus, corporeaque adeo accidentia non esset... Unde et efficitur ut ens generalissime aceptum nom adaequate dividatur in substantiam et accidens... Ex hoc vero fit ut locus et tempus haberi res verae, entiare realia debeant." Parágrafos extraídos de *Syntagma Philosophicum*, Pars II: Physica, sect. I, lib. II, cap. 1; em P. Gassendi, *Opera Omnia* (Lugduni 1858), p. 182 (fac-símile: Stuttgart, Frommann, 1964). Como era seu costume, Zubiri foi lendo os parágrafos em latim e intercalando sua tradução, o mesmo que fará posteriormente em casos semelhantes. (N. E. esp.)

[3] Embora a transcrição (não corrigida por Zubiri neste ponto) diga "Século e meio", trata-se claramente de uma errata. (N. E. esp.)

[4] "Spatium absolutum, natura sua, sine relatione ad externum quodvis, semper manet similare et inmobile: Relativum est spatii hujus mensura seu dimensio quaelibet mobilis": I. Newton, *Philosophie Naturalis Principia Mathematica*, def. VIII, schol. (N. E. esp.)

mecânica se refere é esse espaço absoluto. Já não se trata de saber se as coisas estão no céu, na terra ou neste cômodo, e sim de saber que ponto elas ocupam no espaço, considerado como esse gigantesco e vazio receptáculo onde estão as coisas concretas. A tal ponto, porém, remanesce em Newton a teologia procedente da Idade Média, que ele não hesita em dizer que esse espaço é *sensorium Dei*, que é uma espécie de sensório divino, coisa que irritava profundamente a Leibniz e, como veremos em seguida, também a Euler.

Contudo, Euler nos dirá um século depois: "Não estamos afirmando de maneira alguma que exista esse espaço infinito (...). Postulamos apenas que quem quiser contemplar o movimento e o repouso absolutos tem forçosamente de ter essa representação do espaço absoluto".[5] Aqui, naturalmente, a posição de Euler é mais atenuada do que a de Newton. Um pouco depois, ele nos dirá: "Aqueles que pretendessem negar o espaço absoluto não se veriam compelidos a afirmar nenhuma lei do movimento".[6]

---

[5] Zubiri extrai aqui duas frases de uma passagem mais ampla, que diz assim: "Namque non asserimus dari hujusmodi spatium infinitum, quod habeat limites fixos et inmobiles, sed sive sit, sive non sit curantes, postulamus tantum, ut motum absolutum et quietem absolutam contemplaturus sibi tale spatium repraesentet ex eoque de corporum statu vel quietis vel motus judicet". L. Euler, *Mechanica sive Motus Scientia Analytice Exposita*. Petrog. 1733-1742, def. II, schol. I et II. A passagem aparece citada – com toda a probabilidade daí a toma Zubiri – em E. Cassirer, *Das Erkenntnisproblem in der Philosophie und Wissenschaft der Neuren Zeit*. Zweiter Band (Berlim, B. Cassirer, 1922): *El Problema del Conocimiento em la Filosofia y em la Ciencia Modernas*. Trad. W. Roces. México, FCE, 1956, II, p. 406. Uma tradução completa da passagem seria: "Embora não afirmemos deste modo que haja um espaço infinito, que tenha limites fixos e inamovíveis; pelo contrário, sem nos preocuparmos com se existe ou não, postulamos tão somente que quem quiser contemplar o movimento absoluto e o repouso absoluto represente semelhante espaço e, a partir dele, julgue do estado de movimento ou de repouso dos corpos". (N. E. esp.)

[6] Novamente, Zubiri pinça uma frase de uma passagem, que diz assim: "Qui spatium absolutum negare voluorit, in gravissima incommoda delabitur. Cum enim motum et quietem absolutam tamquam vanos sine mente sones rejicere debeat, non solum leges motus, quae huic principio (inertiae) innituntur, rejicere debet, sed et etiam ne ullas quidem motus leges dari affirmare cogitur": L. Euler, *Theoria Motus Corporum Solidorum seu Rigidorum ex Primis Nostrae Cognitiones Principiis Stabilita*. Rostock et Greifswald, 1765, cap. II, parágrafo 81. Como a citação anterior, o texto aparece em E. Cassirer, op. cit., p. 415. Uma tradução possível seria: "Quem quiser negar o espaço absoluto se verá em uma situação muito incômoda. Dado que deveria rechaçar o movimento e o repouso absolutos

Qual é a diferença entre Newton e Euler? No conteúdo, nenhuma. A mecânica de Newton, suas geniais criações topológicas lá em Königsberg, principalmente seu tratado sobre os infinitesimais e a primeira teoria das funções que a História registra, devem-se justamente a Euler. A diferença está em um pequeno matiz. Newton ainda vive da sobrevivência do pensamento teológico medieval e concebe que essa entidade própria do espaço é a de uma substância. Contra isso e com razão se volta Euler, que representa exatamente aquilo que Gassendi dizia: não são substâncias, mas mesmo assim têm certa entidade. Como matemático, Euler não tem por que entrar na questão, mas não resta dúvida de que aí está expressa uma das grandes ideias que constituem o *cañamazo* da apreensão concreta da realidade circundante pelo mundo moderno.

Isso não acontece apenas na filosofia. Acontece também na ciência, justamente por causa de Newton. De fato, a todos nos ensinaram em física que, se um corpo está em movimento e é abandonado a si mesmo, seguirá indefinidamente um movimento retilíneo e uniforme: é o princípio da inércia. Mas o que significa isso? Significa que há uma força que faz o corpo se mover em linha reta? De maneira alguma. Pelo contrário: a ideia da inércia servirá à física moderna para diferençar o que é inercial e o que é dinâmico; entenderá justamente que força é o que desvia dessa inércia. E a própria inércia? A inércia responde exatamente às propriedades geométricas do espaço absoluto.

O espaço absoluto tem uma estrutura determinada. Esse espaço vazio, esse receptáculo das coisas, é um espaço euclidiano: tem três dimensões. Nesse espaço euclidiano, existem as linhas retas, que são os caminhos mais curtos de um ponto a outro, linhas em que, além disso, todos os pontos vão na mesma direção. Um corpo abandonado a si mesmo é um corpo que não tem força, e a única coisa que faz é seguir as linhas do

---

como vãos sons sem sentido, não só deve rechaçar as leis do movimento que se fundam neste princípio (de inércia), senão que tampouco se veria compelido a afirmar que se dessem quaisquer leis do movimento". (N. E. esp.)

espaço em que está colocado; no momento em que não siga, é porque interveio uma força. Isso parece claro, a menos que reparemos em que as duas definições de linha não são equivalentes. Dizer que a linha reta é a menor distância entre dois pontos não é a mesma coisa que dizer que é o que tem todos os seus pontos na mesma direção. Se tomamos uma superfície esférica imersa em um espaço de três dimensões e marcamos dois pontos na superfície da esfera, há sempre uma linha que passa por esses dois pontos e tem todos os pontos na mesma direção: é um arco de meridiano; todos os pontos têm a mesma direção, as direções são tangentes que estão em um plano. Em contrapartida, o caminho mais curto é a corda que subtende. São coisas diferentes. Não só isso: a própria física se encarregou de demonstrar o insustentável dessa concepção do espaço como mero receptáculo das coisas.

Estendi-me um pouco mais no caso do espaço porque, como a exposição será igual para os outros três conceitos, já se pode paradigmaticamente referir a arquitetura que vou expor nesses três conceitos aos esquemas que acabamos de analisar no caso do espaço.

Vemos, portanto, em primeiro lugar, que nos é dito que o espaço tem uma entidade própria que é sua substantivação. Não é substância nem acidente, tampouco é um conceito, pois todas essas são interpretações filosóficas de uma coisa prévia: conceber o espaço como algo dotado de uma magna substantividade. Isso é o mais peculiar da filosofia moderna, e não exatamente que se interprete de forma idealista ou realista, como *a priori* ou *a posteriori*, de forma conceitual ou de forma intuitiva. O importante é que isso que se interpreta dessas maneiras é uma entidade substantiva e própria.

Em segundo lugar, dessa entidade nos é dito que ela é anterior aos corpos. De fato, os corpos estão colocados naturalmente ali e, além disso, recebem suas primeiras determinações do espaço em que estão colocados a ponto de, ao receber os corpos, esses não imporem suas estruturas ao espaço e as dinâmicas da estrutura dos corpos se deverem a componentes dinâmicos da realidade, mas de maneira alguma à estrutura própria do espaço. O espaço, portanto, não apenas recebe os corpos, mas lhes imprime sua estrutura; a recíproca, em contrapartida, não é verdadeira, pois o espaço não recebe nenhuma determinação das coisas. As linhas retas o espaço as contém por si mesmo, porque é um espaço euclidiano, e as coisas, se não têm forças, seguem as trajetórias do espaço euclidiano e, se têm forças, desviam-se dele; mas esse caráter dinâmico não afeta a estrutura do espaço.

Consequentemente, aquilo que, a meu ver, constitui a especificidade do problema do espaço na filosofia moderna não são as variadas interpretações que se deram de seu conceito, mas algo prévio, que parte da substantivação do espaço. Isso é verdadeiro, a ponto de ter conformado a mente até de quem está mais afastado dessas questões, e qualquer pessoa a quem se pergunte: "O que entende por 'um corpo ocupa um lugar'?", responderá: que ocupa um lugar no espaço. No entanto, isso está muito longe de ser óbvio, e foi preciso dar-se uma longa gigantomaquia,[7] de séculos, que é qualquer coisa menos trivial ou elementar.

II. O tempo

O segundo conceito é o tempo.

O tempo responde à mesma pergunta trivial. Quando acontece uma coisa? Esse "quando" é parcialmente homólogo ao que dizíamos do "onde", e a resposta ao "quando" parece igualmente simples: quando chover, quando o sol sair, quando forem sete horas da noite... Isso também é verdade, mas aqui volta a interferir o cristianismo no início da teologia medieval.

---

[7] Gigantomaquia (do grego γιγαντομαχια): na mitologia grega, combate dos gigantes contra os deuses. (N. T.)

Deus, diz-se-nos, é eterno. Deixando de lado o modo como os teólogos concebem a eternidade, para os fins do nosso problema, basta dizer que foi concebida como algo que não tem princípio nem fim. É verdade que essa é uma maneira pobre de conceber a eternidade, porque a eternidade não é isso, mas, definitivamente, comumente ela foi compreendida como o que não tem princípio nem fim. Pois bem: esse Deus, que é eterno, se encontra presente em todos os tempos de sua criação e, então, o tempo, o "quando" cada coisa acontece, é justamente o prazo que a divindade lhe designou, é essa espécie de desdobramento temporal em que consiste a dinâmica da criação.

Voltando a nossos velhos pensadores do começo de nossa era, eles diziam: esse mesmo caráter cósmico, tal como o espaço, se traduz na visão do tempo como um éon, αἰών. O éon como duração pertence apenas ao cosmos, Deus está acima da duração, pois é eterno. Mas eternidade e duração se acham tão intimamente relacionadas e, ao mesmo tempo, são tão diferentes como a realidade e a corporalidade. Deus é eterno, e esse tempo foi chamado de εἰς τόν ἄπειρον αἰῶνα pelos séculos infinitos. As coisas também têm um éon, o seu, mas de duração definida, o que os gregos chamaram incorretamente de tempo indefinido (χρόνος ἀπειδός), a rigor, o tempo de longa duração. O éon não é uma duração vazia, mas o prazo em que o ser das coisas se desdobra. Mas não só coisas têm o ser, mas suas operações são dirigidas a ele e essa distensão interna, tomada em sua totalidade quiescente, é o éon. Por isso, cabe falar a rigor de vários éons; pelo menos, deste éon e do outro éon, desta vida e da outra, e então Deus, que não tem ser mas é *o Ser*, não tem destino mas é destino subsistente, será αἰώνιος, mas em sentido eminente, eterno.

Como na gradação dos seres do ponto de vista do lugar, Deus aparece nessa gradação na cúspide de todos os tempos e de todos os éons; daí a origem histórica concreta da fórmula litúrgica "por todos os séculos dos séculos". Assim como a luz faz reluzir o ser de Deus nas criaturas com função originante, assim também o éon faz reluzir a eternidade pelo seu caráter definiente. A unidade radical do lugar e do éon é a estrutura do cosmos. A unidade radical entre esse caráter formal e a corporeidade é a estrutura formal do real enquanto tal.

Pois bem: façamos aqui a mesma operação que fizemos no caso do espaço. Suponhamos que deixamos de lado a origem, que é Deus e a criação, e ficamos tão somente com o resultado a que nos conduziu; vemos então que, assim como o espaço se tornou para nós um gigantesco receptáculo vazio onde estão todos os corpos, assim também o tempo se transformou nessa espécie de linha temporal indefinida em que vão se inscrevendo todos os acontecimentos que ocorrem no mundo.

A ideia de "quando" oferece, então, uma variação singular. "Quando" significa correntemente "quando" o sol sair, "quando" refrescar, etc. Em contrapartida, agora *quando* vai significar em que ponto da linha temporal o acontecimento está inscrito. Algo que de maneira nenhuma pode ser considerado óbvio, como tampouco era óbvio que o lugar é o ponto que um corpo ocupa no espaço. Mas isso se acha tão arraigado em nossa mente, que não nos damos conta dessa fabulosa inversão.

Pois bem: o tempo tomado desse ponto de vista é um espaço, uma espécie de receptáculo fluente, a linha temporal; o "quando" só tem sentido se referido a essa linha fluente, e essa linha é o que Newton chamou de tempo absoluto: "O tempo absoluto, verdadeiro e matemático, flui em si mesmo e por sua própria natureza, sem relação externa com nada. E, com outro nome, dizemos duração".[8] O tempo relativo, em contrapartida, aparente e vulgar, é uma medida sensível de qualquer duração – hora, dia, mês – desse tempo absoluto. Daí que todo tempo apareça como um fragmento de um tempo único; o tempo da vida de um homem e seu éon aparecem articulados dentro de uma coisa única como fragmentos desse algo

---

[8] "Tempus absolutum, verum et mathematicum in se et natura sua sine relatione ad externum quodvis aequaliter fluit, alioque nomine dicitur duratio": I. Newton, *Philosophiae Naturalis Principia Mathematica*, def. VIII, schol. (N. E. esp.)

único que é o tempo. Kant defendeu vigorosamente essa ideia para sustentar que o tempo é intuição e não conceito. Portanto, todos os tempos são fragmentos de um tempo único.

Isso é verdade? Com a ressalva de voltar mais adiante ao assunto, é tão difícil conceber que isso seja assim quanto conceber que o espaço tenha propriedades independentes dos corpos que o ocupam. Pense-se, por exemplo, no tempo astronômico e no tempo de minha vida mental: como dizer que são fragmentos de um único tempo? É verdade que posso dizer que estive meditando durante uma hora, mas isso não significa que minha vida mental tenha a estrutura métrica de uma hora, e sim que o que estive fazendo durante uma hora do tempo solar foi meditar. Isso é completamente diferente de dizer que a hora, metricamente tomada, é um ingrediente formal de minha própria vida mental. Como se vai pretender, então, que todos os tempos sejam fragmentos de um tempo único?

Seja como for, o tempo nos aparece nesta versão como algo que está dotado de entidade própria, como o espaço. E, também como o espaço, é anterior às coisas. Qualquer coisa, para ser, necessita ser em algum lugar do espaço e acontecer em um momento do tempo, mas eles, o espaço e o tempo, já estavam ali: o espaço quiescente e imóvel com suas estruturas euclidianas, e o tempo como uma linha fluente que transcorre inflexível de um passado a um futuro. Naturalmente, há uma diferença entre o espaço e o tempo, pois o tempo é mais universal do que o espaço porque, seja ou não o tempo de minha vida mental um fragmento do tempo único – a verdade é que minha vida mental está dentro do tempo, mas não está no espaço; a vida mental não pode ser submetida às equações de Newton, como pode ser submetida a realidade que me circunda, e, no entanto, a realidade física e minha vida mental de uma ou de outra maneira transcorrem no tempo. Portanto, o tempo é mais universal do que o espaço.

Isso, que parece indiscutível, não é verdade com respeito ao espaço nem com respeito ao tempo. Não há nenhuma realidade no mundo que, de uma forma ou de outra, não tenha de haver-se com o espaço; dir-se-á que nem todas ocupam lugar, mas "ocupar" lugar é apenas *uma* das maneiras de estar no espaço, pois existem outras. A mesma coisa se pode dizer do tempo. Seja como for, esse tempo não recebe nada das coisas que existem nele.

Se agora tomarmos ao mesmo tempo o espaço e o tempo, tornará a aparecer aquilo que dizíamos no começo: eles têm uma entidade substantiva anterior a qualquer substância e acidente – é a estrutura fluente de um cosmos, cuja estrutura formal é o espaço euclidiano. Newton nos diz até a exaustão que o espaço e o tempo são independentes das coisas, mas, além disso, são *independentes entre si*. Uma coisa é o tempo e outra, diferente, é o espaço. Tão independentes, que há coisas que não estão no espaço, mas todas estão no tempo.

O que aconteceu nesta história é o mais inesperado: não foi a teologia, mas justamente a ciência positiva do século XIX, que se chocou com o caráter insustentável dessa ideia do tempo e do espaço através de três fatos físicos muito concretos: a luz, a gravitação e a ação. A luz, pela constância de sua velocidade, que faz com que a velocidade da luz não possa se somar a nenhuma velocidade do universo. A gravitação, também de uma forma concreta: a equivalência entre a massa inerte e a massa gravitacional, ou seja, definitivamente não há diferença entre força e inércia. Deixo de lado o tema da ação, porque a teoria dos *quanta* nos levaria longe demais. A luz e a gravitação puseram diante dos olhos da física a necessidade de conceber que espaço e tempo recebem propriedades das coisas e que, além disso, espaço e tempo não são independentes entre si. Não se trata de uma especulação metafísica, mas de uma interpretação científica, o que para alguns significa coisa pouco importante e de pouca monta, ao passo que para outros, como nós, que temos outro modo de ser, isso tem alguma importância, não decisiva, mas alguma, uma vez que foi essa ciência a que pôs em crise o conceito do espaço e do tempo como realidades substantivas.

III. O ser

O terceiro conceito é o de ser.

De qualquer coisa o mínimo que se pode dizer é que ela é o que é. Não digamos que seja trivial, mas desde o começo da filosofia na Europa se pensou sobre isso; desde os tempos de Parmênides, o tema do ser veio rolando ao longo de toda a filosofia grega até a Idade Média. Que fique bem entendido, no entanto, que aquilo a que se dirigiu toda essa filosofia e que pretendem todas as filosofias mais ou menos atuais é ir *às coisas e não ao ser*. Atribuir ao pensamento grego uma especulação sobre o ser enquanto diferente das coisas seria um anacronismo histórico gigantesco, anacronismo que se cometeu, mas que não importa muito agora.

Que as coisas "são", que uma coisa "seja", é este um grave problema, mas que todo o mundo está mais ou menos em condições de entender. Aqui também interferiu o pensamento dos primeiros teólogos, e de maneira curiosa: interpretando a própria ideia da criação.

Diz-se que a criação consiste em que todas as coisas são criadas por Deus do nada. Quando não havia coisas, a coisa "não é" e, depois da criação, a coisa "é". O termo formal da criação, como dirão os escolásticos, é a colação do ser. Com isso se quer dizer que Deus, que dá o ser, não é uma realidade que recebe o ser, senão que é o próprio ser subsistente. Aqui começa o grande labor do pensamento. Deus seria o próprio ser subsistente. Isso não se identifica pura e simplesmente com a ideia de Deus e com a ideia da criação, mas é uma interpretação metafísica entre outras possíveis da ideia de Deus. No entanto, isso imprimiu seu cunho na história do pensamento europeu.

Santo Tomás nos diz expressamente que "toda coisa criada participa, por assim dizer, da natureza do ser",[9] e com isso o ser

---

[9] "Res creata participat, ut ita dixerim, naturam essendi". Embora a frase apareça corrigida manualmente por Zubiri, o texto exato de Santo Tomás diz: "Ens creatum participat, ut ita dixerim, naturam essendi" (*S. Th.*, q. 45, a. 5 ad 1). (N. E. esp.)

nos aparece como uma espécie de enorme pélago em que Deus se projeta *ad extra* e fora de si mesmo. Cortemos agora o cordão umbilical que prende esse pélago à sua origem na criação, e ficamos, como ocorria no caso do espaço e do tempo, com essa espécie de enorme pélago do ser onde todas as coisas aparecem como movendo-se ou existindo no ser e sendo contrações dele – se se toma a interpretação tradicional desde Aristóteles do ser como um transcendental – ou concreções dele – se se opta pela interpretação de Platão –; contrações ou concreções, as coisas certamente são determinações internas do ser.

A filosofia moderna, querendo-o ou sem querê-lo, viveu com uma terceira e fundamental ideia da realidade das coisas como concreções ou determinações do ser: ser é aquilo que primariamente teria substantividade. A substantividade do ser é inquestionável, e aí (e não em sua interpretação racionalista, idealista ou empirista) reside a originalidade da filosofia moderna neste ponto: a substantivação, por si mesma, da ideia do ser.

Se se pergunta a Leibniz, o expoente máximo desta filosofia neste ponto, e a seus discípulos Wolff e Baumgarten, o que entendem por essa estrutura interna do ser, responderão com algo que vem sendo repetido desde Aristóteles: o εἶναι e o 0μέ εἶναι não podem ser verdade ao mesmo tempo – isso seria cair em contradição. Mas é aí justamente que surge a profunda diferença: a ideia de que o ser e o não ser não podem ser verdade ao mesmo tempo é para Aristóteles o que se chama com o vocabulário castelhano o princípio de "contra-dicção", e não um princípio do dito. Em contrapartida, para esta filosofia moderna, trata-se da própria estrutura do ser, do dito, de maneira que uma contradição não é pôr-se em contradi(c)ção contra o que alguém diz, mas é o próprio contrasser das coisas. O nada é o não ser, e o não ser é a contradição; contradizer-se é não dizer nada, porque o ser é formal e constitutivamente não contradição, a ponto, como nos dirá Wolff, de que um mundo que fosse regido por essa contradição interna não seria um mundo real (*non esset mundus realis*), mas um mundo fabuloso (*mundus fabulosus*). Esta expressão mereceria um destino melhor do que o esquecimento com que foi paga em quase toda a história da filosofia, pois somente em Bergson o mundo fabuloso aparece com o nome de função fabuladora (*fonction fabulatrice*).

O princípio de contradição não é um princípio do dizer, mas a estrutura interna do ser, de tal maneira que algo que fosse contraditório seria um contrasser, a menos que se estimasse que justamente esse "contra" fosse um momento dinâmico interno à própria estrutura do ser, como acontece na filosofia de Hegel. Mas isso agora importa pouco, porque quem não vê que esta filosofia está montada, então, sobre a própria substantividade do ser?

A interpretação da contradição como estrutura do ser pressupõe previamente o ser estruturado. O ser estruturado tem, para toda a filosofia a partir de Descartes, essa imensa substantividade. Não importa que o ser seja um conceito, que como conceito seja equívoco, que como conceito esteja limitado ao mundo das certezas – certas ou duvidosas – em Descartes; não importa que apareça como uma evidência irrefragável em Leibniz ou que para Kant seja apenas uma posição do espírito, pois isso que é posição, que é não contradição, que está dado na percepção, que é seguro, etc., é o ser, tomado assim no singular e em abstrato, não as coisas enquanto são. Trata-se, portanto, da substantivação mesma da ideia do ser.

De fato, quando se quis vincular de alguma forma Deus e a substantividade do ser (essa vinculação não se perdeu completamente, assim como Newton demonstrava que tampouco havia se perdido no caso do espaço), apareceram essas demonstrações da existência de Deus que foram chamadas de ontológicas, quer dizer, a ideia do ser de alguma maneira conduz diretamente à realidade de Deus. O chamado argumento ontológico teve muitas vicissitudes na história desde os tempos de Santo Anselmo, em quem era muito diferente do que viria a ser depois, mas aqui o que importa é justamente a forma como esse argumento foi apresentado em um livro de Kant, escrito muito antes que tivesse não apenas a ideia da *Crítica da Razão Pura*, mas até a *Dissertatio* de 1770. O estudo se chamava *Der Einzig Mögliche Beweisgrund zu Eeiner Demonstration des Dasein Gottes*[10] [Sobre o Único Fundamento Possível para uma Demonstração da Existência de Deus]. Kant entende que esse fundamento se estriba justamente em que a questão da existência de Deus seja posta de modo correto; segundo ele, foi posta incorretamente até agora porque a filosofia pretendeu demonstrar a existência de uma coisa que se chama Deus, quando o que é preciso fazer é o contrário, demonstrar que algo do existente é Deus. O giro é essencial para a questão: Kant apresentou o argumento ontológico partindo exatamente daquilo que estamos chamando de substantivação do ser; o ser está aí, e trata-se de demonstrar que o que "seja" desse ser é Deus – e não que Deus seja algo a que se pode chegar partindo desse ser como se estivesse fora dele. Kant, que tinha sido leibniziano e discípulo de Wolff e Baumgarten, deve ter se lembrado em algum momento daquele mundo fabuloso (*mundus fabulosus*) de Wolff. De fato, quando Kant começa a barruntar a impossibilidade da metafísica tradicional, escreve um pequeno opúsculo contra Swedenborg: *Os Sonhos de um Visionário Explicados pelos Sonhos da Metafísica*,[11] que parece se referir a esse "mundo fabuloso" de Wolff. Kant fez do espaço e do tempo intuições puras, mas parece que isso não saiu do nada; não esqueçamos que havia já três séculos a filosofia – sobretudo a escolástica – tinha falado do espaço imaginário como algo diferente do espaço conceitual; é verdade que, em vez de "imaginação", Kant disse "intuição", mas as raízes desse pensamento já estavam dadas. E, no entanto, no que se refere ao espaço, ao tempo ou ao ser, o *cañamazo* da filosofia moderna kantiana é muito diferente do *cañamazo* em que estão inscritos na metafísica, por exemplo, de Suárez.

O ser tem, portanto, entidade, uma entidade própria, e aparece como a terceira das grandes substantivações da filosofia moderna.

---

[10] O livro foi publicado em Königsberg no ano de 1763. (N. E. esp.)

[11] *Träume eines Geisterehers, erläutert durch Träume der Metaphysik*, publicado em Königsberg no ano de 1766. (N. E. esp.)

IV. A consciência

O quarto conceito é o de consciência.

O homem, graças à sua inteligência, sabe o que as coisas são e, por isso, desde os tempos de Platão e Aristóteles, se definiu o homem como um ζῷον λόγον ἔχον, que comumente se traduziu por "animal racional", mas que significa – não interessa agora entrar a fundo no tema – animal que tem *logos*, que tem razão. Mas aqui incidiu novamente o cristianismo.

O cristianismo nos ensinou a pensar que o homem é uma imagem e semelhança de Deus, o que supõe que nos diga o que se entende por Deus e onde está a semelhança. A teologia utilizou aquele ponto em que Deus se revela a si mesmo: é o Verbo encarnado, é Logos. Como a filosofia anterior nos havia dito que o homem tem logos, a operação foi automática para pôr em conexão interna o logos do homem e o logos de Deus. Naturalmente, a semelhança com Deus reside no fato de que o homem, por mais finito que se queira, tem alguma semelhança com o logos divino. Daí que, quando se diz que o homem, como todas as criaturas, participa de alguma forma da natureza de Deus, esta participação tenha no caso do homem duplo sentido.

Por um lado, o animal racional não deixa de ser animal e é uma das realidades que começaram a existir alguma vez na criação, não existiu desde sempre e alguma vez, muito antes que as coisas físicas, deixará de existir porque é um efeito de Deus como os demais. Como todo efeito, mostra para quem possa pensar a capacidade da causa, o que não quer dizer que a causa se pareça com o efeito, assim como do fato de que Deus produza o espaço não se deduz que seja uma realidade parecida com o espaço.

Por outro lado, existe outro ponto de vista. Aquilo que Deus fez no homem é justamente um ser dotado de logos, de razão. Não só esse logos se assemelha a Deus como efeito de uma causa, senão que há alguma semelhança interna entre esse logos humano e Deus. Com isso, o homem perde o caráter de ser só mais uma criatura perdida no universo e se converte em algo chamado a ser o lugar natural onde se apreende e se constitui o ser de tudo quanto é: o homem como envolvente do universo inteiro justamente por sua razão.

São duas dimensões do homem completamente diferentes, difíceis de unificar. Sacrificar a segunda dimensão à primeira é a base de todo empirismo ao crer que a razão, com suas verdades mais necessárias, é um efeito contingente da realidade física. Sacrificar o que o homem tem de realidade natural a essa estrutura racional de caráter envolvente é o orto do idealismo. No entanto, anterior a essa disjunção entre empirismo e idealismo, há o que agora vai acontecer. Se rompemos, uma vez mais, a união dessa concepção do homem com a visão teológica, deparamos então com que o homem se enfrenta com o restante das coisas, as quais estão presentes para ele, não só em uma "ciência", mas porque nessa ideia que o homem tem das coisas ele "con-sabe", um pouco como Deus, sua própria realidade; tem "ciência" e "con(s)-ciência", precisamente o que conduzirá à substantivação da consciência.

A consciência aparece aqui não apenas como o ato de se dar conta, mas como a presença imediata das coisas diante de quem tem um logos. Se prescindimos do mecanismo desse logos e atendemos apenas à própria estrutura do que se consegue com esse mecanismo, deparamos justamente com a ideia de consciência, a substantividade da consciência. Não é difícil ver no final do século XIX que todos tinham se contagiado com essa substantivação da consciência.

Por exemplo, meus mestres em Leuven falavam da atividade da consciência; a consciência era considerada como uma espécie de atividade, como uma coisa que tem sua própria substantividade. Isso não é exato; no entanto, foi introduzido não apenas nos círculos filosóficos, mas também em âmbitos muito mais amplos; certamente, nem tudo no homem é consciência, mas nos dirão que o que não é consciência é "in-consciência", é "in-consciente", e com isso se mantém a referência à consciência; há coisas que não são consciência porque são "pré-consciência", quer dizer, caminho para a consciência, e há coisas que são "pós-consciência", como as coisas habituais, mas continua-se a manter a referência à consciência. Há até uma consciência minimizada, isso que se chamou de subconsciência, que apresenta duas dimensões: uma, que a aproxima da ideia de substância porque aparece justamente "abaixo" da consciência, e outra, que é uma espécie de consciência minimizada. Como quer que seja, todos esses aspectos só têm sentido quando referidos à consciência, e para isso se parte do suposto, taticamente admitido, de que a consciência tem uma substantividade própria. Pois bem: isso é tão problemático em se tratando da consciência quanto o era em se tratando do espaço, do tempo ou do ser.

Os conceitos de espaço, tempo, ser e consciência foram substantivados, e é nisso que reside a originalidade da filosofia moderna. Isso é algo que *jamais* havia acontecido na filosofia, e é na filosofia moderna que se forja essa substantivação que transcendeu a todos os homens de hoje, incluídos os mais alheios à filosofia e à ciência. A meu ver, o que dá seu caráter específico à filosofia moderna é conceber o espaço como aquilo *onde* os corpos estão, o tempo como aquilo *quando* os tempos acontecem, o ser como aquilo em *que consiste* uma coisa, e a consciência como aquilo para o qual as coisas *reduplicativa e formalmente* são. Os quatro têm entidade própria, uma entidade que é anterior a todas as coisas, não no sentido aristotélico de "princípio", mas, a meu ver, algo diferente, uma coisa "pré-principial" – foi isso o que eu chamei de o *cañamazo*, a textura primária da realidade concreta circundante.

Esses quatro conceitos e o neles conceituado têm uma unidade intrínseca, precisamente o que tem de sistema a filosofia moderna. Somente quando se apreende o que esses quatro conceitos têm de sistema, é que se vê a importância do que chamei de substantivação, pois o verdadeiro problema não é que se trate de quatro *entidades*, e sim que se trata de quatro entidades *substantivas* porque, se não o fossem, a própria tentativa do caráter sistemático com que a filosofia moderna pretendeu apreender as realidades concretas mostraria sua mais grave quebra nos problemas fundamentais da realidade circundante. Disso temos de falar na segunda parte.

Segunda parte

Nesta segunda parte, temos de perguntar qual é o fundo de unidade sistemática que há entre estes quatro conceitos: o espaço, o tempo, o ser e a consciência. É possível essa sistematização?

Desenvolveremos o tema em dois passos. O primeira dirá rapidamente em que consiste a unidade interna dessas quatro dimensões das coisas na filosofia moderna. No segundo, enfrentar-nos-emos, modesta, mas inexoravelmente, com o problema que essa unidade sistemática põe, em última instância, com a inteligência que a considera.

Primeira seção

Como se trata de ver a unidade sistemática, vamos começar pelo mais vago. A filosofia moderna, muito mais que a antiga, teve de apelar ao ser, e a este ser o substantivou. Naturalmente, "ser" pode ter o sentido de um infinitivo de um verbo, algo que vem dos tempos de Parmênides. Mas outra coisa é o "ser" como substantivo. O que é isso de ser substantivado? A filosofia moderna, seja para permanecer nisso, seja para negá-lo (o caso típico de negação é Kant), partiu sempre de que isso que chamamos de ser é algo inexorável por si mesmo. Quando Kant escreve o opúsculo, citado acima, de 1763, *Der Einzig Mögliche Beweisgrund zu Einer Demonstration des Dasein Gottes* [Sobre o Único Fundamento Possível para uma Demonstração da Existência de Deus], diz-nos que o único ponto de partida possível é demonstrar que algo do que é, é Deus; não que Deus seja, e sim que algo do que já é, é Deus; bem entendido (e é o primeiro passo da demonstração) que é *absolutamente impossível* que não haja nada. De onde a filosofia tira essa impossibilidade do não ser total e absoluto?

Se disséssemos que se trata de uma constatação – por exemplo, porque eu penso – essa seria uma consideração totalmente alheia ao tema; aqui, trata-se justamente de tomar o ser por si mesmo: aquilo *em* que estou pensando. Praticamente toda a filosofia até Kant – não já desde os tempos de Descartes, mas na verdade desde o século XIV ou XV – diria que o ser é algo porque está caracterizado por ser "o não impossível", porque é impossível que não seja. Pois bem: diz-se-nos que essa impossibilidade é a incontradição intrínseca que constitui o ser; daí todo o racionalismo, que se baseia exatamente na ideia do ser como oposta ao não ser, o não ser que é justamente o contraditório. A canonização desse conceito da possibilidade e do caráter interno e intrínseco do ser não aconteceu nas oficinas da filosofia moderna, mas antes dentro da filosofia nominalista de Ockham, e foi estabelecida definitivamente nas *Disputationes Metaphysicae,* de Suárez. O ser, portanto, é essa espécie de magno pélago, necessário por um lado, impossível de não ser por outro e intrinsecamente dominado pela incontradição. Todas as outras coisas são concreções desse ser (se se emprega ainda a linguagem de Platão) ou determinações e contradições desse ser (se se recorre à linguagem de Aristóteles e da escolástica); pouco importa agora, a partir do momento em que todo o restante se inscreve dentro do ser. Todas essas filosofias, seja qual for a ideia que ofereçam do ser, partem da ideia de que o ser tem uma substantividade: é a substantivação do ser.

Não apenas esse ser está regido pela inexorável necessidade da incontradição, mas, além disso, tem uma versão concreta – é que, *desde si mesmo* e enquanto ser, é espacial e é temporal. Aqui aparecem os temas do espaço e do tempo em unidade intrínseca com o tema do ser. Desde Descartes até Hegel, a filosofia moderna pensou inexoravelmente que o espaço é o âmbito do ser, pelo menos do ser corpóreo, mas em todo caso é um âmbito do ser. Aí reside a unidade intrínseca do espaço com o ser enquanto aparece como âmbito do ser corpóreo; por isso, como víamos, o espaço é anterior a todas as coisas, embora esteja limitado ao ser dos corpos, uma limitação que não desvirtua a ideia do espaço como âmbito do ser. Junto a isso, aparece o tempo, do qual se dirá que é universal, à diferença do espaço, pois, se nem toda a realidade está no espaço (os sentimentos, os pensamentos), está inexoravelmente no tempo como o está o universo físico. Daí que o tempo esteja acima do espaço e dos corpos, pois não consiste em outra coisa além do âmbito linear ou discursivo desse processo característico do ser em que transcorrem todas as coisas que sejam. O espaço como âmbito do ser corpóreo e o tempo como âmbito linear do real estão radicalmente vinculados à ideia do ser.

Replicar-se-á que isso é fácil de dizer, mas, se o ser é a generalidade e a abstração máximas que nos põe à beira mesma de não dizer nada das coisas, como se pode dizer que o ser é espacial e temporal? Por quê? Cada um dará sua resposta, mas o que importa aqui é que as diferentes respostas dadas pela história da filosofia moderna neste ponto são respostas à pergunta sobre a unidade intrínseca do ser, do espaço e do tempo. Desde a ideia de Descartes com respeito a uma extensão até a ideia de Kant, para quem o espaço e o tempo são formas transcendentais intrinsecamente ligadas à ideia de categorias no ser, as respostas não podem ser mais diferentes. E, no entanto, todas elas são respostas a esse caráter constitutivo do ser em virtude do qual dizemos dele que é espacial e temporal. O problema foi sentido em toda a sua crueza pelo idealismo alemão, que inventou o vocábulo (pouco adequado e malogrado em seu desenvolvimento) "dedução"; os esforços que um idealista faz para "deduzir" a matéria do ser são inauditos, talvez porque seja impossível, mas o fato é que a tentativa foi essa.

Além do espaço, como âmbito do ser corpóreo enquanto ser, e do tempo, como âmbito transcorrente do ser real, temos também a consciência, o "perceber", o dar-se conta. Desde o tempo de Descartes, diz-se-nos de maneira expressa que a consciência tem uma substantividade, que é um *cogito me cogitare*, e emprega-se a palavra *conscientia*, termo que aparece substantivado até a época da fenomenologia de Husserl.

Mas o que aqui nos perguntamos é: em que consiste o específico dessa consciência, do ponto de vista da unidade intrínseca do ser, do tempo e do espaço, porque o restante não deixaria de ser uma denominação extrínseca. Talvez a filosofia moderna não se tenha posto isso explicitamente como problema, mas deu à pergunta uma resposta unívoca: disse que a essência da consciência é ser representação das coisas. A ideia de que a consciência representa a totalidade do ser e, consequentemente, tudo o que há nele é o que constitui precisamente o caráter substantivo e central que a consciência tem dentro da filosofia moderna; em uma palavra: a consciência é a representação do ser.

É claro que não são idênticas a consciência entendida ao modo de Descartes, a entendida ao modo de Leibniz e a entendida ao modo de Kant; o que esses autores entendem e o que Hegel entende, por exemplo, ao falar de "pensar" (*Denken*) não são a mesma coisa. Mas sempre nos movemos em torno de uma "representação" (*Vorstellung*). Pois bem: nessa ideia de representação, estão intrinsecamente unidos, de modo sistemático, o ser com todas as suas dimensões espaciotemporais e o ato subjetivo de dar-se conta; isso é justamente a "representação". Daí que o problema filosófico básico na filosofia moderna, não por razões de ceticismo nem de criticismo, mas por esta razão intrínseca, seja em boa parte uma teoria da representação.

Definitivamente, portanto, deparamos com o fato de que o ser em concreto não é espaço nem tempo, mas "ser-espaço" e "ser-tempo"; que esse ser-espaço e ser-tempo, como dizia literalmente Gassendi, não são substâncias nem acidentes, mas algo anterior a qualquer categoria. Mas ele não dizia em que consiste essa anterioridade, e, portanto, isso é algo que teremos de averiguar. Em face deste pré-categorial, a consciência é a presença ativa desse ser, e a unidade intrínseca entre a consciência e o ser é a re-(a)presentação.

É sobre tudo isso que está montada toda a filosofia moderna; em torno disso se movem todos os seus sistemas e todas as suas discussões. Como os filósofos não são tolos, é provável que não tenham falhado ao tirar as consequências dessas ideias, razão por que é muito verossímil que o problema esteja mais atrás: é verdade que esse é o *cañamazo* do real?

Segunda seção

Esta é a segunda parte da questão.

Para isso, comecemos por enfrentar-nos com o caráter sistemático destes quatro conceitos, porque, enquanto permanecem soltos, pareceria ser questão de poli-los um pouco para continuarem valendo. Mas, na medida em que os enfrentamos sistematicamente unidos, surgem então pelo menos quatro questões.

I

Perguntamos, em primeiro lugar, pela consciência como representação. Pois a verdade é que, antes de tudo, a consciência tomada substantivamente não é um ato. É o caráter que têm alguns atos do sujeito; a consciência não executa atos. Se por um abuso historicamente explicável, mas intrinsecamente absurdo, se pretende chamar a consciência de uma "atividade", então o que a consciência tem de atividade não é o que tem de consciência, mas o que tem de ato, algo anterior ao passo de "dar-se conta"; essa atividade é o que constitui a inteligência. Digo que isso que constitui a inteligência é caráter de apenas alguns atos intelectivos, porque tampouco todos os atos intelectivos do homem estão caracterizados pela consciência; de fato, bastaria pensar na longa lista do que é inconsciente, do que é pré-consciente, do que é pós-consciente, do que é subconsciente..., mas tudo isso referido à consciência, e cabe perguntar se a consciência será pelo menos o caráter *kath'exojén*, o caráter supremo e excelente que o homem tem em face do ser, quer dizer, a forma suprema em que a realidade intelectiva seja representação do ser, deixando de lado por ora se esse ser é substantivo.

Pois bem, isso não pode ser assim por uma razão: o que é que se entende como representação? Claro está, todas as palavras, ao entrarem para os manuais de filosofia de todo o universo, podem adquirir certa seriedade; fala-se de representações sensíveis, de representações conceituais, etc. Isso é verdade, mas esse tipo de verdades geralmente não diz nada e, neste caso, o que diz não é verdade. Imagina-se que a representação significa primariamente uma imagem que eu formo e, depois, é preciso verificar se corresponde ou não às coisas. É inegável que isso existe em alguma medida, mas não é o primário. A re(a)presentação é, como a palavra indica perfeitamente, tornar a apresentar algo que, portanto, já estava presente. E é aí que reside o problema.

A re(a)presentação é um segundo ato que pressupõe evidentemente um primeiro, que é a apresentação. Onde as coisas estão presentes à inteligência para que esta as possa re(a)presentar? A filosofia podia ter dito – e assim se subentendeu ao longo de sua história – que a apresentação das coisas à inteligência não é obra da própria inteligência, e sim dos sentidos, e pode ser que isto seja verdade. Mas esta verdade tem, entre outras, três dimensões.

Em primeiro lugar, é preciso que a inteligência, seja ela o que se quiser, apareça como aquilo em virtude do qual alguma coisa pode ser apresentada pelos sentidos, e que, por conseguinte, sua capacidade de que algo lhe seja apresentado, sua intrínseca abertura para aquilo que constitui o objeto que se lhe vai fazer presente, é completamente anterior à representação e à possível imagem que no ato de representar eu vá forjando a respeito da coisa primária e primitivamente presente. Esta é a questão: se chamamos de inteligência exatamente a isto, será preciso dizer, em consequência, que a inteligência não consiste em uma faculdade de produzir representações conceituais ou em produzir ideias, mas em uma coisa diferente: é uma maneira de haver-se com as coisas primariamente, apresentando estas de alguma forma.

Em segundo lugar, esta forma é, a meu ver, a forma da realidade, sem que seja este o momento para desenvolver o que expus em muitas ocasiões. O que distingue a inteligência do estímulo – quer dizer, do puro sentir – é que, enquanto o estímulo tem presentes as coisas por algo que suscita uma reação, a inteligência tem as coisas como estímulos se se quiser, mas como estímulos "reais": é a apreensão das coisas como reais. Este minúsculo caráter de realidade é o que marca todo o abismo que medeia entre a inteligência e o estímulo.

Em terceiro lugar, como a realidade primária é estimulante, ou seja, realidade sentida, isso quer dizer que a forma primária em que as coisas estão presentes como realidade para a inteligência é estarem presentes como impressão, e, consequentemente, a inteligência humana é inteligência senciente. Esse dualismo não se dá entre os sentidos e a inteligência, e, portanto, tampouco cabe o recurso de que são os sentidos que apresentam as coisas à inteligência: sentidos e inteligência constituem um único ato apresentativo: a apresentação do real em impressão. Isso não significa de maneira alguma que não haja representações, ou que as representações não tenham nenhuma função na teoria da realidade; isso seria um absurdo, pois seria lançar a filosofia a uma espécie de pseudomisticismo vago e extático diante da realidade. Não se trata disso: trata-se de que toda *re-praesentatio* está fundada em uma *praesentatio*, que toda re(a)presentação supõe uma apresentação prévia e esta é a apresentação das coisas enquanto reais, em forma de impressão. Pois bem: essa apresentação não acrescenta nada à coisa presente; a única coisa que lhe traz é certo caráter de atualidade: é a atualidade da coisa real na inteligência senciente.

"Atualidade" não tem aqui o sentido que tem em Aristóteles a *enérgeia*, o ato; não me refiro ao ato de uma potência; refiro-me ao que significa o termo quando se diz que algo tem muita atualidade neste momento. "Atualidade" neste sentido não é o ato de uma potência, e sim um modo de presença e de (a)presentação. Neste sentido, digo que o que é próprio da inteligência não é "dar-se conta de" nem forjar uma "re(a)presentação", e sim pura e simplesmente que as coisas lhe estejam "atualmente" presentes, que adquiram "atualidade" *n*a própria inteligência. Pois bem, essa atualidade é a atualidade de uma coisa como real; então, em sua própria apresentação, o real em impressão se apresenta para nós como algo que é *prius* à apresentação mesma.[1] Isso significa, é claro, que esta inteligência não é realidade, por ora, senão respectivamente a todas as outras coisas reais. Quer dizer, a consciência carece de substantividade, e a própria inteligência só tem substantividade em respectividade com todas as coisas; não é algo "ab-soluto".[2]

Aqui está a primeira brecha, radical e fundamental, que é preciso abrir no seio da filosofia moderna. A consciência, mesmo tomada em sua integridade, não tem nenhuma substantividade, e a própria inteligência não tem substantividade "ab-soluta" porque consiste essencial e formalmente em ter essa respectividade atual com respeito a todas as coisas.

II

Desde que se nos diga de que respectividade se trata. É a segunda questão.

Antes de tudo, o homem com sua inteligência faz parte das coisas que o rodeiam. Limitando-nos agora ao aspecto da inteligência, ele é respectivo a todas essas coisas pelo que tem de ser inteligente, de realidade inteligente. Pois bem, todas essas

---

[1] Esta frase é um acréscimo manuscrito de Zubiri. (N. E. esp.)
[2] Também esta frase está modificada por Zubiri de forma manuscrita. (N. E. esp.)

realidades têm um caráter intrinsecamente respectivo. O que nos rodeia não é uma soma, nem sequer uma ordenação de coisas – uma *táxis*, como dizia Aristóteles – senão que cada uma das realidades, por si mesma e formalmente, é respectiva às outras. É essa respectividade de todas as coisas o que constitui precisamente o cosmos.

Essa respectividade tem muitos aspectos. Há, por exemplo, respectividades de ordem acional, pois nenhuma realidade é alheia à ação, ao dinamismo da ação. Mas há uma respectividade que afeta aquilo que podemos chamar de "posição" de uma coisa com respeito a outras, e é aqui que aparece o problema do tempo e do espaço.

Primeiramente, é preciso perguntar, contra essa cisão, aceita candidamente por toda a filosofia desde a época de Ockham, entre as coisas que estão no espaço e as coisas que estão no tempo como se este fosse mais universal do que aquele, se é possível atribuir ao tempo uma universalidade maior que ao espaço. Onde? Em absoluto, nem no que se refere ao espaço nem no que diz respeito ao tempo.

Tomemos o espaço. Se estar no espaço significa "ocupá-lo", evidentemente nem todas as coisas que há no cosmos ocupam espaço. Mas não é essa a questão: por acaso "ocupar" o espaço é a única maneira de estar nele? Há outras maneiras, e nem é preciso recorrer a grandes especulações; por exemplo, a maneira de estar definido em sua ação e em seu modo de ser com respeito a limites espaciais. Certamente, minha inteligência não ocupa lugar no espaço – deixemos de lado a relação com o cérebro porque agora não é o problema – mas não há dúvida de que, como ato real, como ato meu, este ato não transcorre para além dos limites que perfilam a fronteira de meu corpo, e, em algum sentido, isso significa que é espacial. Não é só isso: pode-se estar referido ao espaço não por ter suas ações definidas por esse espaço, mas de forma diferente – por exemplo, estando condicionado pelo espaço. Neste sentido, não há nenhuma realidade no cosmos que esteja isenta de caráter espacial, e tudo, incluindo as obras de arte menos plásticas e as grandes obras da ciência, tem alguma referência a algum pedaço do espaço, ainda que seja apenas no vaguíssimo sentido geográfico. Há outras maneiras de estar no espaço sem estar condicionado nem definido por ele.

Então, o tempo não desfruta de maior prerrogativa que o espaço. Diz-se que tudo está no tempo, mas o que se quer dizer com isso? Porventura que todas as coisas "transcorrem" linearmente no tempo? Isso também não é verdade, porque "transcorrer no tempo" não é a única maneira de estar no tempo. Há também aquilo que pode "permanecer sempre" o mesmo no curso do tempo, que é justamente o sempiterno, algo que nem por isso está fora do tempo, mas que não é transcorrente. Pode-se também "abarcar" o tempo; por exemplo, o que um projeto faz no momento de projetar não está transcorrendo no tempo. Além disso, pode-se estar presente no tempo estando fora dele. Está nas mesmas condições que no caso do espaço: tudo está no espaço e tudo está no tempo, tomados o espaço e o tempo em toda a sua amplitude; deste ponto de vista, a coetaneidade e a cooriginalidade do tempo e do espaço são algo irrefragável. Não há nenhuma realidade no cosmos que esteja isenta da condição espacial e da condição temporal, e ambas são igualmente universais.

A pergunta que surge então é esta: não tem razão a filosofia moderna com sua substantivação do tempo e do espaço? Não a tem. E não a tem por uma série de considerações.

1º Tomemos o caso do espaço. O que se entende por espaço? O mínimo que seria preciso dizer é que o espaço consiste na posição que uma coisa ocupa com respeito às outras. Então, sim: neste sentido, o espaço é a respectividade, o aspecto posicional da respectividade de umas coisas com respeito a outras. O fundamento dessa posição é que cada coisa no cosmos tem seu "lugar" entre as outras, e a respectividade posicional é a respectividade fundada no lugar.[3] Isso é o espaço; não é, portanto, um

---

[3] Esta frase manuscrita de Zubiri modifica algumas linhas da transcrição original riscadas por ele. (N. E. esp.)

receptáculo onde as coisas estejam, senão que as coisas, com sua respectividade espacial, não estão dentro do espaço, mas dentro do cosmos, que é uma coisa diferente; por sua vez, o próprio cosmos não é um receptáculo onde as coisas estejam, mas a unidade de sua respectividade intrínseca. Não há a menor dúvida de que as coisas são espaciosas no cosmos, e que sua espaciosidade consiste formalmente no caráter posicional de umas realidades com respeito a outras. O espaço é apenas um momento da respectividade interna do cosmos.

2º Isso que vemos no espaço acontece também, estrita e formalmente, no tempo. Empreguemos a palavra "posição" não no sentido "local" a que me referi, mas em seu sentido mais lato. Todas as realidades e ações do cosmos são transcorrentes processualmente. Como todo processo, ele tem fases: começa, mostra um desenvolvimento, tem um término; isto, sem dúvida, é verdade. Mas o tempo formalmente não é isso, mas a mera posição "fásica" de um momento de transcurso com respeito aos outros momentos. O fundamento dessa respectividade é o "caráter processual" das realidades cósmicas, e a respectividade enquanto mera posição fásica é aquilo em que o tempo consiste formalmente como transcurso linear.[4] O tempo é pura e simplesmente respectividade; não tem substantividade alguma. Como pretender que o tempo em si tenha uma unicidade substantiva? Será que o tempo de minha duração mental tem algo a ver, do ponto de vista do transcurso, com o transcurso do que é o movimento periódico dos astros? No entanto, é verdade que, com toda a minha *durée*, com toda a minha duração, tenho certa posição fásica dentro do cosmos e, correlativamente, todas as coisas do cosmos enquanto presentes para mim ocupam também uma posição fásica dentro de minha duração. Formalmente o tempo é a respectividade fásica, enquanto tal, das coisas no cosmos.

Em resumo: o espaço é a respectividade de posição local de umas coisas com respeito a outras, e o tempo é a respectividade

---

[4] Esta frase manuscrita foi acrescentada por Zubiri à margem do texto. (N. E. esp.)

de posição fásica de umas coisas com respeito a outras. A respectividade espacial se funda no "lugar" de uma coisa com respeito a outra, e a respectividade [temporal] sempre se funda no "caráter processual" de uma coisa com respeito a outras.[5]

Naturalmente, isso supõe que haja certa homogeneidade entre a realidade do homem e o restante das coisas cósmicas, uma homogeneidade que é irrefragável; mas é nessa homogeneidade que se gerou a ilusão da prioridade do tempo e do espaço. Sem dúvida, é verdade que o homem não pode ter percepções sensíveis senão em forma espacial e temporal, mas não porque sejam um *a priori* da realidade sensível, e sim simplesmente porque o homem é uma realidade da mesma índole que as realidades conhecidas, e, em virtude dessa homogeneidade, nada é acessível ao homem pela via dos sentidos se não for na forma espaciotemporal própria daquelas realidades.

Não só é preciso dizer do tempo e o espaço que eles não são independentes das coisas, mas também que, tomados em conjunto, é falso que o tempo e espaço sejam independentes. Como pretender que o espaço e o tempo sejam independentes? Se por dependência ou independência se entende a constatação de caracteres espaciais, como dizer que essa constatação seja independente do tempo? De modo algum: tem-se de empregar como mínimo o recurso à velocidade da luz, que é finita, e na ideia da velocidade da luz, por mais constante que a imaginemos, intervêm conjuntamente o tempo e o espaço, pois em caso contrário não seria velocidade. Não só não são independentes entre si, mas esse complexo espaciotemporal tampouco é independente das realidades que os ocupam. Foi precisamente a grande ideia de Einstein ter fundido em uma só estrutura a massa material, o espaço e o tempo, uma função já pressentida por Riemann, mas só teorizada por Einstein; em todo caso, isto é uma referência à física simplesmente ilustrativa.

---

[5] Todo este parágrafo aparece em uma adição manuscrita de Zubiri à margem. A palavra entre colchetes foi acrescentada pelo editor para corrigir o que parece uma errata redacional. (N. E. esp.)

O tempo e o espaço cósmico, portanto, são pura respectividade, não têm substantividade independente das coisas; pretender que o espaço e o tempo tenham propriedades por conta própria, que sejam independentes das coisas que os ocupam, é uma completa quimera. Poder-se-ia alegar o princípio da inércia: um corpo abandonado a si mesmo, sem força alguma, segue a trajetória retilínea de um movimento uniforme; é verdade, mas apenas supondo que o espaço seja euclidiano, porque, se não o fosse, a inércia de um corpo em um espaço não euclidiano seria precisamente "curvilínea", ainda que não houvesse força alguma que o fizesse separar-se da trajetória retilínea. O espaço não tem outras propriedades além daquelas que lhe impõem os corpos, as realidades que o estão ocupando; daí resulta com clareza que o espaço absoluto, tal como Newton o entendia, é algo que tem um caráter imóvel, com sua estrutura euclidiana perfeitamente definida, que recebe os corpos sem receber nada deles; esse espaço absoluto é totalmente falso: recebe os corpos – pelo menos na mentalidade de Einstein – precisamente pela determinação de sua curvatura. Aí está o primeiro aspecto da respectividade.

A realidade é respectiva; está presente para a inteligência senciente na forma dessa respectividade antes de tudo e sobretudo cósmica. Pois bem: é a única coisa que está presente na inteligência? Será esta a dimensão mais profunda e radical da respectividade? De maneira alguma.

III

É aqui que se torna ainda mais patente a quebra dessa unidade sistemática que quiseram nos apresentar – ou, pelo menos, que descobrimos – como subjacente à filosofia moderna. De fato, essa respectividade é uma das coisas mais reais no cosmos, mas existe uma respectividade mais profunda que diz respeito à realidade das coisas que existem no cosmos, não como cósmicas, mas como reais. É assunto bem diferente. Foi a isso que eu chamei tematicamente de mundo para diferenciá-lo do cosmos.

O mundo é a respectividade do real como real, diferentemente do cosmos, que é a respectividade das coisas em razão dos conteúdos concretos da talidade[6] que essas coisas têm. Por isso, estes dois conceitos – mundo e cosmos – são radicalmente diferentes. Nada impede que houvesse *kósmoi* infinitos e que fossem completamente independentes, sem nenhuma relação uns com os outros; não me refiro com isso à descoberta genial que meu companheiro Lemaître[7] fez, estabelecendo a expansão do universo, mas ao fato de que de seu não há nada que impeça a existência de *kósmoi* independentes, quer dizer, que a realidade não seja um "universo", mas um "pluriverso". Em contrapartida, se tomarmos o mundo do ponto de vista da própria realidade, por mais independentes que sejam cosmicamente, estarão sempre em respectividade real, ou seja, têm caráter de mundo.

Pois bem: com a inteligência, estamos não apenas nas coisas concretas e cósmicas que vão se apresentando a nós; estamos também nisso que pode parecer uma vagueza e que, no entanto, decide não só as coisas, mas a própria sorte do homem: estamos na realidade, estamos no mundo. Daí o outro aspecto da questão em que logo teremos de insistir: as coisas não apenas "estão no cosmos", mas também "estão no mundo".

Se se entende o mundo desta maneira, a atualidade das coisas no mundo não tem os mesmos caracteres que a atualidade das coisas no cosmos. A atualidade das coisas no cosmos tem caráter respectivo, que em alguns de seus aspectos é posicional e fásico como acabamos de ver, mas do ponto de vista do mundo, quer dizer, na realidade, tem um caráter de atualidade algo diferente; é o que expressamos dizendo: estar no mundo. Pois bem, o "estar" é uma atualidade, e a atualidade de uma coisa no mundo – isto é, a respectividade do real – é justamente o que constitui o ser.

---

[6] Em espanhol *talidad*: para Zubiri, a natureza de todo "ser tal". (N. T.)

[7] Zubiri se refere ao teólogo e astrônomo belga G. Lemaître (1894-1966), "companheiro" durante a estada do filósofo em Leuven e que em 1927 formulou a teoria da expansão do universo a partir de uma explosão primitiva, teoria que depois seria ampliada pelo conhecido físico G. A. Gamow. (N. E. esp.)

O ser não é a realidade, mas pressupõe a realidade. Carece completamente de substantividade. É a atualidade na respectividade do real no mundo em que essa realidade é atual. A atualidade no mundo, que é o que constitui o ser, é por isso sempre "ser da realidade". Mas "ser da realidade" é uma expressão equívoca; Heidegger, com a genialidade que o caracteriza, jogou acerca dela; não se trata aqui, como ele pretende, de que o Ser seja precisamente a via de acesso à realidade, pelo menos para o homem; ao contrário, o ser é da realidade, precisamente porque está apoiado nela.

Em que consiste esse fundamento, quer dizer, em que consiste o caráter do ser, à diferença da realidade que é, como anterior ao próprio ser?

1º Estar no mundo, como todo "estar", é uma atualidade, mas não uma realidade mais ou menos imaginária, e sim real e efetiva. É aquilo que em latim se chama de o *actus exercitus*, o ato exercitado de estar precisamente no mundo. Esse ato é o que nas línguas indo-europeias se expressa por um particípio. O caráter participial – pelo menos médio-passivo – dessa atualidade do estar real e efetivamente é o que se expressa originariamente pelo gerúndio. Em espanhol, dizemos perfeitamente: "estar sendo"; exatamente esse é o caráter de ato, de *actus exercitus*, da atualidade do real no mundo e que constitui seu ser, no sentido primário e participial. Originariamente, o gerúndio neste sentido não expressa um gerúndio de necessidade; tampouco é algo processual. Quando se diz "estou comendo" (com insistência na palavra "comendo"), pensa-se no ato mais ou menos transcorrente de comer. Mas, quando dizemos "está sendo" (aqui "sendo" tem esse caráter gerundial primário), é a própria atualidade, o *actus exercitus* participial de estar real e efetivamente no mundo.

2º Mas esse ato é o ato de uma realidade, que como realidade se pressupõe ou, pelo menos, que existe como fundamento desse ato. Quer dizer, o ser é um ato não apenas físico de atualidade, mas é um ato *ulterior* com respeito ao próprio real. Essa ulterioridade é o que impõe ao ser estruturas internas e radicais.

Tais estruturas são justamente o caráter modal do tempo, o que nada tem a ver com o tempo como transcurso; isto é algo de que falamos no curso passado[8] e agora não vamos repetir. O tempo como um ato, o tempo participial o indica, não tem precisamente caráter temporal no sentido de um transcurso; não se trata de um presente que eu chamaria de um "presente de atualidade"; o presente de atualidade está sendo efetivamente atual no mundo. Como modo, o gerúndio envolve não apenas o caráter de presente de atualidade, mas também o caráter de *ulterioridade* do ato; o "sendo" não é uma "fase", e sim a atualidade qua ulterior; o sendo como modo é a própria textura do ser *qua* ulterior.[9]

O que acontece é que, se as coisas que são atuais neste sentido têm por si mesmas, por razões alheias ao ser, um caráter processual, então este presente de atualidade adquire o caráter de um "presente de temporalidade" e de um presente "fásico". No tempo como modo se funda o tempo como transcurso, quer dizer, o tempo como transcurso funda o tempo como modo de ser.[10]

Como quer que o olhemos, o ser está fundado na realidade e o tempo está fundado no ser. De maneira nenhuma possui essa substantividade a que a filosofia moderna nos acostumou e que aparece canonizada em boa parte da filosofia atual. O ser é certamente uma atualidade, mas uma atualidade ulterior. Por isso, o real não é em primeira instância um ser que se concretiza em coisas reais, mas justamente o contrário: é uma realidade que começa por ser real e que, na condição de atual no mundo em que é real, tem precisamente esse caráter de ser. Um caráter de ser que reflui sobre a coisa real. Ainda que gozando do anonimato, a que tão habituado me têm há tantos anos, a satisfação que me produz ter lido essa frase em um livro escrito em idioma muito distante do espanhol me dá a tranquilidade de que não é tão dis-

---

[8] Zubiri se refere ao curso de duas aulas "Sobre o Tempo", ministrado em abril de 1970 e publicado em Xavier Zubiri, *Espacio. Tiempo. Materia.* Madri, Alianza Editorial, 1996, p. 207-329. (N. E. esp.)

[9] Esta última frase é uma adição manuscrita de Zubiri à margem. (N. E. esp.)

[10] Esta última frase é uma adição manuscrita de Zubiri. (N. E. esp.)

paratada quanto parece. Com efeito, a refluência do ser sobre a coisa real é algo inegável, apesar de que quem escreveu essa frase em outro idioma insiste na aprioridade do ser com respeito às coisas; mas, como quer que seja, essa refluência faz com que o real seja ente. Seria absurdo, pelo contrário, pretender que o real começa sendo um ente: é o que chamei precisamente de *a entificação da realidade*, uma entificação aplicada não só ao real, isto é, que considera o real primária e fundamentalmente como ente, mas aplicada até a Deus, de quem se diz que é o "Ser subsistente" por sua própria índole, por sua própria natureza. Em absoluto: Deus é uma realidade essencial, mas não tem caráter de ser. Por isso, naturalmente ser, ente e realidade não são a mesma coisa. A realidade é o momento primário, aquilo pelo qual uma coisa é real. O ser é atualidade no mundo. Ente é a realidade refluentemente caracterizada por seu caráter de ser. Por isso, a meu ver, é um erro absoluto dizer que o ser vai se realizando; ao contrário: é a realidade que progressiva e ulteriormente vai se entificando.

Não há propriamente falando um ser real, um *esse reale*; há apenas uma *realitas in essendo*.

IV

Se pensarmos um pouco sobre esses conceitos des-substantivados na exposição que rapidamente me atrevi a fazer, compreenderemos que definitivamente esse caráter pré-categorial – não no sentido de Gassendi, mas no que acabo de indicar – que esses conceitos mostram com respeito à realidade não significa verdadeiramente, como Gassendi pretendia, que o ser pré-categorial tenha alguma substantividade. Pelo contrário: o que quer dizer é que transcende as fronteiras de cada uma das coisas reais e que se dirige às outras. Isto é, são "transcendentais".

É mister tomar esse caráter "transcendental" em todo o seu rigor. Quando se expõe o problema da transcendentalidade, diz-se que cada uma destas coisas que tenho diante de mim (supondo que sejam reais) são entes – daí a "entificação" – e que o caráter de "ser", que é comum a todas elas, não fica esgotado em nenhuma delas, mas de certa maneira abarca as demais e as transcende. Exposto assim e deixando de lado que as coisas sejam ou não primariamente entes, isso é verdade; mas é preciso ir mais longe.

Distinguimos entre cosmos e mundo. Então, é preciso dizer que o espaço e o tempo, que não têm substantividade alguma, não são rigorosamente transcendentais, contra a pretensão de toda a filosofia, principalmente a partir de Leibniz; não têm nenhuma substantividade, mas não são transcendentais; seriam *transcósmicos*, mas não "transcendentais", ou, se se preferir, gozam de uma transcendência meramente cósmica no sentido de que cada uma das realidades do cosmos transcende em seu caráter espaciotemporal. Mas o cosmos inteiro é como uma realidade magna *dentro* da respectividade do mundo; então, é preciso aplicar a transcendentalidade não apenas às coisas que há no cosmos, mas ao próprio cosmos enquanto tal, e os transcendentais transcendem não apenas as coisas, mas o próprio cosmos. É uma ideia que talvez seja tão velha quanto a história da filosofia, pois se diz que Anaximandro defendia que os *kósmoi* podem ser infinitos em número; nessa linha, a ideia dos transcendentais não se aplica primária e formalmente às coisas que há no cosmos, mas ao cosmos inteiro enquanto tal. Por isso, nem do cosmos nem das coisas se pode dizer que estão no espaço e no tempo, mas que são espacial e temporalmente; o contrário seria o mesmo que dizer que a cor vermelha é a cor tornada vermelha, quando a verdade é o contrário: o vermelho é a maneira vermelha de ser cor. Os transcendentais têm uma ordem intrínseca.

É um sistema muito diferente do que supôs a filosofia moderna:

I) A inteligência é apreensão sensível como apresentação do real como real. Essa é sua índole formal. Essa impressão é a forma impressiva: a inteligência humana é formalmente senciente.

II) O real assim apresentado é talitativamente uma respectividade cósmica posicional (espaço e tempo).

III) Mas, enquanto real, é presença da ordem transcendental, de uma ordem que transcende não só cada coisa real do cosmos, mas também o cosmos inteiro em sua totalidade: o transcendental é transcósmico.

IV) Essa ordem transcendental tem uma estrutura transcendental muito precisa.[11]

1º Em primeiro lugar, há um transcendental primeiro que é a realidade enquanto tal.

2º O transcendental segundo é a respectividade do real como real que constitui o mundo, no qual se fundam as noções clássicas de "algo", de "verdade" e de "bem".

3º Finalmente, a unidade dos dois transcendentais que constitui o ser.

Mundo e ser *derivam* justamente do caráter transcendental do real como real. Esse sistema dos transcendentais não é um sistema necessário, como pretendia a filosofia de Leibniz. É verdade que Kant limita os transcendentais ao orbe dos fenômenos, mas nem sequer neles é verdade que, rigorosamente falando, sejam *a priori*, pois, como acabamos de ver, as estruturas do espaço e do tempo estão fundadas nas coisas que ocupam esse espaço e esse tempo; espaço e tempo não têm nenhuma substantividade e tampouco são *a priori*. Nem sequer se pode dizer, como pretendia a filosofia empirista de Mach (que em algum momento sugestionou Einstein, embora ele tenha acabado por renegá-la), que sejam *a posteriori*. A coisa, a meu ver, é diferente: não são *a priori* nem *a posteriori*, e sim exatamente "o que são"; é o factual, o absolutamente factual, que é real e efetivamente. É daí que deve partir a filosofia, e não de supostas necessidades externas às coisas.

O sistema transcendental tem, consequentemente, primeiro um *caráter factual*. Em segundo lugar, tem um caráter mais difícil de apreender: um *caráter funcional*. Quando falamos do

---

[11] A partir de "É um sistema muito diferente...", trata-se de uma adição manuscrita de Zubiri no verso. (N. E. esp.)

ser, do mundo, da realidade, da verdade ou do bem, pode-se crer que sejam propriedades transcendentais dos entes como se competissem ao ente independentemente das coisas que são. E se não fosse assim? Seu caráter de propriedade e de atributo ficaria sob suspeita, de modo que seria preciso dizer o contrário: que esses caracteres transcendentais são as funções que as coisas reais efetivamente desempenham em sua concreção talitativa, em suas absolutas determinações empíricas para produzir nelas uma forma de realidade. Esta é a função transcendental: não são propriedades ou atributos, são funções do que factualmente é o mundo. Em terceiro lugar, essas funções têm um *caráter absolutamente aberto*. Como pretender que o caráter transcendental da realidade, aquilo que chamamos de estrutura do mundo, nem sequer o ser como atualidade refluente do mundo sobre as coisas que há nele, seja algo fechado e concluso? Sê-lo-ia no caso de ser anterior às coisas, o que não é verdade. Quem sabe onde estão os limites da possibilidade e da impossibilidade metafísica de novos caracteres da realidade enquanto tal?

Factuais, funcionais e abertos: os caracteres fundamentais da realidade dependem, naturalmente, da própria realidade; não são algo a que a realidade tenha de se ajustar, nem no caso das coisas do mundo nem no próprio caso das coisas de Deus.[12]

O cosmos como realidade factual vai se constituindo em sua respectividade, vai se abrindo dentro de si mesmo. Com isso, vai adquirindo como caracteres próprios a respectividade espacial e a respectividade temporal. As propriedades do tempo e do espaço são um conseguimento da constituição da realidade cósmica. Mais ainda: se o universo inteiro proviesse da explosão de uma massa inicial compacta, seria preciso dizer que não apenas

---

[12] O que se segue, até a "Conclusão", é uma adição posterior; trata-se de uma página datilografada e numerada como "bis" que procede de uma máquina de escrever diferente e provavelmente também de mãos diferentes; não só os tipos são diferentes, mas também o espaçamento e a mancha do texto. Verossimilmente, trata-se em sua origem de outra adição que acabou longa demais e que alguém (pode ter sido I. Ellacuría) optou por datilografar. Incluo-a aqui, como o original indica, embora pelo tema talvez devesse aparecer alguns parágrafos antes. (N. E. esp.)

as propriedades do espaço e do tempo, mas o próprio espaço e o próprio tempo, seriam um conseguimento da constituição da realidade cósmica; aquele ponto de partida, compacto e estático antes da explosão, não conteria ainda espaço nem tempo, porque não conteria respectividade interna; só depois daquela, haveria respectividade espacial e temporal de umas partes com respeito a outras. Em cada estágio dessa constituição da realidade cósmica, seu caráter de *realidade eo ipso* também vai se constituindo, vai se formando, precisamente porque o transcendental é funcional, é a talidade em função transcendental. O cosmos vai adquirindo assim não apenas novas propriedades, mas também novos caracteres de realidade. Enquanto real, este cosmos e tudo o que há nele "é"; ao ir-se abrindo a novos caracteres da realidade, seu modo de estar no mundo, seu ser, também vai se modulando: o ser é sempre e apenas a realidade enquanto está no mundo, a realidade entificada e entificando-se; esse movimento constituinte está sempre aberto: é a abertura transcendental do real enquanto real.

A todo instante, a realidade nos está presente como impressão: uma impressão talitativa e transcendental "juntas". Conduzida pela mão do caráter intrínseco dessa realidade em impressão, a inteligência vai se esforçando por conseguir uma apresentação cada vez mais rica da realidade. Aquele esforço é, em grande parte, "re(a)presentativo"; a inteligência re(a)presenta para si a realidade precisamente para conseguir uma melhor e maior apresentação do real. Daí deriva toda a problemática de todos esses passos da inteligência. Não é o problema de articular representações entre si, mas de conseguir com elas uma apresentação maior do real. Submersa no real e atida ao real, sempre será problemático para a inteligência dizer o que é o real – um problema inscrito na realidade formalmente presente com anterioridade desde o primeiro ato intelectivo.

Conclusão

Pode-se dizer, portanto, que a filosofia moderna foi um esforço gigantesco, desdobrado ao longo de três séculos, para constituir uma teoria representacional da realidade; nisto, estiveram de acordo todas as filosofias desde Ockham até Hegel e todo o século XIX até o começo do nosso século. Todas as diferenças que há nos sistemas filosóficos foram as diferentes maneiras de entender e conceber essa teoria representacional da realidade: caracteres *a priori* ou não que o espaço e o tempo possuem, caracteres de incontradição que o ser possui ou não. Mas todos esses caracteres integram precisamente esse sistema interno de substantividades que compõem ao mesmo tempo o ser, o espaço, o tempo e a representação. A filosofia moderna, contra tudo o que parece e apesar dos radicalismos com que foi inaugurada pela dúvida cartesiana, não deixou de se mover em algo recebido como é a ideia da *repraesentatio*.

Pois bem, é aí que era preciso pôr o problema da filosofia moderna: é verdade que a filosofia pode ser uma teoria representacional da realidade? Caberia pensar, pelo contrário, que a filosofia deve ser uma tentativa, um esforço apresentacional da realidade; mover-se, o mais problematicamente que se queira, mas na realidade, e as coisas que não estão presentes na realidade "re(a)--presentá-las" fundadas nas apresentações primárias sem jamais pensar que a missão da inteligência seja esvaziar de certo modo a realidade em uma forma intelectualmente exaustiva. A frase que Leibniz tantas vezes repete: se tivéssemos a capacidade de fazer uma análise infinita da realidade, como acontece à inteligência divina, então... então o quê? Teríamos então o conceito exaustivo do real e nisso residiria a realidade? É justamente o contrário: teríamos uma análise, ainda que exaustiva, do real em forma conceitual para com isso ter presente, em sua pura presencialidade, o caráter primário do real enquanto tal. A filosofia não é nem pode ser uma teoria representacional[1] da realidade, senão que tem de ser forçosamente e não pode ser senão uma teoria apresentacional dela. Repito que não se trata de uma espécie de vago êxtase diante de uma realidade presente, como se bastasse vê-la passar diante dos olhos. Somente quem se enfrenta com isso, como Kant ou Leibniz, sabe o esforço que significa adquirir representações; os que, como nós, contemplam esse trabalho, têm de se dar conta de que se trata de algo imprescindível. Mas "imprescindível" para ter mais presentes as coisas e não para esvaziar essas coisas em uma espécie de molde conceitual seu.

A infinitude de uma inteligência não consiste no conseguimento de um conceito total e esgotador dos detalhes do real, mas em ter o real presente para si mesmo sem necessidade de concebê-lo. Deus não tem conceitos.

---

[1] Embora o texto diga "*presentacional*" [apresentacional] sem correção, parece claro pelo contexto que se trata de uma errata. (N. E. esp.)

ÍNDICE ANALÍTICO

A

Absoluto, 178-80, 212, 220, 296
Acidente, 46, 68
Admiração, 75, 137
Agnosticismo, 170
Agora, 233-34
Agostinho, Santo, 41, 46, 48
Alembert, Jean le Rond d', 92-93
Alma, 100, 118-19, 124, 198, 236, 240-41
Analogia, 68-69
Anaxágoras, 53
Anaximandro, 306
Andrônico de Rodes, 52
Angústia, 256
Anselmo, Santo, 265, 284
Antinomia, 245
A priori, 105-07, 111, 114-16, 224, 231, 266, 268, 275
Argumento ontológico, 284. Ver Deus.
Aristóteles, 12, 14, 17-18, 34, 46-48, 51-90, 95, 97-99, 102, 109, 111, 113, 129-30, 137, 149-50, 162, 171, 173, 181, 200, 248, 257, 259, 282, 297
Arte, 57, 183, 207, 243, 298
Associacionismo, 169
Astronomia, 70, 92, 146, 154, 160
Atividade, 55, 79-90, 183, 293
Ato, 46, 59, 68, 294, 296, 303

B

Bacon, Francis, 149, 162, 175
Bain, A., 169
Baumgarten, Alexander Gottlieb, 94, 98, 282, 284
Bem, 124-25, 130
Bergson, Henri, 47, 50, 169-205, 207, 209, 220, 226-27, 232, 259, 283
Berkeley, George, 94
Biologia, 160, 178
Boutroux, Émile, 171
Brentano, Franz, 208-10, 222-23
Boaventura, São, 265
Buridan, Jean, 163

C

Calipo, 70
Cañamazo, 265-67, 269, 274, 284, 287
Cassirer, Ernst, 273
Categorias, 109-12, 115, 117, 121
Causa, 99, 123, 125, 146
Cérebro, 170, 194, 198-99
Certeza, 126, 212
Ceticismo, 99-100, 245-46
Ciência, 46, 57, 61-65, 67, 69, 71, 76, 89, 90, 91, 94, 95-98, 102, 104, 105, 108, 117, 118, 119-120, 122, 128, 129-130,

133, 137, 140, 156-157, 158, 159, 160, 172, 173, 185, 186, 187-188, 192-195, 208, 209, 210, 221-230, 238, 246, 248, 249. Ver Biologia; Física; Matemática; Química.
Cínicos, 47, 55
Cirenaicos, 47, 55
Cogitatum, 213-14
Cohen, H., 208-09
Comte, Auguste, 12, 31, 34-36, 47, 50, 135-68
Conceito, 54, 93, 103, 105-06, 108-09, 114, 117-18, 127, 136, 174, 176, 183, 188-89, 216
Concepção do mundo, 242-43, 245, 246-48
Condorcet, marquês de, 135
Coisa em si, 117, 123-24, 214
Conhecimento, 47, 94, 100, 104, 108, 113, 117, 119, 126, 127, 137, 144, 145, 146, 147, 182, 197, 208, 212, 220
Consciência, 47, 120-22, 187-88, 198, 208, 214, 216-18, 220-28, 230-33, 235, 237-38, 285-88, 292-94, 296
Constituição, 232, 234-37
Contradição, 105, 246, 283
Copérnico, Nicolau, 104
Corpo, 270-71, 274, 276, 278, 301
Crença, 126-27, 132, 215
Creso, 52
Criação, 46, 277-78, 281-82
Cristianismo, 132, 269, 276, 285
Crítica, 100-01, 128, 131-32, 171
Cuidado (*Sorge*), 253-54

D

Darwin, Charles, 248
Dasein, 252, 253, 255, 257, 284, 290
Dedução transcendental, 112
Definição, 55
Deísmo, 94

Demócrito, 53
Demonstração, 61-64, 78, 91, 98, 101-02, 284
Descartes, René, 34, 45, 46, 149, 162, 211-214, 264, 272, 283, 290-292
Desejo, 56, 70, 73, 82, 100
Deus, 70-72, 84, 86-89, 100, 118-19, 124-27, 145, 161, 168, 270-71, 276-78, 281-87, 289, 305. Ver Eternidade; Imensidão; Teologia.
Dever, 120-21, 123, 133
Diferença ontológica, 255-56
Dilthey, Wilhelm, 12, 32-36, 47, 207-08, 210, 238-49, 251, 253, 259
Doutrina da vida, 16, 47. Ver Vida.
Duração (*durée*), 47-48, 182, 184, 186-91, 195, 197-98, 200-02, 205, 232-33, 255, 299
Durkheim, Émile, 167, 170-71, 204
Dúvida, 213

E

Ecléticos, 165
Eidos, 216, 227
Einstein, Albert, 300-01, 307
Elã, 188, 202-04
Ellacuría, Ignacio, 308
Empédocles, 53
Empirismo, 94, 99-100, 156-57, 197, 286
Engenharia, 163
Ente, 48, 66-69, 71, 76-78, 88-89, 91, 97, 112, 129-30, 157, 219-20, 243, 250-53, 255-56, 258, 305
Entendimento, 56, 84, 99, 100-04, 107-13, 115-19, 125, 197
Entificação (da realidade), 305-06
Éon, 277-78. Ver Tempo.
Epoché, 215-16. Ver Redução.
Espaço, 114-16, 186-87, 266-80, 284, 297-99, 301, 306-09
Esperança, 130

Essência, 219-21, 225, 229, 238, 250, 259
Espírito, 136-38, 140-41, 143, 145, 147-49, 157-58, 162-63, 166-67, 199-200, 202, 205, 207, 246-47
Espontaneidade (do entendimento), 112
Ésquilo, 87
Estado, 140-50, 162, 163-66, 213-14, 240
Estar, 302-03
Estoicos, 47, 89, 244
Estrutura (da filosofia), 45-47
Eternidade, 277
Éthos, 80, 83
Eu, 111-12, 115-16, 197, 212-15, 218, 232, 234-35
Euclides, 93, 131
Eudóxio, 70
Euler, Leonhard, 92, 273-74
Evidência, 98, 101, 110-12, 227-28, 236
Evolução, 170, 201-05, 240-41
Existência, 47, 252-55, 264
Experiência, 57, 100, 101, 106-07, 117, 119, 167-68, 200, 204-05, 229, 241

F

Faculdade, 112
Fato, 177-78, 192, 200, 246-47
Fechner, Gustav Theodor, 169
Feder, J. G., 131
Felicidade, 167
Fenômeno, 117, 128, 152-53, 213-17, 222
Fenomenologia, 210, 219-20, 230-31, 236, 239, 249, 258, 292
Fichte, Johann Gottlieb, 244
Fídias, 64
Filosofia grega, 46, 52-55, 264, 281
Filosofia medieval, 140, 265, 268
Filosofia moderna, 261-312
Filosofia positiva, 137, 146, 150, 156-59, 162, 164, 166-68
Filosofia primeira, 52, 78-80, 88, 90, 117, 201

Filosofia de vida, 47. Ver Vida.
Filosofia, como atitude, 54, 136, 211
Filosofia, ideia da, 31, 89, 95
Filosofias, pluralidade de, 51, 142, 244, 259-60
Finalidade, 240. Ver Teleologia.
Física (ciência), 46, 92, 97, 102, 104-08, 136, 160-61, 186-87, 274-75, 279-80. Ver Ciência.
Força, 275
Fourier, Jean Baptiste Joseph, barão de, 136-37
Frederico Guilherme II, da Prússia, 132
Futuro, 254-55

G

Galileu Galilei, 46, 92, 96, 102-04, 136, 162
Gamow, George Anthony, 302
Garve, Christian, 131
Gassendi, Pierre, 272, 274, 292, 305
Gênese, 235-36
Geometria, 64, 75, 92

H

Hábito, 59-61, 82- 84
Hegel, Georg Wilhelm Friedrich, 34-35, 41, 45-46, 135-36, 141, 148, 207, 239, 244, 264, 283, 291-92, 311
Heidegger, Martin, 11, 29, 32-33, 36, 50, 210, 249-57, 259, 303
Heráclito, 66, 71
Hermenêutica, 245
Heródoto, 52, 53, 74
Hesíodo, 66, 71
Hipótese, 92, 102-03, 108, 110, 124
História, 207-08, 210, 235-36, 239, 244, 249
Historicismo, 210-11, 238, 247, 249
Holkot, Robert, 163
Homo faber, 174-76, 204

Homo sapiens, 174, 190, 204
Horizonte, 11, 229, 256
Humanidade, 168
Hume, David, 94, 99, 107, 109, 197, 213
Husserl, Edmund, 11-12, 29, 32-33, 35, 47, 50, 207-257, 259, 292

I

Ideia, 55, 67, 99, 101, 118-19, 125, 136, 141-42, 179-80, 187, 189, 267-68
Idealismo, 130-31, 135-36, 208, 238, 244, 268-69, 286, 291
Ignorância, 53-54, 75-76, 85
Iluminismo, 91, 94, 131
Imaginação, 144-45, 147-48, 155, 229, 284
Imperativo, 121-25. Ver Dever.
Indução, 156-57
Indústria, 163
Inércia, 274, 280, 301
Imensidão, 269. Ver Deus.
Imortalidade, 125, 198
Instinto, 203
Inteligência (intelecção, *Noûs*), 62- 64, 67, 97, 118, 122-27, 129, 133, 190
Inteligência senciente, 18-19, 22-23, 25, 41, 295
Intencionalidade, 208-09, 222-26, 231
Intuição, 103-04, 108-09, 113-14, 119, 175, 182-84, 186, 189, 190-91, 195-96, 199-201, 203-04, 227-28, 268, 279, 284
Irineu, Santo, 271

J

Jackson, J. H., 199
James, W., 187
Juízo, 98, 101, 105, 106, 107

K

Kant, Immanuel, 12, 15, 26, 31-32, 34-35, 46-47, 50, 91-133, 137-38, 142, 145, 157, 171, 181, 197, 208, 210, 214, 217-19, 226, 228, 237, 244, 248, 259, 266, 268, 278, 283-84, 290

L

Lagrange, Joseph Louis, 92-93
Laplace, Pierre Simon, 92-93
Lei, 143-47, 149, 153, 154, 159, 161
Leibniz, Gottfried Wilhelm von, 34, 45-46, 92- 94, 98, 100, 114, 227, 244, 265-66, 268, 273, 282-84, 292, 306, 307, 312
Lemaître, Georges, 302
Lessing, Gotthold Ephraim, 93
Lévy-Bruhl, Lucien, 170, 204
Liberdade, 81, 82, 123-25, 171, 180, 188, 244
Linguagem, 174
Locke, John, 94, 99, 145, 213, 236
Lógica, 61, 66, 67, 96, 113, 158, 159, 236
Logos, 61-62, 66, 236, 285-86. Ver Razão.
Lotze, Rudolf Hermann, 208
Lugar, 270-71, 277
Luz, 271, 280

M

Mach, Ernst, 307
Maine de Biran, François-Pierre-Gonthier, 244
Malebranche, Nicolas, 265
Marie, Pierre, 199
Matemática, 63, 78, 92, 93, 96, 102, 105-07, 137, 163, 170, 247
Matéria, 199-200
Meinong, Alexius, 209
Memória, 57, 198-99
Metafísica, 52, 97-101, 104, 107-08, 112, 118, 127, 129, 133, 136, 145-46, 148-49, 151, 153-54, 161, 164-65, 167-68, 170, 178, 184, 191-92, 194-200, 205, 218, 257
Método, 95-96, 101-08, 162, 181-92

Mito, 76, 90, 250
Molière (J. B. Poquelin), 144
Monakow, Constantin von, 199
Monismo, 170, 178
Moral, 93, 120-24, 128, 165-68, 170, 204
Movimento, 185-86, 199
Motivo, 236
Mudança, 46
Mundo, 100, 118-19, 215, 236-37, 253, 271, 283-84, 302-04, 306-09

N

Natorp, Paul, 208
Naturalismo, 244, 247
Natureza, 54, 66, 70, 103-04, 120, 125, 130, 136, 145-46, 148, 153-55, 171, 174
Neokantismo, 170, 208, 264
Newton, Isaac, 46, 92, 96, 136, 272-74, 278-80, 283, 301
Niilidade (nada), 41, 46, 47
Noema, 224-25, 231, 234
Noese, 223-25
Nominalismo, 163. Ver Ockham.

O

Ockham, Guilherme de, 290, 297, 311
Objeto, 47, 102, 105-07, 110-13, 115-17, 119, 123-25, 157, 218-19, 223-24, 226, 228-29, 259
Ócio, 74-76, 82, 86
Ôntico, 250, 253
Ontologia, 117, 129, 231, 250-51, 253, 257
Ordem, 141-43, 153, 155, 158-59, 164-66, 168
Órficos, 66

P

Paracelso (Aureolus Theophrastus), 248
Parmênides, 53, 66, 71, 194, 281, 289
Paulo, São, 205
Péricles, 81

Pessoa, 123, 125, 129
Pitagóricos, 66
Platão, 14, 55, 63, 65-66, 71, 76-78, 89, 100, 118, 197-98, 202, 244, 250, 282, 285
Plotino, 173
Policleto, 64
Positivismo, 149, 164, 167-69
Postulado, 124
Prática, 173-76. Ver Práxis.
Pragmatismo, 191
Práxis, 59-60, 73, 75, 79-80, 85, 121-22, 124, 126, 173
Previsão, 138-39
Princípio, 62, 64, 98-101, 103, 108, 112-13, 116, 129, 133, 150, 245
Processo, 193-94
Progresso, 141-42
Proletário, 167
Prudência, 59-60, 64
Psicologia, 122, 158, 160, 169-70, 187, 193, 208-09, 221-22, 230, 239
Psicologismo, 209, 210-11, 217, 222, 249

Q

Química, 136, 146, 160

R

Racionalismo, 91, 94, 98-99, 100-02, 197-98, 227, 290
Ravaisson, Félix, 171
Razão, 63, 100-01, 118, 120-22, 124, 126, 128-31, 133, 148-49, 155, 162-64, 236-37. Ver Logos.
Razão prática, 121, 124, 126, 128-30, 149, 156, 162-64, 173
Realidade (real), 215-16, 219-20, 224, 246, 265, 279, 286, 295, 300, 303-05, 308-09, 312
Redução, 213-20, 230, 232, 238, 251
Relacionismo, 154-55

Relativismo, 154-55, 178, 193, 195, 200, 220, 245-46
Religião, 131-32, 168, 170, 204, 243
Renouvier, Charles, 170
Repleção (*Erfüllung*), 227
Respectividade, 296-309
Revolução Francesa, 135, 170
Revolução copernicana, 104, 107, 111, 113, 116
Romantismo, 131
Ross, William David, 90
Rousseau, Jean-Jacques, 93, 138

S

Sabedoria, 52-53, 57, 64, 69, 70, 72, 76-79, 81, 84, 88-90, 130, 139, 142, 164-65, 168, 248-49
Saber, 48, 57-61, 71-72, 84-85, 100, 122, 125-30, 139, 150, 155-56, 175-78, 220-21, 259
Saccheri, Giovanni, 93
Saint-Simon, Claude-Henri de Rouvroy, conde de, 135
Scheler, Max, 225
Schelling, Friedrich Wilhelm Joseph von, 136, 244
Schuppe, Wilhelm, 208
Sensação, 193
Sentido, 225, 228, 231, 233, 241, 254
Sentimento, 100, 120-21, 126
Sentir, 18-19, 56, 113, 181, 295
Ser, 60, 66-67, 77-78, 99, 109, 130, 196, 220, 225, 250, 251-53, 255-57, 259, 261, 267, 277, 281-85, 287-92, 302-07
Shaftesbury, Anthony Ashley-Cooper, conde de, 93, 120
Silogismo, 62-63, 98
Símbolo, 176, 183
Síntese, 111-13, 116
Sistema, 118-19
Sócrates, 10, 14, 20, 22, 53-55, 66, 68

Sólon, 52-53, 74, 81
Sociedade, 138-40, 147, 161, 164, 204
Sociologia, 136, 160-61, 170, 207
Sofistas, 54, 66
Spencer, Herbert, 170, 178, 209
Spinoza, Baruch, 244
Suárez, Francisco, 285, 290
Substância, 68-71, 99, 154
Substantividade, 282-83, 286, 290, 292, 296, 301, 303-07
Suprassensível, 100, 117, 126, 129
Stahl, Georg Ernst, 97
Swedenborg, Emanuel, 284

T

Tales de Mileto, 96
Técnica, 174
Teleologia, 240
Teologia, 69-71, 128, 148, 161-63, 165, 273, 280, 285. Ver Deus.
Tempo, 114-16, 171, 178, 182, 184-86, 188, 232-33, 234, 240, 251, 255-56, 276-84, 291, 298-99, 300-01, 304. Ver Duração.
Teoria, 52-53, 70, 74, 86-88, 146-47, 161, 208-11
Teresa de Jesus, Santa, 202
Tertuliano, 271
Tomás de Aquino, Santo, 34, 45
Topologia, 93
Torricelli, Evangelista, 92
Transcendental, 112-13, 116-17, 127, 133, 217-18, 230, 232, 235-36, 307-09
Transcendente, 117-20, 126-27, 133, 218
Tucídides, 81
Turgot, Anne-Robert-Jacques, 135
Twardowsky, Kazimierz, 209

V

Valor, 225
Verdade, 57, 67, 61, 119, 126, 130, 133, 146,

174, 189, 191, 195, 230, 245-48, 253
Vida, 12, 80, 83-89, 191, 203, 207, 234, 238, 240-47, 251-53, 259
Virtude, 54, 66, 83-84
Vivência, 224, 232, 234-36, 240

W

Weber, Ernst Heinrich, 169
Wernicke, Karl, 199
Wolff, Christian von, 94, 98, 112, 282-84
Wöllner, Johann Christoph von, 132
Wundt, Wilhelm, 169, 208

X

Xenofonte, 54

DADOS INTERNACIONAIS DE CATALOGAÇÃO NA PUBLICAÇÃO (CIP)
(CÂMARA BRASILEIRA DO LIVRO, SP, BRASIL)

Zubiri, Xavier
    Cinco lições de filosofia (com um novo curso inédito) / Xavier Zubiri; prefácio José Fernández Tejada e Antonio Tadeu Cheriff dos Santos; tradução Antonio Fernando Borges. – São Paulo: É Realizações, 2012. – (Coleção filosofia atual)

    Título original: Cinco lecciones de filosofía
    ISBN 978-85-8033-090-8

    1. Ensaios filosóficos I. Fernández Tejada, José. II. Título. III. Série.

12-06965   CDD-102

ÍNDICES PARA CATÁLOGO SISTEMÁTICO:
1. Ensaios filosóficos   102

Este livro foi impresso pela Geográfica Editora para É Realizações, em julho de 2012. Os tipos usados são Minion Condensed e Adobe Garamond Regular. O papel do miolo é pólen bold 90g, e o da capa, curious metallics red lacquer 300g.